中译翻译文库

从新手到高手

口译实战案例30讲

姚　斌　朱玉犇　著

中国出版集团
中译出版社

中译翻译文库

编　委　会

序

姚斌和朱玉犇编写的《从新手到高手——口译实战案例30讲》（以下简称《案例30讲》）将付梓出版，甚为欣喜。静静地阅读他们发来的“小样”，循序渐进、栩栩如生的描述和配图瞬间把我带回到昔日的口译“战场”和钟爱的课堂。

案例教学法是一种以案例为基础的教学法（Case-Based Teaching），案例本质上是提出一种教育的两难情境，没有特定的解决之道，而教师于教学中不再是知识的传授者，而是扮演设计者和激励者的角色，指导并鼓励学生积极参与讨论和实践。在MBA教学中通常采用案例教学法，围绕一个主题，通过大量案例，在教师的指导下，学员逐渐从感性认识到理性升华，“身经百战”后朝着“领袖级管理人物”迈进。由此而论，案例教学法对所选案例的典型性、直观性、实践性和可借鉴性要求很高。正如作者所言，兼顾案例的系统性实属不易，需要作者在案例的筛选和设计上投入大量时间和情感。

商场如战场，口译职场也不逊色，因为，口译本身是一种交际，是一项社会活动。每场活动中的交际对象不同、交际场合有异、交际目标或隐或显，交际过程“瞬息万变”，译员在翻译中要经历自上而下（语篇到语言）和自下而上（语言到语篇）的语言、心理、认知过程，具体讲，就是在特定双语和跨文化交际中对有声语链的辨识、对信息的接收、分析、加工、理解、记忆和重新表达的过程，高质量完成口译需要译员的语言能力、领域知识、百科知识、瞬间转换能力和职业操守。《案例 30 讲》中的译前准备、译中应对、职业伦理这三个板块设计很好地解决了案例的系统性问题。

从认知角度讲，译前准备方法可使学员受益终生。换句话讲，译前准备解决的是"终生学习"的意识和方法问题。为什么？在 AI 背景下，在信息爆炸的今天，如何在有限的时间内用最有效的方法在海量信息中找到最有价值的信息（解决方案），这不仅是口译活动的需要，也是保持与时俱进的基本态度。正如《案例 30 讲》中所言，译员常常会遇到最新的表达方法，因为译员是站在全球最前沿的人，新技术、新概念、新工具、新方法、新问题层出不穷，学过的和未学过的永远交织在一起，唯有学会"不断充电"方可应对各种变化。需要补充的是，即使我们做了相对充分的译前准备，也不能保证"药到病除"，临场应变能力便成为必不可少的能力。

如前所述，双语和跨文化交际过程中，双方顺利沟通的场景不少，但也会因利益冲突、价值观不同、政治观点相异等产生"隔阂"，双方或多方走到一起旨在沟通，达成一定程度的共识。因此，译员要学会应对各种"突发事件"，审时度势，恰如其分地发挥好"中间人"的桥梁作用。不仅如此，译员在译中非常"辛苦"，他不仅要借助译前准备努力理解和表达双方的意图，还要在翻译过程中积极学习和处理沟通中出现的新的表达方法，既对"新问题"不能"视若无睹"，也不能"随意阐释"，否则会影响交际效果。

职业道德分为广义和狭义。广义职业道德指从业人员在职业活动中应该遵循的行为准则，狭义的职业道德指在一定职业活动中应遵循的、体现一定职业特征的、调整一定职业关系的职业行为准则和规范。中国译协颁布的《译员职业道德准则与行为规范》既包括广义的，也涵盖了口译领域的职业规范。实际上，国际上常用"职业伦理"来表述"职业道德"，国际译联（FIT）、国际会议口译员协会（AIIC）等都对译员做出了伦理方面的要求。因此，一个合格的口译员应该也必须是严格遵守职业道德的。在《案例 30 讲》中，无论是服饰要求，还是行为准则，作者都通过一个个案例做出了恰如其分的回答。

以趣闻逸事形式讲述案例虽然很难，但两位作者基本实现了案例的系统性，同时还兼顾了教学法要求：有讲解、有案例、有分析、有讨论、有拓展阅读、有总结。这种案例教学法尝试彰显的是职业译员的经验与思考，是投身教育事业的教师具有的丰富教学经验、责任心与爱心。

《案例 30 讲》不仅是两位资深译员作者的倾心奉献，也是三十多位职业译员的心血和经验。这是一本体现集体智慧的教材。目前中国开设翻译专业本科和硕士的学校分别达到280所和250所以上，而承担口译课程的相当一部分教师几乎没有任何口译实践经验。在此背景下，《案例 30 讲》可以说是应运而生，也可以说是填补了口译教学的空白，因为口译课不是单纯的理论课，更不是简单的知识传授课，同 MBA 一样，在理论指导下，高质量且丰富的案例及必要的实战是培养称职译员的必要条件。

祝福两位作者，并希望他们继续耕耘，在《案例 30 讲》基础上建设多语口译案例语料库，为大众化和精英化口译人才培养做出贡献。

刘和平

2020 年 11 月

致　谢

在编写本书的过程中，我们得到过很多人的帮助。我们首先要由衷地感谢为本书慷慨提供案例的施晓菁、朱维钧、林薇、魏震刚、王炎强、景玲玲、奚悦、赵媛、雷中华、陈可、金雪梅、石航、钱芳、曹寅、费志清、郑文博、张奇、马雪敏、缪云红、吉晋、王洋、王寅清、刘宇波、沈洲榕、蔡琬滢、史金玉、陈默、李惟斯，以及法国的 Amanda Galsworthy 和德国的 Dörte Andres。他们中既有身在高校的教师和学生，也有奋战在外事部门的口译员，还有长期服务于国际会议的自由译者。没有他们提供的来自口译实战中的鲜活案例，这本书就会失去很多色彩。

我们还要感谢罗嘉美、李长栓、贾宁、邵炜、高慧叶、叶宇哲、朱亚勤等诸位师友，他们与本书作者分享了丰富的口译经历，但因篇幅和主题所限，本书暂未收录，留待未来再与读者分享。

我们也要感谢本书中参引案例的文献作者，他们在公开场合的发表物是口译职业画卷的浓墨重彩之笔。

感谢 Ursula Deser Friedman 修改润色了第 21 讲中的英语译文。

我们要特别感谢刘和平教授在百忙之中欣然应允为本书撰写序言。她的序言既高屋建瓴，又切中肯綮，满载着前辈对后辈的包容和激励，使我们深受鼓舞，也更加坚定了在口译实践、教学、研究这条“三栖动物”之路上继续前行的信心。

我们要感谢在本书修改过程中提出宝贵建议的鲍川运教授和施晓菁老师，他们是广大口译学子的楷模。

我们还要向冯建中教授致谢，他在 2007 年主编的《口译实例与技巧》一书给了我们收集案例的最初启发。

衷心感谢中译出版社，特别是范祥镇、胡晓凯、吴迪等几位编辑老师为本书编辑和出版付出的辛勤劳动，她们的鞭策和帮助大大提高了我们写作效率和质量。

本书作者姚斌入选2019年北京外国语大学卓越人才支持计划。本书的编写还得到以下项目的经费资助。中央高校基本科研业务费专项资金项目，项目名称：翻译人才培养的“北外模式”构念研究，项目批准号：2021JJ026。2019 年北京外国语大学一流学科建设经费项目，项目名称：北外多语种高层次翻译人才培养创新模式的构念研究，项目批准号：YY19ZZB004。全国翻译专业学位研究生教育指导委员会项目，项目名称：MTI 口译案例库建设，项目批准号：MTIJZW201702。在此一并鸣谢。

前　言

从几年前萌发收集口译案例的念头到今日本书付梓，可以说是实现了我们的一个夙愿。在口译教学中，大多数教师或职业译员都会将自己从事口译实战中的各种经历当作趣闻逸事分享给学生。这些故事中有成功的经验，也有失败的教训，通过口口相传，向希望进入口译行业的未来之星们展现出一幅幅超越语言和技能本身的职业画卷，既拓宽了他们的视野，又传授了从事口译职业所需的显性和隐性知识。

然而，以趣闻逸事形式存在的口译案例缺乏系统性，其质量高低在很大程度上取决于教师个人实战经历的丰富与否。因此，要想让更多的口译学习者通过实战中的案例对口译职业实践形成整体观，并系统性地了解口译实战中的问题、挑战及应对方法，就有必要汇集多名译员的实战经验，编写一部以口译实战案例为主要内容的教学用书，用于在口译教学中开展案例教学。

案例教学法是在商学、法学、医学等领域已被广泛采用的教学方法。这些领域的经典案例启发了一代又一代的从业者。而在口译教学领域，案例教学法至今仍只吸引了少数教学者和研究者的关注。这种现象对于实践型口译职业人才的培养是个缺憾。案例教学的基础是高质量的案例。目前的口译教学非常需要引入口译实战中的案例，以帮助学习者更好地实现从课堂到职场的过渡。编写本书正是在系统性收集与分析口译实战案例方面的一次尝试。

当下，我国的口译职业化道路仍很漫长。但我们欣喜地看到，有迹象表明在行业层面，人们已经认识到加速和规范口译行业发展的必要性。2019 年 11 月，中国翻译协会发布了《译员职业道德准则与行为规范》（以下简称《规范》），其中不少条款是针对口译工作的。《规范》特别指出：译员培养单位可参照此规范进行译员职业道德教育。我们认为，案例教学法非常适合对有志于未来从事口译职业的学习者进行职业道德和行为规范教育。因此，我们在编写本书有关职业道德部分的内容时，也参照了《规范》中提出的职业道德准则，编选的案例涵盖了其中主要的口译职业准则。

本书共 30 讲，分为“译前准备篇”“译中应对篇”和“职业伦理篇”三大部分，每部分又由多个口译实战话题构成，每个话题之下收录若干具有典型性的口译实战案例。每一讲的内容都包括知识讲解、案例、案例分析、思考与讨论、拓展阅读和本章小结等几项内容。通过将相关理论知识与作者的口译职业经验相结合，我们对口译实战中的真实案例进行全方位解析，鼓励学习者充分思考和讨论案例中所包含的多维度的职业问题。口译教师可以利用本书中提供的案例及分析开展口译案例教学，口译学习者可以将本书作为了解口译职业实践的自学材料，对口译职业有兴趣的读者也可以从书中领略丰富而有挑战性的口译实战场景。

在撰写本书的过程中，两位作者各有分工，又互相补充。姚斌主要撰写了“译前准备篇”的第 1、5、6、8 讲，“译中应对篇”的第 12 至 21 讲，以及“职业伦理篇”的第 23、24、25、26、27、30 讲。朱玉犇主要撰写了“译前准备篇”的第 2、3、4、7、9 讲，“译中应对篇”的第 10、11、22 讲，以及“职业伦理篇”的第 28、29 讲。

收集口译实战案例并不容易。本书的两位作者都是经验丰富的口译员，同时也是多年从事口译教学的高校教师，对口译学习者面临的实际问题十分了解。我们不仅充分利用了公开发表的案例来源，如期刊、报纸、新闻报道、社交媒体，更广泛地挖掘了作者本人及不少口译同行的案例。我们真诚地期望译员们的亲身经历能够通过本书化为后来者学习的营养。

我们为自己多年从事口译实践、教学与研究而感到自豪，也希望对口译工作充满向往的学子们能够从本书中一窥口译职业丰富多彩的画卷，并在对案例的思考、分析和讨论中获得思想的启迪和行动的指导。

目录 CONTENTS

第一部分 译前准备篇

第二部分 译中应对篇

第三部分 职业伦理篇

1

第一部分

译前准备篇

第 *1* 讲 新手上路：准备面试

通过面试，是在职场中获得一份好工作的必由之路，对口译员来说也是一样。由于近年来进入口译市场的译员人数激增，口译工作的竞争也变得越发激烈。为了招募到高质量的译员为会议服务，主办方一般会在确定译员人选前以某种形式对译员的服务能力加以考查，考查内容可能包括译员的语言能力（特别是外语表达的能力）、相关领域的知识、口译技能，乃至在一定程度上考查译员的职业道德素养。

1. 面试中的挑战

早先，对译员的面试一般都是采取面对面的形式，这样的形式有助于主办方全面考查译员多方面的素质，特别是可以观察译员在口译能力之外的待人接物的沟通能力。但现在由于信息技术工具高度发达，不少主办方也愿意采用网络、电话等远程通信形式开展面试。

现场面试和远程面试各有利弊。现场面试的好处是在测试译员的语言基础和口译能力时，译员可以在类似于实际工作的条件下展示自己。例如，有时主办方可能会有一名工作人员读一段公司介绍，或者就会议主题做一段简单的演讲，此时，译员可以像在真实工作时那样翻译，包括跟在场的人进行眼神交流和互动。但现场面试对译员来说也存在一些挑战。现场面试时，主办方可能有多名工作人员在场，因此会使译员产生一定的现场紧张感和压力感。不过，在紧张和压力的环境中展现出良好的能力和素质，正是一名优秀译员所需要的。因为到了实际的口译工作中，译员免不了要驾驭各种各样的“大场面”。笔者印象非常深刻的一次大场面，是为被誉为“大数据商业应用第一人”的维克托•舍恩伯格（Victor Schonberg）在一次技术大会上的访谈活动担任交传，当时在台下就座的听众有上千名，他们的眼光都齐刷刷地聚焦在讲话人和译员身上。笔者还没有说话，就能感觉到脸庞发热，心跳加快。在这种场合，如果没有足够的信心和定力，译员很有可能会发挥失常。所以，译员应该具备良好的心理素质，不仅不惧怕“大场面”，而且应该学会享受与多名听众交流的乐趣。

相较于现场面试，远程面试的缺点是没有现场真实的环境，即使是通过网络视频的方式，也很难在面试过程中随时观察和捕捉面试官的反应，以对自己的表现做出判断，并进行及时调整。如果是电话面试，译员则根本看不到对方的表情和身势，这对译员的适应能力是很大的挑战。例如，主办方可能会要求译员在电话中听一段讲话，然后做交传。经常出现的情况是，讲话人在没有对象在场的情况下很可能会讲得很快，讲得不清楚，或者因为线路问题导致音质下降，这些都会影响译员对信息的把握，进而影响译员的翻译质量。当然，远程面试也有一定的优点，如译员不用风尘仆仆地跑到客户那里，足不出户就可以进行，这样可以有比较放松的环境，也没有其他干扰。

不管是什么形式的面试，其目的都是一样的，就是要从大量的候选人当中挑出最适合特定会议的译员。那么，作为一名新手译员，应该如何从众多竞争者中脱颖而出呢？

2. 如何在面试中脱颖而出？

如前所述，主办方通过面试考查译员的素质至少有以下这几个方面：双语能力、领域知识储备、口译技能和职业素养（参见第 24 讲）。那么，译员在参加面试前也应该在这几方面做好充分的准备。

在双语能力方面，我们相信敢于参加面试的译员一定对自己的双语，特别是外语能力有足够的信心。但是，我们要特别提醒的是，主办方在面试时有可能会给译员设置一些特别的挑战，如语速、口音（参见第 13 讲）等。对此，译员要提前有所准备，不要到了现场时措手不及。

领域知识储备对面试的重要性不言而喻。特定主题的会议一定会涉及大量相关的领域背景和知识。译员虽然不可能一夜之间成为某个领域的专家，但是至少在准备面试时，可以尽可能多地了解与会议主题和会议背景相关的领域知识（参见第 6 讲），这样至少可以让主办方看到自己的快速学习能力。

口译技能也是主办方会特别关注的方面。主办方可能通过视译、交传乃至同传的方式对译员的口译技能加以测试。这就要求译员在平时的学习和训练中要兼顾对各种可能的口译形式的训练。例如，视译就是面试中常采取的一种形式，因为这种形式对面试官来说比较容易操作，又能考查译员的口译能力和反应能力。面试官可能拿起手边的某个宣传册，或者报刊，指定一段就让译员做视译。那么译员能否在没有准备的情况下，准确、流畅地说出译文，就直接关系到译员是否能被录用。相对交传和同传来说，视译是比较便于日常训练的，译员不妨养成一个习惯，每天用 10—20 分钟的时间练习视译，材料可以是网站上的某条新闻，也可以是杂志里的某篇报道，甚至可以是街边拿到的某本宣传册。有了每天 10 分钟的练习，在面试时的表现可能就会大不一样。

说到职业素养，这可能是常被新手译员忽视的方面。与人沟通时的面带微笑，做口译时的眼神交流，参加面试时选择合适的着装（参见第 2 讲），这些都是译员必备的职业素质。如果只注重口译工作的本身，而缺乏与口译工作相关的职业意识，或者表现出不符合口译职业精神的思想和行为，都会影响译员面试的结果。

如果译员在参加面试时，能够在语言、知识、技能和职业素养方面都展现出良好的自信和风范，那么就一定会得到主办方的赏识并获得提供口译服务的机会。

3. 面试中的"小心机"

上文我们介绍了译员在参加面试时可能遇到的各种挑战。除了以上介绍的常规应对策略以外，其实还有一些小技巧可资利用。这些技巧有些可以帮助译员更好地赢得客户的青睐，更有可能获得工作机会，有些则可以使译员避免不必要的后果。

技巧一： 如果译员在参加面试前已经对相关领域的知识做了充分的准备，不妨尝试在面试过程中"反客为主"，主动向主办方提出一些与会议主题相关的问题。比如，请求主办方的技术专家对某个具体的技术流程进行介绍。这种做法既可以显示译员对该领域的知识已有较多的储备，又展现了译员学习新知识的劲头，从而为主办方对自己的印象加分。

技巧二： 在参加远程面试时，译员可以提前告知面试方，由于条件限制，诸如网络稳定性、音质好坏等，自己在远程面试过程中可能无法展示出自己的最佳状态，需要主办方结合其他因素对译员的水平做出综合评价。如果这一点得到主办方的认可，那么译员就可以采用其他一些方式。例如，精心准备简历、提供自己以往会议口译的音视频资料等，说服主办方将工作机会交给自己。

从众多候选人中脱颖而出！[①]

2008 年世界草原大会在内蒙古呼和浩特市召开，美国福特基金会负责安排此次大会的同声传译。大会需要六名同声传译译员。据说之前有很多英语很好的美籍华人自愿当翻译志愿者，分文不取。但是福特基金会对其进行面试后大失所望。因为这些人英文虽然地道，但是专业知识不足，同时中文也忘得差不多了。最终，福特基金会决定向职业同传译员发出面试邀请。第一组译员面试结果并不理想，他们虽然语言能力都不错，但却都存在专业知识不足的问题。

白秋梅是第二组第一个被面试的译员。她在面试前对与会议主题相关的知识做了比较充分的准备。在参加面试时，为了考查译员的知识储备，一位英国专家用英文讲了一段草原草场退化现状及成因，让译员翻译，译员的译文让考官十分满意。之后福特基金会的同事又谈到一个词叫"niche market"。译员在翻译时明白"niche market"的意思，但一时找不到合适的中文对应词，就直接先讲了英文，接着又用中文解释了一下，说 niche market 其实就是一种小众市场，产品好，有针对性而且非常成功。当时的面试官 Brian 虽然是美国人，但中英文都很好。她特别希望听到这个词的地道译法，因为这个词在当时还算是很新的词。她听了译员的解释后非常赞同，而且对译员之前的那段译文也很满意，所以她决定邀请译员帮助他们一起制作世界草原大会的中英文对照词汇手册。译员虽然一般不做笔译，但这次还是很痛快地答应了，希望借此可以同客户建立长期良好的关系。面试之后的第二天译员就收到了录用通知。在这次草原大会之后，福特基金会又曾多次邀请译员担任其赞助活动的口译或者同声传译。

---

① 案例来源：改编自白秋梅：《口译实战技能与译员职业发展》，清华大学出版社，2015 年，168-169。

案例分析

广义来讲，译前准备从译员了解到某次会议的信息起就开始了。为了能够获得为特定会议提供口译服务的机会，译员有必要在获知会议信息后立即开始为主办方的面试做准备。在本案例中，译员之所以能够从众多的候选人中脱颖而出并不是没有理由的。一方面，她为此次面试做了充分的背景调查和知识储备工作；另一方面，她对新词新语的关注使得她能够准确地理解并解释niche market的含义。这两点都是她的加分因素。

上文说过，在参加面试前，译员应该从语言、知识、技能和职业素养等各方面全面准备。一般来说，能进入面试的候选译员在语言能力和口译技能方面都有相当的积累，所以会议主办方在面试过程中可能会特别关注译员对会议涉及领域的相关知识的储备。本案例中的译员正是因为对草原开发相关的知识提前进行了充分准备，才获得主办方的青睐，得到了工作机会。对于新手译员，相较资历更深的同行，在语言、技能和职业素养方面可能都不具有优势，但在领域知识方面却可以因为自己的勤奋而达到较高的水平，从而为自己在面试中争取优势。

同时，我们还注意到，案例中的译员不仅通过面试获得了担任本次大会同声传译的机会，而且还通过与主办方合作编制中英文术语手册与之建立了良好的长期合作关系。在新手上路的时候，除了要在面试中充分展现自己的专业能力和知识积累之外，在获得担任口译的机会后，还需要抓住机会以合适的方式与客户建立和维持长期的良好合作关系。

思考与讨论

假设你了解到“人工智能与知识产权国际研讨会”的主办方正在开展译员招募面试活动，你很想获得担任会议同传译员的机会。请思考一下，你会从哪些方面做怎样的准备？

拓展阅读

1. Robin Setton and Andrew Dawrant: "Common Competencies: 'LKSP'", *Conference Interpreting: A Complete Course*, John Benjamins, 2016, 42-44.

2. 白秋梅：《口译实战技能与译员职业发展》，清华大学出版社，2015 年，168-169。

·本章小结·

1. 面试是获得口译工作的必由之路，新手译员必须充分重视。
2. 面试一般分为线下和线上两种形式，这两种形式各有利弊，译员需做针对性的准备。
3. 面试主要考查译员的双语能力、领域知识储备、口译技能和职业素养。
4. 面试中可以采取“反客为主”的策略，多向主办方询问与会议主题相关的问题。
5. 在面试环境或条件不佳时，应提前向主办方说明。

第2讲 如何着装才算得体？

美国著名服装设计师伊迪丝·海德（Edith Head）一生共斩获过八项奥斯卡最佳服装设计奖。谈起服饰的重要性，这位业界泰斗曾言：You can have anything you want in life if you dress for it. 可见着装对于生活和工作的重要性。这一点在口译工作中也不例外。

正所谓人靠衣装，着装得体不仅体现了对他人的尊重，更反映了一个人的品位和修养。特别是对参与涉外交往的口译人员而言，其个人的仪表仪态常常还被视为一国国民精神风貌的体现。在中国古代，口译人员往往兼任外交官的职能，有时甚至被直接任命为“遣使”，代表本国与他国交往，如《后汉书》中就有多处关于“译使”的记载。虽然现在的外交工作与口译工作早已实现了独立的专业化发展，但口译工作的性质决定了译员要经常在正式的涉外交流场合“抛头露面”，因此，得体着装的重要性不言而喻。

除了职业性质的要求以外，译员着装是否得体也会影响听众对口译员职业能力的判断。事实上，在每次口译任务的开始，口译员需要完成的最重要工作就是在听众心目中树立“威信”，而得体的职业化装束恰好有助于展现译员的职业素养。不妨试想一下，如果一名患者到医院就医，推开诊室的门，见到里面坐着一位穿着短裤、趿拉着拖鞋的医生，患者对他的医术还有信心吗？同样的道理，如果参会人员都西装革履，译员却穿着便装，听众们能相信他的口译水平吗？尤其当他还是初出茅庐的新手译员时，往往会是整个会场年纪最轻的一员，他的“气场”本来就不足，这时候更需要靠得体的着装提升自己的“气场”。在本节中，我们将从不同的角度介绍会议口译员的着装要领，帮助初入职场的译员做好硬件上的准备。

1. 遵守主办方要求

会议场合的着装要求并非千篇一律，但在出席国事访问、官方招待会或高级别正式会议等重大活动时，主办方一般会在邀请函中特别注明着装要求，对此口译员要严格遵守。如果主办方没有书面通知，译员最稳妥的做法就是主动向对方询问，确认官方的着装要求，不能想当然地选择着装。例如，有些官方招待会（酒会 / 舞会）要求男性佩戴领结而非领带，女性必须穿连衣裙、戴白色手套甚至帽子；在医疗口译中，有些科室要求口译员不穿带有金属纽扣的衣物；如果是社区口译且服务对象存在听觉或视觉障碍，口译员则应当选择视觉上比较柔和的纯色上衣，且最好与自身的肤色形成一定对比，以方便客户清楚地分辨口译员的手势。

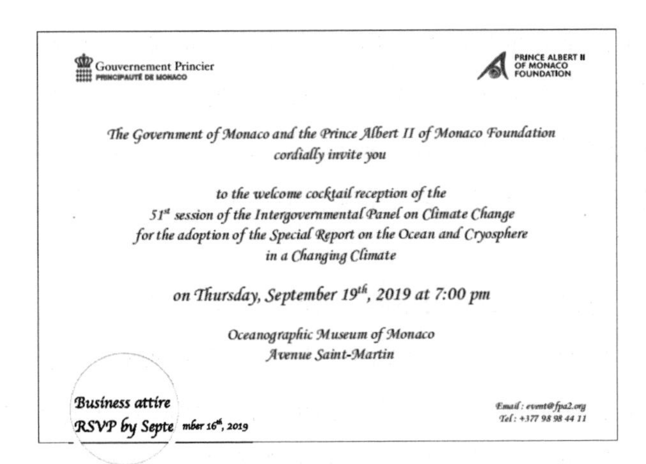
Gouvernement Princier
PRINCIPAUTÉ DE MONACO

PRINCE ALBERT II
OF MONACO
FOUNDATION

The Government of Monaco and the Prince Albert II of Monaco Foundation
cordially invite you

to the welcome cocktail reception of the
51st session of the Intergovernmental Panel on Climate Change
for the adoption of the Special Report on the Ocean and Cryosphere
in a Changing Climate

on Thursday, September 19th, 2019 at 7:00 pm

Oceanographic Museum of Monaco
Avenue Saint-Martin

Business attire
RSVP by September 16th, 2019

Email: event@fpa2.org
Tel: +377 98 98 44 11

◀ 2019 年 9 月，政府间气候变化专门委员会（IPCC）第 51 次全会在摩纳哥召开，图为笔者收到来自摩纳哥公国政府及阿尔贝二世亲王基金会的招待会邀请函，左下角注明了招待会的着装要求为商务正装。

如果主办方没有书面通知，译员最稳妥的做法就是主动向对方询问，确认官方的着装要求，不能想当然地选择着装。常用的询问表达方式包括：“请问本次会议是否有统一的着装要求？”“请问这次活动是正式、半正式还是休闲着装？”“请问我到时候穿 ××× 可以吗？” 英文可以是：“Is there a dress code?” “May I ask what the dress code is for this event?” “May I please ask if it is fine to wear XYZ?” “What would be appropriate attire for this event?” 或者 “Is this formal/informal/casual/business attire?”

2. 低调

1972 年，美国前总统尼克松访华期间，曾专门向中方提出更换口译员的请求，理由是原来为他服务的男翻译虽然水平不错，但身高和他相仿，不利于突出总统的“公众形象”，遂要求中方为他更换成身高较矮的女译员。从这件小事可以看出，口译员不是活动的主角，在任何情况下，译员都不能“喧宾夺主”。其实，优秀的口译员从来都不希望因自己的着装而吸引眼球。相反，他们追求的是一种“隐身”状态，最好当事各方在交流时忘记自己的存在。（参见第 23 讲）因此，口译员在着装上要避免浮夸，颜色不宜太抢眼，不宜太突出个性。

对于男性译员而言，这意味着不应穿戴颜色太亮的西服、衬衣或领带。女性译员不宜浓妆艳抹，包括不使用色彩艳丽的唇膏或指甲油，不佩戴明亮扎眼的发饰、首饰等。如果是同传还应避免使用气味浓重的香水，“污染”翻译间的空气。在衣服色系上，根据不同客户群体的着装习惯，整体应以黑色、深蓝色或灰色的纯色布料为主，避免用丝绸、绸缎、涤纶等材质的衣物，在光线较亮的空间内，这些服饰容易引发视觉疲劳。同理，应避免穿着印有复杂花纹或图案的衣物。在绝大多数的正式会议场合，口译员参照我国外交部译员在镜头前的着装即可。

3. 适宜

在做交替传译工作时，口译员往往是主讲人之外全场注目的另一个焦点，因此译员的穿着要适宜得体，避免因不适宜的着装分散听众的注意力。女性译员应避免穿低胸领的上衣，衣物大小合体，不宜穿紧身服、超短裙；男性译员不宜蓄胡须、留长发。

我们强调“适宜”，是因为并非在所有的场合都是着装越正式越好。有一次，译员姚斌为美国运动品牌公司内部活动做口译，他习惯性地穿上正装，一大早赶到会场，结果却发现，所有参会人员都身着该品牌系列的运动服饰和运动鞋，他的着装显得格格不入，不少人都向他投来异样的眼光。

由此可见，认为无论什么场合译员都应“西装革履”的想法是错误的。即使是正式的会议，期间也有可能安排一些非正式场合的交流活动。在参加非正式交流活动时，译员如果着装过于正式，会显得呆板拘谨，破坏整体气氛。

▲ 女性译员为工程项目口译时，为行动方便，可穿着平底鞋，且需要佩戴安全帽和工作证，遵循现场的安全守则。

◀ 国际会议口译员协会（AIIC）成员金雪梅（左一）为好莱坞演员休·杰克曼来华宣传担任口译。因为是娱乐活动，译员选择了较为时尚的穿着，收到了良好的效果。

4. 舒适自然

在满足以上几条原则的前提下，口译员着装还应当做到尽可能舒适自然。会议口译工作需要译员长时间保持同一姿势，如果服装不合身，无疑会加重身体的疲劳；同理，在译员陪同客户参观访问时，如果鞋子不舒适，如鞋跟太高、鞋皮磨脚等，也会给译员工作带来困扰。

5. 其他注意事项

口译员的衣物不需要名贵，但一定要合身、整洁干净、落落大方。有些口译任务需要长途旅行，衣物在到达目的地后容易有褶皱，这时可以用酒店的熨烫机稍做处理。

尽量选择有口袋的外衣，有些场合不方便携带手提袋，外衣口袋方便口译员携带笔记本和笔。

同传译员应避免佩戴手镯等容易与翻译设备发生碰撞产生噪声的首饰。

口译员的发型、发饰应简单自然，以方便开展口译工作为最高准则，同传时不影响佩戴耳机；交传时，如果陪同参观车间或施工现场，不能影响佩戴安全帽。

口译员应携带备用衣物，以防身上的衣物受到污损，如衬衫溅上了咖啡，丝袜挂到了钉子，雨水浸湿了裤脚等情况。

即便是同传，着装也不可太过随意，以防出现设备故障或因其他原因而需要临时当众做交传。

◀ 口译员在国际会议期间佩戴的胸牌上，比较常见的标识身份是“工作人员”或“译员”。

此外，大型会议有时会为所有参会人员发放参会证件。根据身份不同，证件的颜色可能会有所区别，如红色为重要嘉宾，绿色为赞助商，蓝色为工作人员等。口译员应在会议期间始终佩戴会议证件，方便需要语言服务的与会者快速辨识口译员的身份。

“小朱，你怎么连衣服都没穿！”[①]

2013 年 6 月 14 日，正在中国进行正式访问的非盟轮值主席、埃塞俄比亚总理海尔马里亚姆·德萨莱尼阁下专门到访北京外国语大学。

① 案例来源：译员朱玉犇的实战经历。

2015 年世界气象组织第 17 届大会期间全体同传译员的后台合影（前排右一为笔者朱玉犇），所有译员均着商务便装，并按照要求佩戴了工作证件。

北外于 20 世纪 60 年代初开始非洲本土语言斯瓦希里语及豪萨语的教学和研究，为国家培养了一大批通晓非洲语言、熟悉非洲文化、投身中非友好事业的人才。总理此行不仅要为北京外国语大学非洲语言与文化研究中心揭牌，还要发表重要演讲。

此前，本校高级翻译学院的口译教师朱玉犇和同事已经接到学校国际处的通知，要为总理当天在北外的演讲做同传，地点在阿语楼报告厅。朱玉犇对这个报告厅非常熟悉，一楼是一排排的固定座位，空间相对狭小，翻译间一般会搭建在二楼的栏杆后面，在观众的视野之外，非常隐蔽。

当天，朱玉犇早早和同事来到二楼做准备。就在会议临近开始的时候，国际处的同事气喘吁吁地跑到二楼，告诉他总理到达后会先到隔壁房间简短会见教育部及北外有关领导，然后再步入报告厅演讲。会见环节还需要一位口译员出面做交传。朱玉犇和搭档一下傻了眼，原本以为全程不需要出来见人，两个人穿着都比较随意。朱玉犇穿着白衬衫加灰色牛仔裤，搭档干脆穿了一件 T 恤，这是万万不行的。二人面面相觑，没有办法，朱玉犇只能硬着头皮走下楼。

“小朱，你怎么连衣服都没穿！”国际处负责人惊呼道，“快！快！谁快给他解一条领带下来！”旁边的男同事立刻行动起来。就在这个节骨眼上，总理的车队浩浩荡荡地来到了楼前。“已经来不及了。”几位中方领导快步迎上前和总理握手。因为朱玉犇穿着不得体，在镜头前只能由处长临时充当口译员，但接下来的会见，还是要由朱玉犇担任翻译。会谈持续了十多分钟，朱玉犇感觉像是过了好几年。每次开口翻译，都会把全屋的目光吸引到自己身上。他觉得自己像个“赤身裸体”的人，在众目睽睽之下无处遁形。

会谈结束，朱玉犇快步跑上报告厅二层，两位口译员来不及交流感受，就投入紧张的同传中去。会议结束后，搭档对朱玉犇说：“这也不能怪主办方临时提要求。这种场合，即便是同传，也不能太随意。而且礼节性会见是常有的事，咱俩还是疏忽了。”

案例分析

出席重大活动，一定要严格遵守着装要求。如果活动没有明确说明，则宜繁不宜简，正所谓礼多人不怪，正式着装不仅可以显示口译员对他人的尊重，还可以制造更大的回旋空间，如到了现场发现所有人都着便装，可以把自己的领带解下来装进包里，衬衫的扣子解开一颗。相反，如果过于随意，就会非常被动。曾经有位男译员到外地出差忘记携带领带，不得不在酒店大堂的礼品店花高价临时购置名牌领带以解燃眉之急。经验丰富的口译员可以凭经验预判怎样着装比较适宜，但有预判就会有误判（上例中的译员就是如此），比较明智的做法是口译员事先主动向主办方询问会议活动的细节，以确保万无一失。

思考与讨论

国内某能源企业领导将要赴埃塞俄比亚考察当地的一个水电站基建项目并与外方洽谈合作，如果你被邀请为本次活动担任口译，你将如何准备自己的着装？

拓展阅读

1. Dimitrius, J. E. and Mazzarella: *Put Your Best Foot Forward: Make a Great Impression by Taking Control of How Others See You*, 2000, Fireside Books.

2. 李凌婧：《职场形象设计与礼仪》，人民邮电出版社，2018 年。

3. 穆雷、徐亚男：《专业翻译的服务内涵 —— 徐亚男大使访谈录》，《东方翻译》，2020 年第 3 期，66-71。

·本章小结·

1. 着装是口译员会前的一项重要准备工作，穿着得体有助于提升听众对口译员的信心。
2. 口译员应遵守会议主办方提出的着装要求，如对方要求不详，则应掌握低调、适宜、舒适自然的原则，总体上宜就繁不就简。
3. 出差工作应携带充足的备用服装。
4. 同传时，口译员也应做好交传的准备，着装不可过于随意。

第3讲 工作条件很重要

有了得体的着装，译员已经做好了自身的硬件准备。然而，口译工作的顺利开展还有赖于一系列外界条件，这其中有一些是不受译员掌控的。如果工作条件不达标，口译员的工作质量也将受到影响。

1. 口译工作需要的设备条件

口译学者 Robin Setton（1999）曾对同声传译的工作模式做出以下定义：

在专业条件下进行的同传会议中，译员佩戴耳机，坐在有控制台和麦克风的隔音翻译间进行口译。翻译间可以直接看到会议室。译员将听到的内容实时地用另一种语言表达出来，听与说之间相隔数秒时间。译员之间每隔20—30分钟交替一次，或在发言人自然停顿时交替。

该定义提及了同传工作时的外部硬件条件，包括翻译间要隔音、看得见会场，但这一描述还不够全面，真实的同传工作环境还应满足更多条件。

我们先来看一组同声传译现场的照片：

◀ 2016 年 11 月，世界卫生组织（WHO）《烟草控制框架公约》第七届缔约方会议在印度德里召开。图为摆放在主会场正后方的同传翻译间，全景模式拍摄。

▼ 翻译间内部图

从这两张图片可以看出，标准的翻译间应当满足以下几个条件：

（1）隔音。翻译间应该能够隔离外部声音，包括会场扬声器里的讲话原声及环境噪声。

（2）可视。口译员从翻译间内部应该能够直接观察到会场，特别是主席台的情况。如因客观条件限制无法直接观察，应配备监视器，使口译员看到会场画面。

（3）可用。翻译间应当配备至少两套口译员所需的专业设备，包括耳机、话筒、控制面板、台灯、电源接口、通风设备等。

（4）舒适。翻译间应当至少能够同时容纳两人，有桌椅且桌面有足够空间供译员摆放会议资料、电脑、纸笔、饮用水及其他个人物品。

我们首先谈谈为什么翻译间需要隔音。我们知道，同传译员需要边听边说，在聆听讲者的同时产出并监听自己的译文。同传间可以将外部的环境音屏蔽掉，只通过头戴式的耳机向译员播报原声，这样一来，口译员听到的就只有讲者的声音，而不受环境噪声的干扰。另外，口译员还可以根据需求自主调节音量，保障清晰的信号输入。与此同时，翻译间的封闭环境中只有译员的声音，一来方便译员及搭档监听译文质量，二来保证听众佩戴的接收器中只有译员的声音。

为什么需要可视？首先，观察发言人的表情及肢体语言能够辅助口译员加强理解；其次，观察听众的反馈有助于译员及时更正自

◀ 没有隔音的翻译间：主办方临时拆掉专用翻译间，把设备放在主席台旁的休息室内。口译员会同时听到扬声器与耳机中的原声。与此同时，扬声器的原声飘进了口译员的话筒，与口译员的声音混杂在一起播放给了现场听众。

身失误。例如，如果突然发现有多位听众回头望向翻译间，口译员需要检查自己的输出频道是否正确、话筒是否正常开启等（详见第4讲）；最后，可视的翻译间还能帮助译员避免不必要的失误。一次，笔者翻译一场小组讨论，中方主持人在介绍嘉宾时说："我就从最左边开始介绍，第一位是来自普林斯顿大学的韦伯教授。韦伯教授在心理学方面有很深的研究，Ta 曾多次获得国际大奖。2015 年，Ta 首次造访中国……" 由于在翻译间观察不到主席台，笔者无法判断 Ta 是男是女，但译成英文时又必须在 he 和 she 之间做出选择。于是笔者按照大概率猜测 Ta 是男性，用 he 来指代。结果，轮到韦伯教授讲话时，她首先就说 "Actually I'm not a he, I'm a she"，引发在场的英文嘉宾哄堂大笑，但没有监听英文翻译的中方嘉宾却一头雾水。由此可见，符合要求的同传间对口译工作的顺利开展至关重要。

与前两个条件相比，可用与舒适的评价标准更加主观，也更容易被主办方忽视。有时候，主办方认为译员虽然有两到三人，但是并不会同时工作，因此一套设备就应该满足需求；有的主办方则认为译员不需要同处一个空间，于是给译员分别准备了独立空间，影响了译员之间的协作。

◀ 译员姚斌和雷中华在一次会议上，主办方安排的是单人同传箱，两人只能相对而坐，通过敲玻璃的方式互相轮换。

▲ 有时由于客观条件限制，翻译间无法搭设在会场内，主办方在翻译间内安装了监视器，确保译员看得见主席台。

◀ 世界气象组织大楼内的同传间，由于距离主席台较远，专门配备了监视器，方便译员识别讲话人身份。

◀ 纽伦堡审判首次大规模采用同传。图中有四组译员在同时工作。早期的同传间并不完全隔音，翻译间的顶部和后方是开放的，不同语种之间存在干扰；翻译间的设置也不理想，虽然都是透明玻璃，但是后排的译员视线仍会被前排遮挡。

◀▼ 2014 年 3 月，笔者受邀为央视对失联的马航 MH370 航班新闻发布会的转播活动做同传，工作地点就在央视演播室内。笔者进入演播室才发现，现场并未搭设用于隔音的翻译间，也没有专业的同传系统，只有工作台、简易的耳机和话筒。

需要指出的是，在早期的同传活动中，人们对翻译间的设置并没有统一的标准。随着时间的演变，从业者通过总结和反思实际工作条件中的不足，不断改进，才逐步形成了今天标准的条件。

国际标准化组织（ISO）分别于 1974 年及 1981 年对固定翻译间及移动翻译间制定了相关标准（ISO 2603 和 ISO 4043），两项标准经过数次修订，现已逐渐臻于完善。两项标准对翻译间的尺寸、结构、材料、通风、照明、气味、颜色等方面作了非常详细的规定，为口译员的工作环境提供了良好的政策保障。然而，现实中由于种种原因，许多翻译间仍然无法满足两项标准中的要求。

2. 译员如何在实战中保障工作条件

在实战中，为保障良好的工作条件，译员需要做以下三项工作：

（1）译前确认。译员要在会前与主办方确认翻译间的搭设情况，如翻译间是固定的还是临时搭建，如果是临时搭建，则要确认其摆放的位置和朝向，确保可视。译员姚斌有一次印象深刻的经历。由于事先没有与主办方确认翻译间的情况，以为主办方在邀请同传译员的同时自然会联系同传设备，结果会议那天到了会场，左找右找也没有找到翻译间。一问主办方的工作人员，才知道，原来他们以为译员会自带翻译间来。结果，只能由主办方临时联系设备公司提供翻译间，译员也只好从同传改成交传，会议的进度也拉慢了不少。后来同传间终于到达，技术人员现场一阵忙活之后装好了同传间，此时会议都已经进行了两个多小时了。

（2）译中应对。如果是陌生的会场或首次接触的会议，会议当

▲ 被遮挡后的翻译间内部视野。

◀ 用来遮挡翻译间的屏风。

▼ 屏风被撤掉后的视野。

天口译员应比平时更早到达会场，留出临时调整翻译间的时间。一次，笔者受邀为某智库举办的圆桌会议做同传。由于是首次合作，为避免突发情况，笔者当天早早赶到现场，结果发现翻译间前挡着一道屏风。经询问，工作人员告知笔者是因为主办方认为翻译间“太丑”，会破坏会议室的“整体感”。笔者当即向其说明了利害关系，并要求其将屏风撤掉。所幸时间十分充裕，顺利完成了调整。试想一下，如果当时中外嘉宾已经落座，就几乎不可能撤换屏风了。

当然，如果因客观原因导致不可视，译员仍然有补救措施，如在“韦伯教授”一例中译员对其性别判断失误，在意识到错误后仍可在中文频道向中国嘉宾做出解释；或者自始至终用 Professor Weber 来指代 Ta，虽然这样显得啰唆，却可以避免失误。

（3）译后教育。客户教育是译员的一项长期任务。许多会议的主办方工作人员并不了解译员对工作环境的要求，如果译员未能在会议开始前排除不利因素，则应在事后向主办方说明情况，达成共识，避免以后出现类似情况。

“我们的口译每二十分钟就会中断一次，您要有心理准备”[①]

国际会译口译员协会（AIIC）成员陈可和两位同事受邀赴云南省德宏傣族景颇族自治州为一场国际研讨会担任同传。由于会议举办地相

---

① 案例来源：译员陈可与朱玉犇的实战经历。

对比较偏远，陈可在行前特意向主办方说明了口译设备的相关需求，得到的回复是设备都已经准备妥当，不必担心。

三名口译员赶在会议开始前一天的夜间到达德宏，本想去会议室测试一下设备，却被告知工作人员都已经下班，只好作罢。第二天一早，陈可及同事早早赶去会议室做准备，并在会场的正后方找到了翻译间，但仔细打量下来却让他们哭笑不得。

原来，翻译间虽然在隔音和视野等方面都满足基本要求，但空间却出奇狭小，同时只能容纳一个人，这给三名口译员的工作造成了不小的困难。按照平时的习惯，陈可和同事每隔二十分钟会轮换一次。正常情况下，两名口译员同处一室，彼此只需要通过简单的示意，就可以无

狭小的翻译间只能容纳一位译员。

缝交接。如果每次只能坐下一个人，在交接时里面的译员就需要先停止工作，站起身走出来，让接替的译员坐进去，戴上耳机监听一段时间，才能开始正常工作。这一进一出，至少需要半分钟到一分钟的时间，对于耳机里没有任何声音的听众来说是非常漫长的等待。此外，无法同时“在线”，也意味着译员在遇到理解障碍时无法相互帮助，会影响口译表现。事已至此，如果不把问题讲清楚，口译员势必会受到投诉。

于是，陈可找到会议负责人，跟对方详细说明了情况，并告诉对方对口译的中断要有心理预期。

案例分析

在实际工作中，口译员会遇到许多不可控的外部因素，导致自身工作受到影响。对此，口译员要有所预判，尽量在会前排除潜在的不利因素。本例中，因为地处偏远，陈可担心硬件设施可能达不到要求，特意在会前跟主办方确认了设备需求，但最终还是出了意外。在这种情况下，译员选择及时向主办方反馈问题，说明情况，以争取主办方对口译员的理解，是非常必要的客户教育。

思考与讨论

新冠疫情下，许多会议改为线上举行。想象一下，如果你受邀为一场线上论坛做同传，在工作条件上应该与主办方确认什么？自己要做哪些准备？

拓展阅读

1. Robin Setton: *Simultaneous Interpretation: A Cognitive-Pragmatic Analysis*, John Benjamins, 1999, 1.

2. AIIC 有关会议口译员工作条件的标准：

https://aiic.org/document/4201/Professional_standards_ENG.pdf，

https://aiic.org/document/4195/Code_of_professional_ethics_ENG.pdf。

3. ISO 制定的固定及移动同传间标准文件：

http://www.barinas.com/ISO%202603.pdf，

http://barinastranslation.biz/ISO%204043.pdf。

·本章小结·

1. 口译员需要良好的外部工作条件支持。
2. 同传翻译间应当隔音、可视、可用、舒适。
3. 国际上已经有针对同传翻译间的通用标准。
4. 在实战中主办方对国际标准的执行情况不一。
5. 译员可以通过译前确认、译中应对及译后教育来改善工作条件。

第4讲 工欲善其事，必先利其器

在开展口译工作前，译员应当熟练掌握专业设备的操作及使用方法。本章将重点介绍同传设备的使用及注意事项。

1. 同传设备系统的基本功能

同传译员需要一边聆听讲者的原文，一边将其转换成译文，并通过同传设备系统同步广播给现场听众。因此，所有同传设备系统都需具备三项基本功能：(1) 供译员收听原声的语音输入功能；(2) 供译员广播译文的语音输出功能；(3) 供听众听取译文的接收功能。

和同传间一样，同传设备系统的发展也经历了一个漫长的历史发展过程。世界上第一套同传设备系统是 1926 年由 IBM 公司发明的，并于次年开始应用于国际会议，但早期的设备功能相对简单，更像是两套并行使用的电话系统，放置在讲台上的话筒将原声传到译员的听筒，译员拿起话筒说出译文。

如今的同传设备功能更加强大，除上述三项基本功能外，还可以实现不同语言的输入 / 输出频道调节、输入音量调节、口译员话

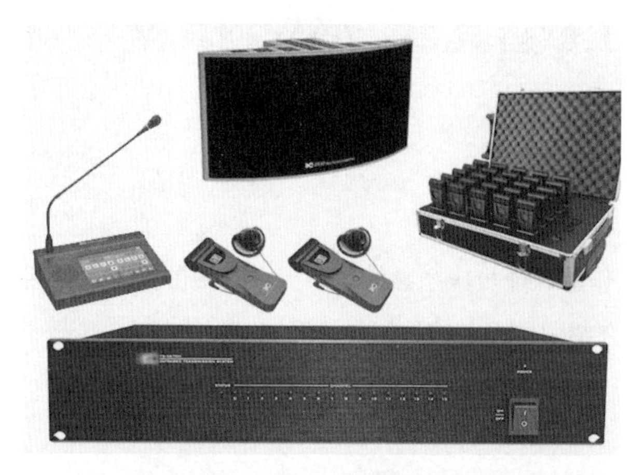

▲ 现代化的同传设备系统。

◀ 纽伦堡审判现场，同传译员在给听众“打电话”。每个翻译间内只有一支手持话筒，译员需要来回传递使用。

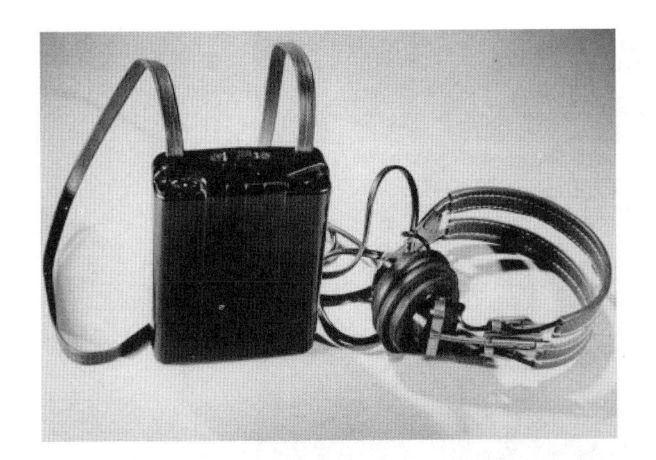

◀▼早期的同传接收器非常笨重。

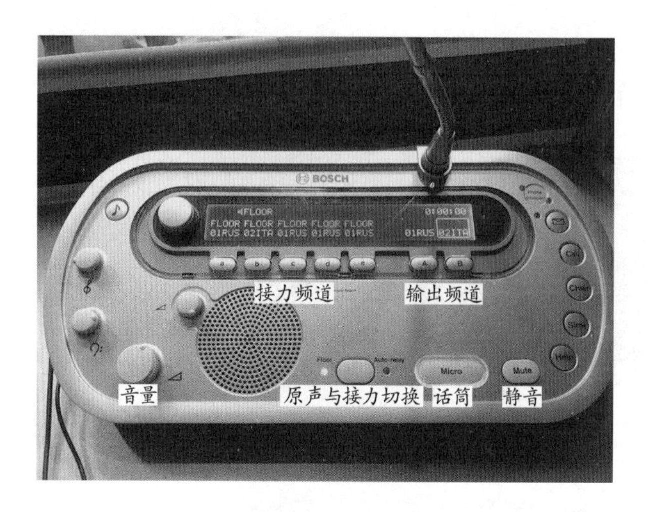

◀ 博世同传系统译员操控面板俯视图。

筒静音、多语种接力、工作时间记录、工作频道监测、发言人语速过快提醒、技术问题求助等功能。

2. 译员需掌握的核心功能

除了上节中的博世设备外，市面上还有各种型号和品牌的同传设备系统，它们的操控面板结构各异，有些面板上的按钮密密麻麻，看上去令人有些“眼花缭乱”。事实上，在实战中译员需要注意掌握的核心功能只有四项，即输入（input）、输出（output）、静音（mute）和接力（relay）。只要找到这四项功能的对应按键，就可以顺利开展同传工作。

（1）输入（input）。正所谓巧妇难为无米之炊，口译员要产出译文，首先要解决听的需求。一般情况下，口译员只需接收主席台上的声音信号，也就是讲话原声。大部分设备系统的控制面板会以 Floor 或 Original 的字样标注原声的输入按钮，按下时指示灯会亮起，表示此时输入的信号为讲话人原声，译员可以使用音量旋钮调节输入音量的大小。

（2）输出（output）。口译员需要借助控制面板上的输出功能将译文广播给听众。操作时，译员需要首先设置正确的输出频道，国内目前习惯用 A 频道（或 01 频道）输出中文，B 频道（或 02 频道）输出外文。以博世设备为例，按下输出频道按钮后，液晶显示屏上对应的语种标识周围会亮起方框，译员此时可以开启话筒输出相应的语言。值得一提的是，译员去国外做同传，频道的设置一般恰恰与国内相反，即 A 频道（或 01 频道）为外文，B 频道（或 02 频道）为中文。译员不要用错频道，导致听众听不到译文。

（3）静音（mute）。同传时，译员有时需要向搭档求助，有时需要清清嗓子，有时工作人员会进入同传间递送材料，有时会有记者前来询问是否可以录音，或者“不明就里”的听众前来索要翻译接收器等。如果会议已经开始，译员就要用到静音功能，将输出信号短暂切断，以屏蔽任何无关的声音。静音键通常标有 mute 或 cough 字样，使用时需按下，并在确认话筒指示灯熄灭、输出信号已被切断后，译员方可与搭档或其他人员交谈。静音键需要持续按住，直到译员准备好再次输出译文时才可松开。需要指出的是，译员最好不要用关闭话筒代替使用静音键，因为开关话筒时可能会产生电流噪声，影响听众体验，而且，频繁开关话筒容易引发失误，如关闭后未正常打开，导致译文无法输出或未能正常关闭，导致无关的闲谈流出。

2013 年，英国《每日邮报》报道了这样一则新闻。在一次联大会议上，有一名女译员因不满联大通过九项针对以色列的决议，而在会议代表发言过程中，向同事抱怨关于以色列和巴勒斯坦的决议

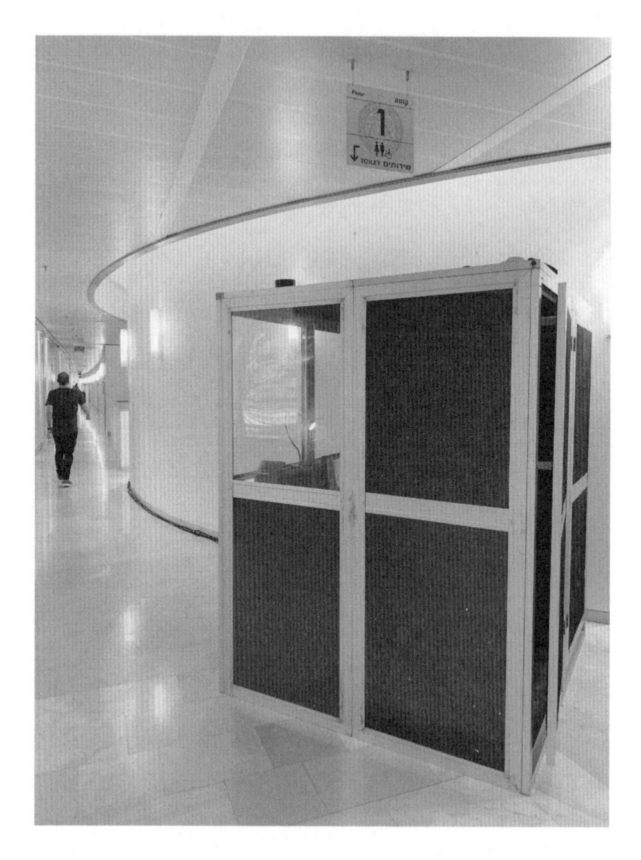

◀ 2019 年，译员王寅清赴以色列为某大学的国际会议提供同传。因教室内空间有限，翻译间被临时搭建在走廊内。头顶上的“TOILET”标识导致频频有人过来“问询”，译员不得不频繁按下静音键屏蔽噪声。

太多，还表示其他国家也发生各种“乱七八糟”的事情，为什么没有人对其提出决议。但问题是，她在说这番话的时候，自以为关掉了话筒，但实际上话筒一直开着，结果全场代表都听到了她的声音，造成了不小的影响。在这个案例中，译员试图表达自己的想法，但没有切断输出信号，不仅对会议正常进行造成了影响，而且也对自己的职业声誉产生了负面的影响。

（4）接力（relay）。多语种会议常常需要不同语言对的口译员相互接力，以满足现场所有听众的语言需求。我们通过假设场景 A 来说明为什么要有接力同传。假设在国内举办的某会议涉及中、英、法三个语种，对应的频道编号分别是01、02、03。现场有分别负责中—英互译和中—法互译的两组译员。当原语（floor）为法语时，中—法译员输出中文（01频道），而中—英译员由于不懂法语，此时需要将输入频道从floor调整为01频道，听取中—法口译员的中文译文，同时将输出频道设定为英文（02频道），正常开展中英同传。由此，会场的中、英、法听众便能够同步接收信息。

3. 新手译员的常见问题

（1）话筒距离掌握不当

同传设备系统中的话筒非常灵敏，因此译员在讲话时并不需要靠得太近，否则容易导致呼吸的气流喷到话筒上产生噗噗的响声，影响输出效果。同样，如果译员距离话筒太远，听众需要调高接收器的音量才能听清楚译文，当搭档接手时又可能因为距离较近，音量可能会突然增大，令听众感到不悦。因此，译员应保持相对稳定的话筒距离和音量，尽可能让听众有稳定、适宜的声音输入。实战中，一般以嘴和话筒保持**一拳距离**为宜。

（2）输出频道错误

目前，国内大部分院校在口译课程设置上是按照语种方向来划分的，如中英口译项目会分别设置“中英同传”和“英中同传”两门课，中英同传课上只练习中译英，英中同传课上则只练习英译中。学习者基本不需要在练习中切换输出频道，而且许多同传训练系统

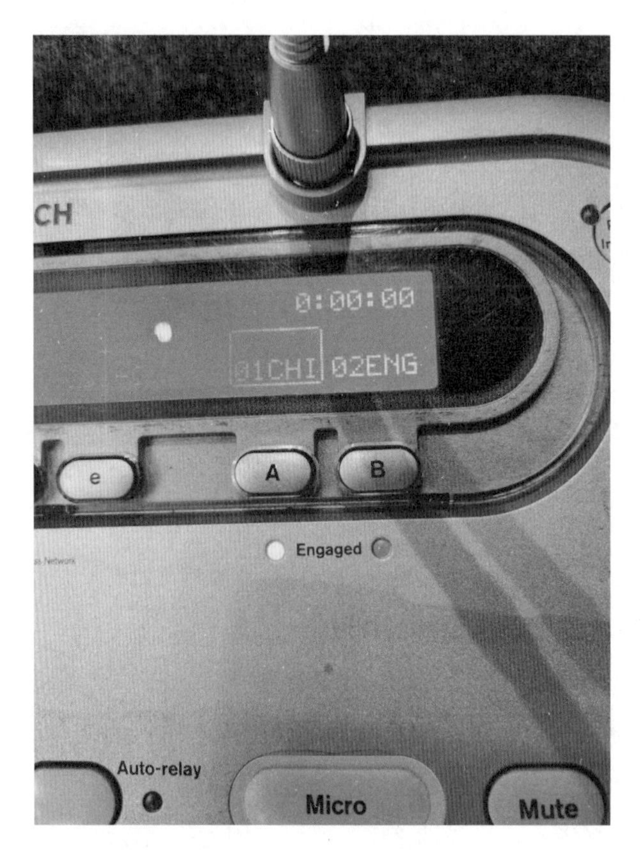

◀ 不工作的译员可以通过观察 Engaged 指示灯，来监测搭档的输出频道是否正确。Engaged 亮起表示该频道正在被占用。

也不具备这一功能。这就导致许多新手译员进入实战后忘记切换输出频道，影响会议进展。事实上，有经验的译员在与新手搭档时，往往会主动监测对方的输出设置，发现问题会及时提醒。而作为新手口译员，在会议开始前也应如实告知搭档，并请搭档帮助提醒。

（3）不熟悉接力操作方法

同理，由于学习期间较少接受接力训练，再加上接触多语种会议的机会有限，新手译员很容易在接力环节出现纰漏。例如，当原语语种发生变化时无法迅速调整至正确的输入频道，或者占用其他语对的输出频道，导致接力无法进行。笔者早年就有过因占用英语输出频道而导致英—法译员无法输出英文，最终被监听的技术人员提醒的经历。即便是经验丰富的译员，有时因紧张或疲惫，也可能会在接力环节出现失误。

通常情况下，接力时的操作顺序是**先调输出，再调输入**，而不是相反。我们通过假设情景 B 来说明。假设会议涉及中、英、法三个语种，现场有分别负责中—英互译和英—法互译的两组译员。当原声是中文时，中—英组的输出频道设置为英文，开启话筒做中译英同传，英—法组则接力中—英组输出的英文译文做英译法同传。不久，原声由中文变为法语。此时，中—英组应迅速将输出频道由英文改为中文，再将输入频道由 floor 改为英文，等待聆听英—法组的英文译文。倘若中—英组不首先更改输出频道，而是先将输入改为英文，由于英文频道仍在被本组占用，中—英译员将在耳机里听到自己的声音，而英—法译员也将无法正常选择英文频道输出。

需要注意的是，**频道如何调整与现场译员的语言对紧密相关**。在情景 A 和情景 B 中，原语都是从中文变为法语，但情景 A 中的中—英组并不需要调整输出，只需要调整输入；而情景 B 中的中—英组则是输出、输入都要调整。这一系列的决断与操作需要在 1～2 秒之内完成，十分考验译员的瞬间反应。经验丰富的译员到达会场后会首先确认语言对的设置，提前在心中模拟当天的接力操作步骤，提前确认接力输入频道，以减少时间和失误。通过大量的实战训练，译员可以不断积累经验，逐渐养成肌肉记忆。新手译员如果不熟悉接力操作方法，可以向经验丰富的搭档或其他语对的译员请教，或者求助于现场的技术人员。

4. 耳语同传的装备

耳语同传是同传的一种特殊形式，一般应用于只有少数听众的单方向交际活动（听众只聆听，不讲话）或现场无法正常架设同传间的场景，如走访参观活动。由于没有专业设备，为克服现场噪声干扰，译员往往需要屈身贴近听众的“耳朵”进行传译，耳语同传由此得名。由于坐姿不舒适，时间一长，耳语译员往往会感到腰酸背痛。此外，走访参观等场景下译员也无法贴近所有听众。为解决这些问题，主办方有时会为译员配备“小蜜蜂”话筒，译员可以像景区导游一样，实现一对多的广播。

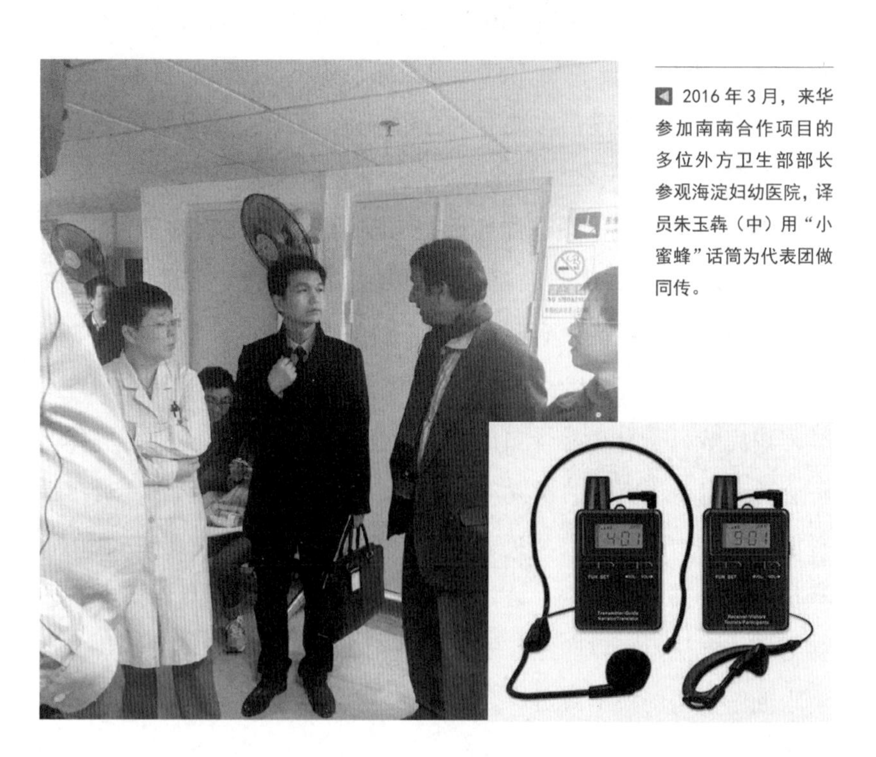

◀ 2016 年 3 月，来华参加南南合作项目的多位外方卫生部部长参观海淀妇幼医院，译员朱玉犇（中）用“小蜜蜂”话筒为代表团做同传。

经过新冠疫情的洗礼，传统的近距离耳语可能会引发译员及服务对象的心理不适，这样的耳语同传设备将来也许会得到更多的应用。

5. 译员的其他装备

不同的会议口译模式所要求的装备也是不同的。交替传译最重要的装备是笔和纸。同声传译除纸笔外，根据个人需求一般还需携带电脑、耳机等物品。如果会议地点在境外，可能还需携带电源转换器。当会场较大，翻译间距离主席台较远时，为了方便观察会场动态，有的译员还会携带望远镜；如果前往重污染地区或传染疾病高发区，还应配备个人防护用品及常备药品等。

当然，如果一时未考虑周全，忘记携带某种设备，也可以向同行的译员求助。2019 年 9 月，联合国政府间气候变化专门委员会

联合国教科文组织在京举行的某次会议上，口译员借助望远镜观看演讲人的 PPT。

（IPCC）第 51 次全会在摩纳哥召开，世界各国的科学家们聚集一堂，讨论通过《气候变化中的海洋和冰冻圈特别报告》。法语组一名同传因为忘记携带个人电脑电源，通过群发邮件向其他语种的译员求助，并很快找到一位愿意和他共享设备的同事，顺利完成了为期一周的同传工作。

Dear colleagues,

I realized that I forgot my MacBook Pro 13inch 2012 Power block atention home. If anybody of you has one that I could borrow from time to time, please get in touch. Thank you in advance.
Please do not bother replying to that message if you cannot help.

Regards

▲ 同传译员因忘记携带电脑电源向同事求助。

这次 1 频道是英文，2 频道是中文[①]

2019 年 7 月，夏季达沃斯论坛在中国大连召开。译员朱玉犇受邀为论坛提供同传服务。会前，朱玉犇收到来自译员微信群的通知，此次会议的输出频道设置为 1 频道英文，2 频道中文，与国内平时惯例正好相反。

根据分工安排，朱玉犇将负责三天论坛的沙龙讨论。沙龙讨论的特点是主题频繁更换，每场讨论持续一小时左右。根据主题不同，所邀请的嘉宾也各不相同。第一天的沙龙讨论以欧美国家与中国嘉宾为主，因此只有一组中英译员，并未涉及接力。朱玉犇和搭档彼此提醒，相互监督，并未出现输出频道的混淆。自第二天起，参会者中多了来自日韩的嘉宾，后台也多了三位日语同传译员。一番寒暄后，朱玉犇得知三位译

① 案例来源：译员朱玉犇的实战经历。

员均是土生土长的日本人。根据经验，日本籍译员一般是日—英互译，而国内培养的日语同传大多是日—中互译。朱玉犇与搭档互相提醒后，提前将接力的输入频道设置为英文，并在后续的工作中彼此监督。第二天在风平浪静中度过。

到了第三天下午，译员的体力和精力开始下降。临近结束，主持人邀请现场观众提问。由于无法预测提问者身份，译员只能在听到问题的一瞬间判断语种，以及是否需要接力。第一个提问的观众是日本人，译员迅速将输出切换到1频道，准备输出中文，但却迟迟听不到日语组的英文译文。此时，译员透过隔离窗发现，日语译员正在向这边挥手，这才想起这次会议的1频道是英文，与平时不同，于是立刻更正。由于占用了英文频道，耽误了时间，日语译员只能对问题做简略总结，保障问答正常进行。散会后，朱玉犇来到日语翻译间，向几位同事表达了歉意。

该案例表明，接力操作对译员的经验和精力要求较高。稍有不慎，

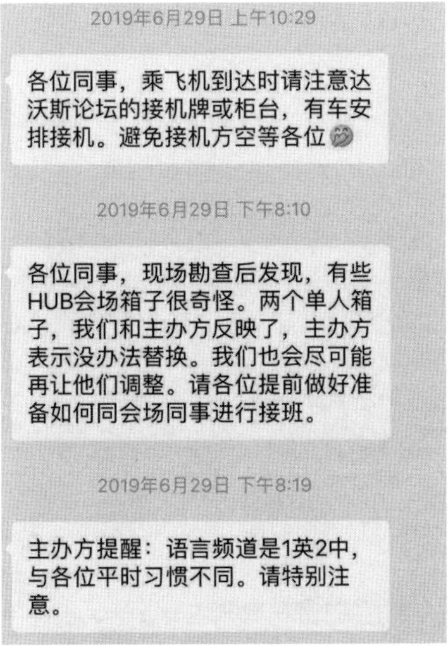

2019年6月29日 上午10:29

各位同事，乘飞机到达时请注意达沃斯论坛的接机牌或柜台，有车安排接机。避免接机方空等各位

2019年6月29日 下午8:10

各位同事，现场勘查后发现，有些HUB会场箱子很奇怪。两个单人箱子，我们和主办方反映了，主办方表示没办法替换。我们也会尽可能再让他们调整。请各位提前做好准备如何同会场同事进行接班。

2019年6月29日 下午8:19

主办方提醒：语言频道是1英2中，与各位平时习惯不同。请特别注意。

◀ 口译负责人在会前发出的通知，提醒译员特别注意输出频道设置与平时操作习惯不同。

案例分析

即便是经验丰富的译员也可能在接力环节出现失误。在接力环节，译员彼此之间应加强监督。本案例中导致失误的因素有几个：A. 译员在提问环节无法预判原语语种。B. 频道设置与平日习惯不同。C. 译员精力下降。但由于译员有丰富的会议经验，因此在听不到日语组英文译文时，第一时间望向日语译员，看到对方手势后迅速排除问题，保障了会议顺利进行。由于给对方带来了麻烦，译员在事后也向日语同事表达了歉意，获得对方谅解，体现了译员的职业素养。

思考与讨论

请看下图中的控制面板，译员需掌握的功能按钮有哪些？使用该面板的译员是哪种语言对？当原语是中文时，译员该如何设置输出、输入频道？当原语从中文变为俄语时，译员应该如何调整？应考虑现场哪些因素？

拓展阅读

1. Francesca Gaiba: *The Origins of Simultaneous Interpretation: The Nuremburg Trials,* Ottawa: University of Ottawa Press, 1998.

2. 同传设备的发展史：

https://www.gala-global.org/blog/history-simultaneous-interpreting-equipment。

3. 联合国译员因话筒操作失误引发关注：

https://unwatch.org/u-n-interpreter-falls-victim-dreaded-hot-mic/。

· 本章小结 ·

1. 口译设备经过了多年发展逐渐臻于完善。
2. 同传设备的核心功能有输入、输出、静音和接力。
3. 新手的常见问题包括话筒使用不当、输出频道错误、不熟悉接力操作。
4. 除了常规同传设备，译员还需要了解耳语同传及其他辅助设备的使用。

第5讲 怎样快速积累术语和词汇？

术语和词汇是构成一个领域知识体系的基础，因此，译员在做译前准备的过程中，必须要对会议相关领域的术语和词汇有较多、较系统的学习和积累，才能在工作的现场游刃有余。那么，在积累术语和词汇方面，又有哪些行之有效的方法呢？

1. 利用会议材料，准备术语和词汇

我们在口译工作中接触到的不少会议都是连续性的，比如译员接到的任务是“Sino-German Dialogue Forum 2019”，那么首先应该了解的就是这个论坛之前是否举办过。其实这个论坛不仅举办过，而且已经举办过几次。知道了这个信息后，译员可以做的就是在网

上搜索与以往几届论坛的相关信息。当然，更加便捷有效的方式是向会议主办方索要以往几届论坛的会议材料。在拿到会议材料后，译员通过浏览，可以从中挑出自己不熟悉的术语和词汇，制成术语词汇表，随时备用。往届会议材料固然重要，但本届会议的材料更加重要而且更有针对性。仍以 Sino-German Dialogue 2019 为例，这个论坛的总主题为“中德环境与气候变化对话论坛”，但是每年的具体主题都有变化，例如，2019 年论坛的主题为“自然资源管理与投融资”，而 2018 年的主题则是“探索城市固体废物管理解决方案”，主题之间虽然有一定的关联性，但其侧重点有较大的差异，因此译员需要尽可能多地向主办方索取本次会议的相关资料，并在此基础上制作术语和词汇表。

术语和词汇表制作完成后，最好打印出来，工作时放在手边，随时查看。如果是同传，也可以在不遮挡视线的前提下，将术语词汇表放在译员面前的玻璃窗上，以便于查看。

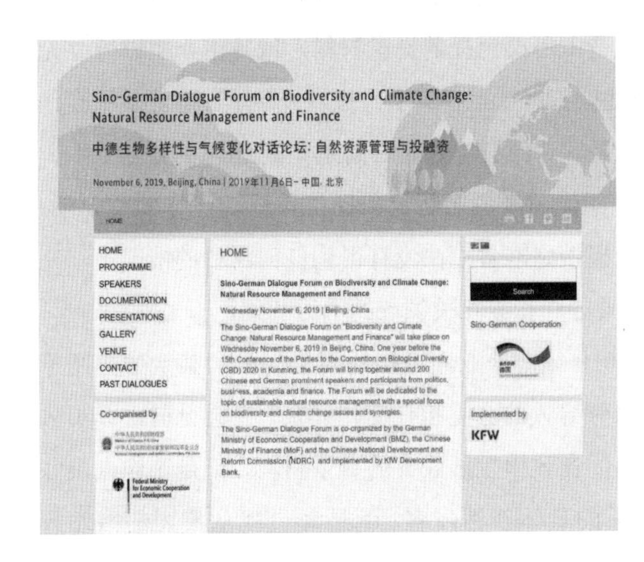

◀ Sino-German Dialogue Forum 2019 的网站，不仅可以看到本次会议的相关信息，而且可以查询到往届会议的情况。

◀ 2018 年 5 月，北京论坛期间的同传译员朱玉犇与郑文博。玻璃窗上粘贴了译员精心准备的词汇表，方便随时查看。

2. 没有会议材料时怎样准备术语和词汇？

不是所有的会议都能提前拿到发言材料。拿不到材料的原因有很多，或是由于发言人不愿意提前提供材料，或是由于主办方“无暇”提供材料。有些会议开始前，除了日程以外，译员可能拿不到任何材料。在这种情况下，译员首先要做的是不断地向主办方工作人员催要材料，并说明译前准备对会议口译工作成功进行的重要性。与此同时，也要积极做好准备，在没有得到任何材料的情况下，充分利用网络技术，搜寻和积累相关领域的术语和词汇。

译员姚斌在 2019 年博鳌亚洲论坛期间曾为中国某金融集团董事长和某欧洲国家领导人的会见担任交传译员。在会见前，译员只得到了一些关于集团在该国发展业务的背景材料，但是工作人员并没有提供此次会见的具体谈话内容。于是译员就从集团的网站开

译员姚斌（右二）为某金融集团董事长和某欧洲国家领导人担任会见交传译员。

始，搜集可能会用到的信息。在搜索信息的过程中，译员对集团有了新的发现。此前只知道某集团是一个金融集团，下设某银行，但通过搜索发现，原来某集团的业务种类远不止于金融，而且还涉足环保、垃圾发电、地产、养老等多个产业。特别是垃圾发电，通过搜索发现 2018 年，该集团董事长在全国政协会议上的两个提案之一就是关于垃圾焚烧发电模式的，实在有点出乎意料。对译员来说，垃圾发电是一个比较冷僻的领域，因此在译前准备中，就特别注意积累了这方面的一些术语和词汇，如垃圾发电（garbage power generation）、生活垃圾（household garbage）、秸秆焚烧（straw burning）、二噁英（dioxin）等。果然，在与该国领导人会谈时，董事长花了不少时间介绍和宣传集团的垃圾发电项目，而译员提前准备的术语和词汇也都派上了用场。

3. 如何加深对术语和词汇的理解

我们要明白的是，积累了术语和词汇不一定就能提供高质量的口译服务，原因是对于一个陌生的领域，译员虽然知道了术语，但并不一定知道它们的真实意义。例如，笔者曾经服务于中石油和中海油合作举办的海上采油技术培训会，虽然在开会前做了较多的准备，也总结了大量关于海上油田及其开采技术的词汇，但是在现场同传时，时常感觉到虽然说出了术语，但是自己并不知道发言人要讲的意思是什么，这也在一定程度上影响了翻译的质量。会议茶歇时，主办方的一位领导走过来交谈，非常善解人意地建议说："如果你们到油田上待上一个月，这些技术术语你们就都知道是怎么回事了！"

"纸上得来终觉浅，绝知此事要躬行。"要想加强对术语和词汇的理解，必须要对它们所代表的意义有充分的了解，而这就需要译员能够将术语和词汇放在一个领域的背景知识体系（参见第 6 讲）中理解与记忆。

4. 关于术语和词汇积累的小提示

提示一：一名优秀的译员，如果仅针对特定会议进行术语和词汇的积累是不够的，还应该在日常的学习和训练中积累更广泛领域的基本词汇。因为虽然译员服务的可能是金融领域的会议，但讲话人提到医学领域的术语和词汇也不无可能。译员朱维钧在一次口译工作中就遇到了这种情况。他受邀为一名中国人士和国外人士的晚餐会做口译。活动开始后他发现，中国人士可以用英语和国外人士交流。于是他就坐在旁边，仔细聆听他们聊了什么，就在此时，中国人士谈到自己最近身体不好，想说自己出现了骨质疏松，可是又不知道怎么说，于是转头问译员，骨质疏松怎么说，译员立刻回答说："是 osteoprosis。"这就是个很好的日常术语和词汇积累的例子。试想，如果译员在现场没有说出这个医学领域的常见术语，会有怎样的结果？客户很可能会觉得一场活动下来，就一个词需要译员翻译，而译员却不会。而译员翻译出来的结果就是，客户会觉得就连这个医学专业词汇译员都能说出，译员的水平一定很高。所以说，日常积累广泛领域的词汇一定能在关键时刻派上用场。

提示二：译员可以充分利用发达的网络工具和手段，就特定领域的主题，大量阅读双语平行文本。所谓"平行文本（parallel texts）"是指围绕同一主题，用不同语言撰写的相关文献，它们不是相互对应的翻译文本。蒙特雷高翻学院施晓菁老师在接受访谈时为译员阅读双语平行文本提出了建议，即译员可以先就某一主题阅读母语中的相关材料，迅速地掌握与主题有关的基本事实和观点，以及相关领域的基本术语。在此基础上，译员再去阅读围绕同一主题的外文平行文本，此时应将重点放在外文中的表达、词汇和用法上。由于译员已经通过母语文本阅读掌握了有关的背景信息，就能更高效地记忆和积累外文中出现的新术语。译员可以去阅读中、外文的报刊杂志，也可以浏览提供多语版本的网络百科全书，如百度百科、Wikipedia 等。这些双语平行文本既可以帮助译员从中提取出有用的双语领域知识，又可以积累大量有关会议主题的双语术语。

提示三：在准备会议材料的过程中，译员不能自以为是，对某类材料，如领导致辞、晚宴致辞等掉以轻心，认为不会有什么挑战。

ACCA 特许公认会计师大会

[illegible] 14-17 [illegible] 600+400×14 = 5600

DTR double tax relief 消除双重征税的规定	Systematic Double Taxation 税制性双重征税 Juridical Double Taxation 法律性双重征税 Economic Double Taxation 经济性双重征税
课税对象	居民管辖权
长期性住所 permanent home	地域管辖权
重要利益中心 center of vital interest	Royalty 特许权使用费
习惯性住所 habitual abode	OECD Model Tax Convention OECD 税收协定范本
国籍 nationality	UN Model Tax Convention 联合国税收协定范本
Capital gains 资本利得	Tie-breakers 附加规则/“加比”规则/决胜规则
“常设机构”可分为固定场所型常设机构(Fixed Place PE)、代理型常设机构(Agency PE)、建筑型常设机构(Construction PE)，以及劳务型常设机构(Service PE)四种类型	PE/permanent establishment 常设机构原则
Fixed place of business 固定营业场所	Residence country 居住国
Contracting state 缔约国	Source country 来源国
引力原则（Principle of the force of attraction）是确立常设机构所得的原则之一	Resident company 居民企业 Non-resident company 非居民企业
无限纳税义务(unlimited tax liability)	arm's length transaction（正常/普通商业交易）是指在联营公司或附属公司之间如果有业务关系时“照章办事”，就是说和两个不相关企业之间的交易一样按商业原则和市场规律办事，而不考虑其他因素
Withholding tax 预提税	imputation system 归集税制
“extra-territorial”tax 域外征税	[illegible]
one-tier dividend 单层股息	饶让 sparing
	个人劳务/劳动 personal service
other state 缔约国另一方	非独立劳务 Dependant Personal Services

社会力量 private sector
医保城乡统筹 integrated urban-rural medical insurance
Helpage international 国际助老会
CPS - Country Programming Strategy 国别规划战略
Memoir 研究报告
反家庭暴力法
老年人权益保障法 Law on the Protection of Rights and Interests of the Aged
O2O 线下商机与互联网结合
政府采购 government procurement
互助养老 neighborhood elderly care companion
土地承包经营权流转 transfer of the contractual right of land
长期护理保险 long-term care insurance
养老和社区信息惠民试点项目
国务院关于加快发展养老服务业的若干意见 Opinions on Accelerating the Development of Elderly Care Service Industry
促进健康服务业发展的若干意见 Opinions on Accelerating the Health Service Development
医养结合 Integration of medical and general care
护理医院 care hospital
联合国亚太经社理事会 UN ESCAP

▲ 译员朱玉犇在一次关于避免双重征税的会议现场所用的词汇表。打印版是译员会前准备的词汇，而手写部分则是译员当天积累的新词，在会后进行了电子化存档。

◀ 译员姚斌在一次有关养老问题的会见后整理出的电子版术语和词汇表的部分内容。

而实际上，在口译工作中，任何类型的讲话都有可能带来意想不到的挑战，即便是在非常简单的宴会致辞中，也可能遇到官衔、人名、引语（参见第 15 讲）等意想不到的问题。所以，在译前准备中，译员不能有丝毫松懈，必须做到在与会议相关的术语和词汇准备方面“不留死角”。

提示四：术语词汇要及时整理、长期留存。即便会前做了充分准备，口译员也不可能做到面面俱到。与会嘉宾都是某个领域的专家，他们的知识更丰富，更具前沿性。口译员通过聆听他们的对话，往往能在会议现场学到许多新的表达和规范的行业术语，一定要留心积累。笔者个人的习惯是在每次会议结束后，及时把在会场记录到的新知识、新词汇更新到电子术语文档中，并存储到云盘当中。这样一来，译员的词汇库会变得越来越全面，而且做到与时俱进。使用网络存储的目的是随时随地可以下载使用，而且永不丢失，这是硬件存储不具备的优点。

整理和更新词汇虽然会花费一些时间，却可以让我们的口译工作变得事半功倍。因为有些会议是年会，也就是一年才举办一次，而口译员日常接触的话题千变万化，今天是能源，明天是医疗，后天可能就变成了金融。口译员头脑当中活跃的积极词汇每天都是不同的。也许你为一场有关肺癌早期筛查的会议做了精心准备，在会议召开时对相关术语如数家珍，但一年之后，许多知识点早已变得模糊不清，这时候再从零开始准备术语无疑会耗费很多精力。如果你平时有更新存储的习惯，把去年的词汇表找出来读一读，许多术语会在短时间内恢复成积极词汇，为你所用。这也是许多资深译员高效应对繁重工作的秘诀。

原来还可以这样积累术语和词汇！[①]

北京电影学院摄影系邀请了澳大利亚三位专家，一名美国专家来给学生讲摄影。北京语言大学高级翻译学院的雷中华老师应邀组织三组学生去做课堂口译。雷老师本人是一名业余摄影爱好者，他对摄影技术有较多的了解，可是按他的说法，令他发愁的是，学生平时除了会用 iPhone 照相，根本不知道什么是“摄影”。所以，学生看到材料中的那些摄影术语，只能死记硬背，却并不知道它们在摄影中的真正意义是什么。

考虑再三，雷老师决定让学生利用活动前的一段时间不仅准备摄影术语和词汇，而且学习一点基本的摄影知识。他提前半个月给学生开会，向他们简单介绍了一些与摄影相关的基础知识，并要求他们去借一台比较专业的单反相机，自己上手拍些照片。同时要求他们在拍照时学会调节摄影参数，如光圈、景深、焦距等，了解什么是虚化等摄影效果。经过一段时间的上手练习后，这几名学生不仅了解了很多摄影术语的真正意义，而且高质量地完成了口译任务。

① 案例来源：译员雷中华的实战经历。

案例分析

在本案例中，雷中华老师通过让学生自己上手练习使用专业单反相机的方式，使他们提高了对摄影术语和词汇的认知与理解，从而使得纸面上的术语对照表变成鲜活、有趣的摄影技术，较好地实现了译前准备中有效积累术语和词汇积累的目标。

术语和词汇的积累不是单纯的中外文对应，而应从多个角度加深对术语和词汇的认识和理解。在心理学上有“加工深度”的概念。曾有科学家做过实验，让两组人同时记忆一定数量的术语或词汇，第一组只拿到术语和词汇本身，第二组则除了术语和词汇外，还有对这些术语和词汇的解释。结果表明，第二组在同样时间内的记忆效果好于第一组，而其原因正是“加工深度”的不同。也就是说，对于术语和词汇的加工程度越深，记忆和理解也就越深刻，对其的应用能力也越强。

本案例中的学生译员之所以能顺利完成关于摄影技术的口译任务，重要原因之一就是通过加深对相关技术术语的“加工深度”，他们加深了对术语和词汇的认知和理解，进而能够在口译工作中准确把握和传达发言人的意思。

思考与讨论

如果你受邀请服务一场主题为“生物柴油产业发展”的国际会议，在做译前准备时，你看到一位代表的发言题目是“小桐子的应用及发展前景”。你向主办方索要相关发言资料时被告知，该代表并没有提前提供任何资料。请思考，在这种情况下，你会怎样为这个发言做相应的译前准备？你会利用哪些工具呢？

拓展阅读

1. Jiang Hong: "The Interpreter's Glossary in Simultaneous Interpreting", *Interpreting*, Vol. 15:1, 2013, 74-93.

2. 姚斌、朱玉犇、孙婷婷：《带稿同传》，《会议口译》，外语教学与研究出版社，2016 年，203-231。

· 本章小结 ·

1. 快速积累术语和词汇是译前准备的一项重要内容。
2. 译员应充分利用主办方提供的会议材料准备术语和词汇表，在没有获得会议相关材料时，译员应充分利用网络技术，搜寻和积累术语与词汇。
3. 译员应将术语和词汇放在领域背景知识体系中理解与记忆。
4. 译员还应在日常的学习和训练中积累多领域的术语和词汇，可以利用多语版本网络百科全书查询平行文本，摘取有用的术语和词汇。
5. 对任何类型的发言，译员都不可掉以轻心，在术语和词汇准备方面要尽力做到“不留死角”。

第6讲 背景知识："译路顺风"的诀窍

在任何有关译员能力的理论或模型中，都少不了背景知识，足见译员背景知识储备的重要性。在本书第1讲中，我们提到了知识储备对译员成功通过面试、拿到工作机会的重要价值。而在译前准备中，背景知识也是译员不可或缺的功课。特定领域的知识越丰富，越全面，译员工作起来就越从容，越觉得游刃有余。

1. 背景知识及其重要性

Daniel Gile (2011) 曾提出一个译员的"理解"等式，即：

Comprehension = KL + ELK + A

(KL – Knowledge of the language; ELK – Extra-linguistic knowledge; A – Analysis)

根据他的说法，译员要想理解一段原文，除了要有语言能力之外，还必须具备充足的语言外知识，也即背景知识。这也就是为什么有些译员在翻译专业性较强的会议时，会感觉发言人的讲话每个词都听懂了，但就是不明白发言人讲话的意图是什么。那么，一名合格的译员究竟需要哪些方面的背景知识呢？

根据 Robin Setton 和 Andrew Dawrant（2016）对译员背景知识的分类，广义的背景知识至少包括以下五种类型的知识储备：

（1）在国际事务、政治外交、经济、商务等领域超过普通人的广泛性知识；

（2）在口译服务常见领域，如商务和财务管理（包括预算、审计等）等领域，以及对国际组织和国际会议工作流程的知识；

（3）对母语和外语使用国的社会文化知识；

（4）特定会议主题相关的知识；

（5）与交际语境相关的知识，如当事双方，召开会议的原因，所讨论或有争议问题的历史和背景等。

如果译员能具备以上所列的完整的知识架构，译员在口译工作中就能做到从全局出发看具体问题，特别是在遇到逻辑不符、信息不清和发言人口音重等挑战时充分调动自己的背景知识储备，做出正确的判断。

2. 有无背景知识的差异

一般来说，译员在连续从事口译实务工作五到十年以后，在口译技能方面都能够达到炉火纯青的程度，到了这个阶段，区分译员质量的往往就不再是口译技能本身，而很可能是背景知识储备的数量和系统性。

口译界流传着这样一种说法，有些资深老翻译在做有些会议活动口译的时候完全不做译前准备，甚至是到了会场才抬头看看大屏幕上本次会议的主题是什么。讲这个故事的人可能是想说明老翻译倚老卖老，不认真对待工作，告诫年轻翻译不要成为“老油条”，但如果从另外一个视角来看，或许老翻译的这种行为恰恰说明了他们在长期的口译实践中积累了足够的背景知识储备，使得他们无须做任何译前准备，也能对会议相关的话题及讨论内容了然于胸。

当然，我们是绝对不建议译员在没有100%把握的情况下效仿这种行为的。而且我们也想强调，即使是经验非常丰富的老翻译，也可能在会议现场遇到新问题，因为口译员服务的会议所讨论的往往是行业内的前沿问题，这些问题对一些业内人士来说也是崭新的，因此对相关知识的译前准备绝不可掉以轻心。

笔者曾经有一次服务一个主题为“POPs”（持久性有机污染物）的国际研讨会。与笔者搭档的是环保部的内部译员，也是笔者以前的学生。笔者在会议前，花了很大精力整理和记忆各种“POPs”物质的中外文名称如滴滴涕（DDT）、氯丹（Chlordane）、灭蚁灵（Mirex）、艾氏剂（Aldrin）、狄氏剂（Dieldrin）、异狄氏剂（Endrin）、七氯（Heptachlor）、毒杀酚（Toxaphene）等，可是到了现场同传时，一旦发言人频繁提及这些名称时，就总觉得脑子不够用，嘴不好使，心里也很紧张。而轮到搭档翻译时，听到他不但在说到这些术语时如行云流水，而且在翻译关于它们的使用领域、使用方法等内容时也是头头是道。茶歇时，笔者问他是怎样做的准备，他回答说，他平时工作中的一部分内容就是“POPs”公约（《关于持久性有机污染物的斯德哥尔摩公约》)，所以他不需要专门准备，对发言人要讲的内容也知道得八九不离十。这就是充足的背景知识储备对提升口译表现的意义。

另外一次会议，一名美国经济学家在介绍中西经济贸易史的时候，忽然提到了 1793 年的马戛尔尼使团访华的事件。因为笔者对中西文化交流史有较为深入的了解，对马戛尔尼使团访华前后的事件和史实都比较清楚，所以虽然发言人有些地方讲得比较含糊，一语带过，但笔者却将整个事件的核心内容非常准确地翻译了出来，使得听众清楚地了解发言人举例的内容，进而通过这个案例加深了对中西贸易关系史问题的理解。

3. 背景知识不足的危害

以上我们看到了背景知识的重要性以及有无背景知识的差异。那么，如果译员没有做充分的译前准备，也没有足够的背景知识储备，又会造成什么样的危害呢？

笔者在口译行业初出茅庐的时候，曾经有过背景知识准备不足的教训。一家国际银行机构的代表要去拜访国家发改委，谈一个双方合作的能源项目的推进问题。笔者受雇前往提供交传服务。头天晚上较晚的时候，客户方发来了厚达数十页的项目相关资料。因为时间比较晚了，笔者只是快速浏览了一下项目资料，觉得只是一个小时的会见，双方不会谈得很深。到了第二天工作时，笔者才发现，双方在寒暄了几句之后，谈的都是项目细节，而自己对这些细节完全不了解，只听到一个一个的地名、术语和词汇，但却很难理解它们之间的关系，至少有一半的意思是没有翻译出来的。国家发改委的那位处长英文很好，她明显感觉到译员对项目不够了解，于是她自己直接用英语跟外宾交谈，双方聊得很投机。而笔者坐在一旁，脸红心跳，恨不得有个地缝钻进去，那半个多小时的时间简直是“如坐针毡”。其实，笔者的经历在不少译员身上都曾发生过，由于译前准备中对背景知识的关注不足，译员的角色在现场被某位代表临时客串，甚至译员当场被“炒鱿鱼”的现象并不鲜见。对于新手译员来说，这种经历不仅可能会给自己心里留下阴影，而且更糟糕的是对自己的职业声誉产生负面影响。可以说，译员服务的与会各方通常都是行业内的专家，他们都具备非常系统、完整的领域内背景知识储备，如果译员不能积累充足的领域知识，很可能会被“挑刺”，乃至“看扁”，后果严重。

4. 译前准备中的背景知识积累法

译员积累背景知识的方法很多，但殊途同归，都是为了能够在口译工作中有足够的知识储备，以便高质量地完成任务。以下这些方法可以作为译员进行背景知识储备的手段。

(1) 专有名词、术语和概念

专有名词、术语和概念是背景知识的一部分，也是背景知识的基础，译员必须在译前准备中根据一切能得到的会议相关资料总结、整理和“内化”这些内容。我们在第 5 讲中已经介绍了译员迅速积累术语和词汇的方法，这里不再赘述。

(2) 发言人和讲稿的领域背景

在译前准备中，译员应对发言人的背景做充分的调查，增强对发言人背景，特别是专业背景的了解。一名教育行业的发言人可能有理工科的背景，一位物理学的教授也可能同时是一位业余的诗歌爱好者。他们在交谈时很有可能会提到他们原来的专业或者自己的兴趣爱好，译员必须对此有所准备。有必要的话，译员还可以上网去搜索特定发言人以前讲话的音视频，从而对他的语音、语调、语气、语速、发言风格，乃至手势动作等都提前熟悉。这些都可归于译员的背景知识储备，也都会在现场工作时用得上。如果译员拿到发言人的讲稿，则更有必要根据讲稿的内容，按图索骥，查找与发言主题相关的内容，并积累相应的背景知识。在理想的状态下，译员对发言主题的理解应该达到领域内专家的理解水平。当然，不是每个译员，在每个领域都能做到这一点，但在实际的工作中，我们的确会看到有些译员在某些特定的领域的确达到了专家水平，甚至自己就是行业认可的专家。

(3) 知识体系的构建

最成功的背景知识积累是形成对某个特定领域的知识体系。一旦形成了知识体系，译员就有能力对发言人讲到的内容进行更加精准的判断。译员可以利用如思维导图这样的工具来制作知识体系图。举个简单的例子，如果译员要去服务一场有关生物质能的会议，那么译员就需要围绕生物质能构建相应的知识体系，该体系应该涵盖生物质能的上位概念和下位概念以及相关概念。生物质能的上位概念就是可再生能源，其相关概念就包括风能、太阳能等，而其下位概念则包括林业资源、农业资源、生活污水和工业有机废水、城市固体废物和畜禽粪便等。译员其实可以利用一些网络百科全书来制作知识体系图。有了知识体系图之后，译员的大脑中就会形成完整的认知图谱，译前准备也会更加有的放矢。

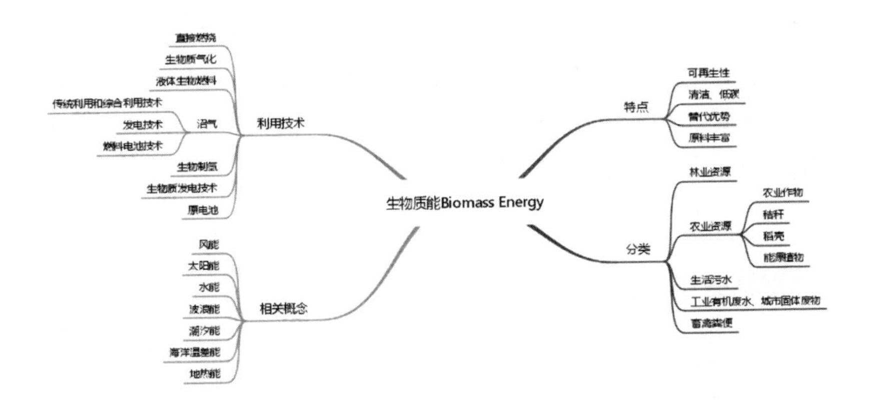

以上为参考百科词条用思维导图工具制作的简单地以生物质能为核心的知识体系图。可以看出，通过知识体系图可以一目了然地看出与生物质能相关的话题内容及其相互关系。上图只是作为示意图，译员在译前准备中还可以做出更为复杂精细的知识体系图，帮助自己以更有效、更有针对性的方式积累更加系统的背景知识。

此“蓝牙”非彼“蓝牙”[①]

2019年10月29日，国际边界合作研讨会在北京召开，中国外交部副部长应邀出席大会并发表演讲，主办方事先已经为同传译员提供了

① 案例来源：译员朱玉犇的口译实战经历。

讲稿。会议开始后，副部长首先对外宾表示欢迎，但很快就跳脱了预定的讲稿，回顾起自己的工作经历。他说道，“本人从 80 年代加入外交界以来，一直在从事和‘蓝牙’相关的工作。”

由于与朱玉犇搭档的外交部口译员在译前准备时曾对讲者的个人背景进行了深入的调查，还上网搜索并收听了他在其他场合的发言，了解到他此前曾任中国驻印度大使，而且讲中文时带一点南方口音。根据这些背景知识，译员在思考片刻后，把“蓝牙”译为了“South Asia”（南亚），准确地传达了讲者的信息。

案例分析

译员在口译过程中遇到不熟悉的口音是常见现象。带口音的发言并不局限于国外发言人，国内发言人同样有可能带某种方言口音，而译员在口译时由于认知负荷增大，往往对口音的识别能力降低，这个时候就需要借助自己的背景知识来对原文进行判断了。

本案例中的发言人因为有南方口音，所以他说的“南亚”听起来像是“蓝牙”，如果译员译前没有对发言人做充分的背景调查，很可能会卡壳，或者错误地将“南亚”译为 blue tooth（蓝牙），使听众迷惑不解，甚至闹出笑话。然而，正是由于译员不仅对讲者的职业背景进行了调查，因此在现场遇到问题时，能够在瞬间调动这些背景知识的积累，做出正确的判断。可以说，完整的背景知识结构能够帮助译员更加准确地对发言人讲话的内容做出预测或判断，从被动听辨转向主动听辨，减轻口音、术语或概念带来的认知负担。

思考与讨论

设想一下，假如您被邀请为每年在新加坡举办的“香格里拉对话”做同传，你需要具备哪方面的知识？你会从哪些方面着手准备？

拓展阅读

1. Andrew Gillies: "Preparation", *Conference Interpreting: A Student's Practice Book*, Routledge, 2013, 26-33.

2. Daniel Gile:《口笔译训练的基本概念与模型》，上海外语教育出版社，2011 年，74-81。

3. Robin Setton & Andrew Dawrant: *Conference Interpreting: a Complete Course*, John Benjamins, 2016, 42.

4. 姚斌、朱玉犇、孙婷婷：《会议口译实践》，《会议口译》，外语教学与研究出版社，2016 年，232-264。

· 本章小结 ·

1. 背景知识是译员理解原文的决定性因素之一，有无背景知识决定译员的口译质量，背景知识不足会导致翻译服务质量下降甚至失败。
2. 在译前准备中，译员可以围绕专有名词、术语、概念、讲者背景、讲稿内容等积累相关背景知识。
3. 译员可以利用思维导图工具围绕特定会议主题构建知识体系图。
4. 充足的背景知识有助于译员对特定领域形成系统性的理解，从而能够应对口音、语速等口译中的常见挑战。

第7讲 全面掌握会议的信息

在参加口译活动之前，译员首先要弄清楚三个“w”，即when、where和who，这些问题弄清楚了，工作开展起来可以事半功倍。在本节，我们将通过几个案例来说明译员在这三个方面经常遇到的问题，让口译学习者更加了解时间、地点和人物对译员的重要性。

1. 时间

译员在接到工作邀请时，首先要与主办方确认的信息便是会议时间：会议在哪天举行？从几点开始？到几点结束？这些信息确定了，译员才可以接着规划自己的时间安排。关于时间安排，译员可以借鉴以下几种方法：

（1）及时记录

译员应及时将自己承接的会议时间记录下来，以免遗忘或重复接会。职业译员平时接触的会议时间、地点各异，主题千差万别。为了服务好每场活动，译员需要在一场会议结束后迅速切换大脑的工作模式，“清空内存”，迎接新的任务。这种工作特性决定了译员要善于遗忘。从业年限较长的职业译员有时甚至回忆不起自己刚刚翻译过的内容。笔者也曾有过短时间内辗转于不同城市，清晨醒来忘记了自己在哪里的经历。因此，译员一定要及时记录新的会议邀约。

随着从业年限的增加，译员的工作会逐渐变得繁忙，及时记录对于管理繁忙的日程非常有必要。相较于过去，译员如今可以充分利用现代技术管理自己的日程。大部分智能手机都有电子日历，不仅方便用户记录、编辑和共享日程安排，还可以设置事件提醒，避免遗忘。一些译员还会对日程进行多设备备份，如手机和电脑共享日程，避免因手机丢失而导致日程信息丢失。

（2）留出冗余时间

做好记录后，下一步工作就是在会前合理规划行程。在这一点上，译员可以参考业内流行的半小时准则，即译员至少应比会议正式开始时间提前半小时到达翻译间，并以此来倒推自己何时出门。这半小时主要用于译员在现场做最后的准备工作，包括摆放电脑、测试设备、与搭档及主办方沟通、勘查现场等，这些都是非常必要的。事实上，在会议开始前半小时内到达会场，在口译行业内已经算是迟到了。不过，我们这里所谓的“冗余时间”，不仅是提前半小时，而是还要在规划行程时充分考虑外部因素，如遇上交通堵塞、遗忘证件、迷路等情况，留出足够的时间，保证自己能如期到达会场。下面这则故事说明了冗余时间不足的坏处。

2019 年 5 月 15 日，亚洲文明对话大会在北京国家会议中心隆重召开。会前，译员朱玉犇接到主办方邀请为大会的平行分论坛提供同传服务。朱玉犇的住所离会议地点不算太远。开会前一天，他在手机地图上查看了交通距离，从家中出发不到半小时就可以到达会场。会议开始时间是下午 2 点，按照惯例，他计划 1 点 30 分到达会场做准备，考虑可能堵车，他计划 1 点钟之前出门。

但他还是百密一疏。由于会议级别较高，国家会议中心周边街道实行了临时交通管制，他需要提前两个路口下车，步行前往会场，时间一下子变得紧张起来。译员不得不一路小跑，而此时会议中心门口早已排起了长长的安检队伍。他预感到自己要迟到，立刻拨打了搭档的电话，好在对方已经提前进入了会场。最终，朱玉犇迟到了整整十分钟。由于留出的冗余时间不足，曾经出现过某译员因忘记携带护照而中途返回家中去取，最终不得不自掏腰包重新购买国际机票的情况。

此外，如果两场会议日期相邻但举办地不同，译员还应考虑前一个会议无法准点结束，或当日航班延误等可能性。这种情况下，译员偶尔也可以与搭档灵活协商工作时间的分配，如自己提前多承担一些工作，由搭档殿后，以便自己能够稍早一些出发。经验丰富

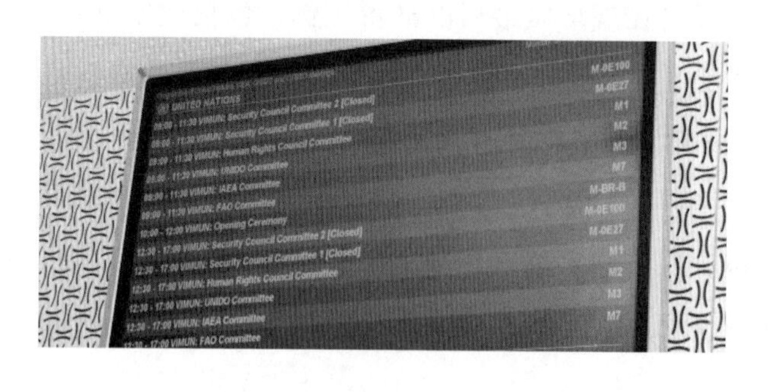

◀ 联合国维也纳总部大楼内的电子显示屏。译员需要根据显示屏上的会议名称和地点前往对应的会场，并及时找到翻译间。初来乍到的译员在这样的大型会议中心迷路并不稀奇。

的译员还会提前关注两地的天气情况，合理安排交通方式。

(3) 时间就是金钱

口译工作一般是按时计费的。确定了会议时长，译员便可与雇主协商报酬标准。需要注意的是，除了日程上的计划时间，译员还应考虑因会议无法准点结束，导致译员工作时间延长的加班费用，并就加班费用标准提前与雇主协商一致。如果会议需要长途旅行，译员还可视情况要求雇主提供路途补贴，以补偿额外花费的时间。国际会议口译员协会（AIIC）针对译员超时（overtime）和路途补贴制定了完善的计费标准，可供参考。

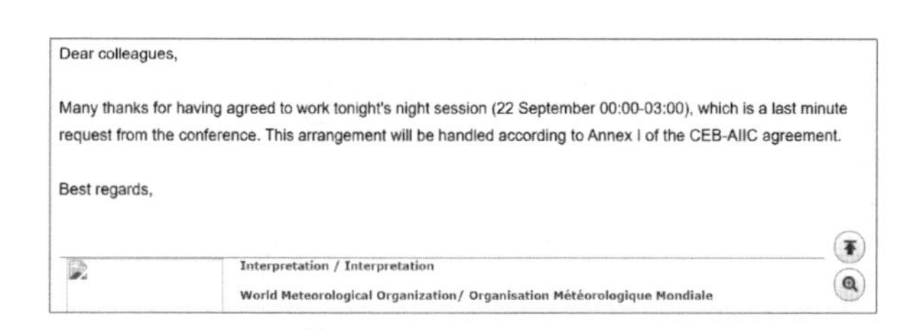

Dear colleagues,

Many thanks for having agreed to work tonight's night session (22 September 00:00-03:00), which is a last minute request from the conference. This arrangement will be handled according to Annex I of the CEB-AIIC agreement.

Best regards,

Interpretation / Interpretation
World Meteorological Organization/ Organisation Météorologique Mondiale

▲ 2019年9月，联合国政府间气候变化专门委员会（IPCC）第51次全会期间，口译负责人邮件通知译员，临时增加的工作将按照国际会议口译员协会（AIIC）与联合国系统行政首长协调理事会（UNCEB）签订的协议附录一标准发放补贴。

Annex I

System of compensation for extra workload[1]

1. Paragraph 32 of the Agreement specifies the normal workload of interpreters, and all Organizations have agreed that it is their responsibility to implement its provisions. It however also recognizes that genuine emergencies may arise when this is impossible and envisages compensation, preferably in the form of time off, for interpreters when they have worked more than "normal".
2. There is no such thing as a planned emergency. Therefore, whether in the form of time off to compensate for extended assignments (when a relief team should have been provided) or in cash to compensate for an excessive weekly workload when no other interpreters were available, compensation should be less attractive than adequate advance planning.
3. Compensation should however not be punitive, nor should it be based on a "once and for all" flat rate (such as the restricted team rate) but should depend on the amount of extra work required of the individual interpreter and the degree of planning error on the part of the Organization.
4. Excess workload may take two forms: either the interpreter has been required to work at assignments lasting longer than the normal "two and a half to three hours from the time when the interpreter is required to be on duty" or has been required to work more than "8 assignments on average per week" stipulated in the Agreement.
5. Extended assignments: an "extended" or "long" assignment can be defined as an assignment or series of assignments which have lasted more than three hours (plus a grace period of 5 to 10 minutes) since the time when the interpreter was required to be on duty.

◀ AIIC-UNCEB 协议附录一中有关超时工作的说明。

Remuneration during travel[17]

41. The travel dates shall be specified in the letter of appointment, whenever possible. Remuneration during travel shall be made in accordance with the relevant policies and procedures of the employing Organization applicable to staff. However, if the employing Organization's policies and procedures do not address this application, remuneration during travel will be as follows: except where it is agreed in advance that any necessary travel can reasonably be accomplished during the period of appointment, interpreters recruited from outside the duty station shall be paid one half of the relevant rate in annex E in respect of the calendar day preceding the beginning of their appointment and one half of the relevant rate in annex E in respect of the calendar day following the end of their appointment. Should the travel time, including authorized stopovers and rest periods pursuant to the travel rules of the employing Organization, be 14 hours or more, interpreters shall receive the entire amount of the relevant rate in annex E.

◀ AIIC-UN CEB 协议中有关路途补贴的说明。

2. 地点

会议举办地点是译员需要提前确认的又一重要信息。知道会议地点后，译员才可以查询路线，规划时间。关于地点信息，译员在实战中应注意以下几点：

(1) 信息要具体

有时候，仅仅知道会议酒店名称还不够。资深法语译员刘和平教授曾有过一次走错酒店的经历。在三峡工程启动初期，中方将购买法方的塔吊和美方的传送带，日本为融资方。中法之间的沟通需要借助口译员，刘和平受邀前往协助。主办方提前说好会议次日将在北京的“International Hotel”举行，听到饭店的名字后，译员脑海中即刻出现了面向火车站坐北朝南的饭店画面，没有多想，当晚做好译前准备后就睡下了。由于第一天没有去会场踩点，次日早上，译员提前两小时便到了现场，在大堂找水牌，无果；询问大堂值班经理，回复是没有这个会议！这让刘和平大为不解，怎么会这样？！她立刻打通了法方代表的电话，对方告知她饭店似乎在广渠门附近！

译员立刻打车前往这家饭店，气喘吁吁地进入会场，看到的是英语翻译已经开始工作，法方负责人很宽容地说："你先听会儿英文翻译，一会儿谈判你上，我们要用法语。"几分钟的英文翻译听下来，译员紧张的心跳才逐渐恢复正常。

事后，译员总结道，译员无论如何都要守时，为守时，无论如何都要提前确认开会地点，不能想当然！ 北京有重名的现象，上海许多饭店的名称中外文无法匹配！ 要想准时到会，必须反复确认名称和地点。

在本案例中，如果译员同时索要了酒店的具体地址信息，就不会出现走错会场的情况。在三峡工程的初期还没有智能手机，问路可能还要靠纸质地图。如今，译员可以在智能手机上快速检索会议酒店的具体位置，通过截图或位置共享与雇主确认，避免出现误判。如果是不熟悉的城市，译员还应在出发前查看酒店与邻近机场的距离，预留足够的交通时间。例如，博鳌论坛的举办地琼海市没有民用机场，最近的便是海口市的美兰机场，驱车单程就要两小时。某位参加博鳌论坛的译员曾经因此错过了返程航班，导致无法参加次日在北京的会议。

(2) 提前踩点

避免走错会场的另一个黄金法则就是提前踩点，特别是前往陌生的城市和会议场所时，提前把路线走一遍是很有必要的，这样做既可以确定地点无误，还可以熟悉如何乘车，并估算路上的交通时间。2011 年，笔者首次赴日内瓦为国际劳工组织（ILO）大会做同传。按照纪律规定，笔者和代表团一起住在了洛桑街附近的外交部招待所，此处与 ILO 总部的直线距离不过 3 千米左右，但是一路上坡，而且道路蜿蜒曲折，如果步行至少要 30 分钟，如果译员穿着正装，顶着大太阳，每日步行往返是非常辛苦的，而出租车又过于昂贵，唯一的解决方案就是乘坐公共交通。译员不仅需要提前查好公交路线，还要找到站台的位置、学习如何购票、阅读站牌信息及换乘等，只有实际搭乘一次才能做到心中有数。事实上，笔者一直到工作的第三天才逐渐熟悉了往返会场的公交系统。

有时候，即便译员就住在会议酒店，也需要提前踩点。2013 年，笔者陪同国内某公司代表团赴美国拉斯维加斯参加展会，入住在当地的威尼斯人酒店，也是本次展会的会议酒店。办理完入住手续，笔者立即和搭档前去会场踩点。令人没有想到的是，就算在同一酒店内，也足足找了半个小时，在求助了多位工作人员后，才终于找到了会议室。事后，笔者和搭档都觉得如果没有事先踩点，次日的会议很有可能会迟到。

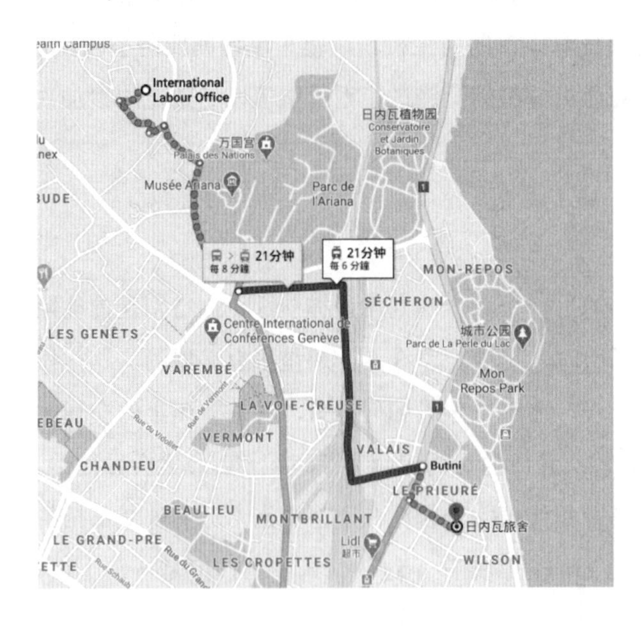

◀ 笔者在日内瓦工作期间曾经使用过的公交线路。由于车辆报站时使用法语广播，笔者前期只能靠车窗外的建筑物判断到站信息。

房间非常豪华！

Rooms were very luxurious!

威尼斯人赌场酒店的点评

2016年9月23日点评

点评翻译： 喜欢这家酒店。非常豪华的家庭套房。就在市中心-步行道哪里都很近。我唯一的抱怨就是面积……它太大了，你很容易就会迷路！谢天谢地，有很多有用的安保措施可以指导您。下次，请找一个靠近电梯的房间！通过vegas.com预订！

点评原文： Loved this hotel. Very luxurious family rooms. Right in the heart of the strip - close walking distance to everything. My only gripe would be the size.... it was huge and you could very easily get lost! Thankfully plenty of helpful security to guide you. Next time ask for a room close to lifts! Book via Vegas.com!收起显示

入住日期： 2016年5月

旅行类型： 全家游

位置　舒适度　服务

◀ 某网站上住客对威尼斯人酒店的点评。很多住客都会在酒店内迷路。

(3) 与地点相关的其他准备工作

除了提前找到会场，跟地点相关的其他考虑因素还有以下几点：

A. 旅行证件

如果会议举办地在国外，译员要考虑是否需要提前申请签证以及签证的类型，许多国家和地区不允许外来人员持旅游签证提供有酬劳的口译服务，甚至在中国香港地区都是不允许的。比较稳妥的做法是译员请目的国主办方出具会议邀请函，并协助译员向目的国驻华使馆申请正确的签证。前往目的国时，译员应把邀请函打印一份带在身上，以备移民局查验。曾有译员因持旅游签证前往美国开会，在入境时又无法提供邀请函而被移民局官员遣返；另有译员赴美国开会，预定了从加拿大中转回国的航班，却未曾预料到加拿大移民局要求中转旅客必须提前申请过境签证，该译员不得不当场缴纳高额的补申领罚款，才得以顺利回国。

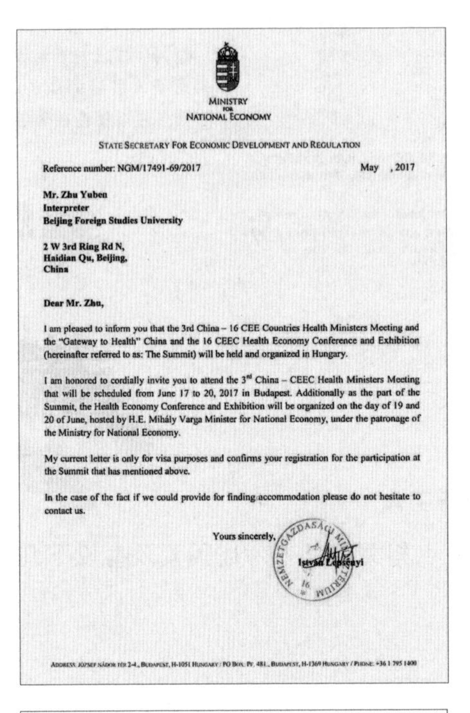

MINISTRY
FOR
NATIONAL ECONOMY

STATE SECRETARY FOR ECONOMIC DEVELOPMENT AND REGULATION

Reference number: NGM/17491-69/2017 May , 2017

Mr. Zhu Yuben
Interpreter
Beijing Foreign Studies University

2 W 3rd Ring Rd N,
Haidian Qu, Beijing,
China

Dear Mr. Zhu,

I am pleased to inform you that the 3rd China – 16 CEE Countries Health Ministers Meeting and the "Gateway to Health" China and the 16 CEEC Health Economy Conference and Exhibition (hereinafter referred to as: The Summit) will be held and organized in Hungary.

I am honored to cordially invite you to attend the 3rd China – CEEC Health Ministers Meeting that will be scheduled from June 17 to 20, 2017 in Budapest. Additionally as the part of the Summit, the Health Economy Conference and Exhibition will be organized on the day of 19 and 20 of June, hosted by H.E. Mihály Varga Minister for National Economy, under the patronage of the Ministry for National Economy.

My current letter is only for visa purposes and confirms your registration for the participation at the Summit that has mentioned above.

In the case of the fact if we could provide for finding accommodation please do not hesitate to contact us.

Yours sincerely,

István Lepsényi

ADDRESS: JÓZSEF NÁDOR TÉR 2-4., BUDAPEST, H-1051 HUNGARY / PO BOX: PF. 481., BUDAPEST, H-1369 HUNGARY / PHONE: +36 1 795 1400

Dear Colleagues,

In connection with your Duty Travel to New Delhi (COP7) in November, our HR Department will soon be requesting your security and medical certificates to be able to issue your contract. This is just a heads-up, but the sooner you are done with these mandatory requirements the better.

Security clearance:

If your security certificates are still valid (3 years), please drop us a line indicating their validity date.

If they date back to earlier than mid-November 2013 they are no longer valid and you are kindly requested to do your training again.
Both basic and advanced security certificates are required. They are prerequisites for obtaining travel security clearance and for the issuance of your travel authorization.

You can access the online training at https://training.dss.un.org
To log in,

- Click on "Create New Account"
- Choose a username and password
- Fill in the other information

Please note that you can register with any valid email address (it doesn't need to be a UN system email address)

Medical clearance:

I am happy to announce that we have obtained for all interpreters travelling to New Delhi a waiver of the extensive medical tests (full medical check-up, E.C.G., Blood and Urine tests, etc..) which are normally required whenever a travel is involved. Therefore, this time, only a simple "Fitness for work certificate" will be required for your medical clearance.

Attached please find the relevant Form that you are kindly requested to fill in and send back to us.
Reimbursement of the Fitness for work certificate will be done automatically (USD 50), no need to send any invoice.

Best regards,

Chef interprète
Services linguistiques
Organisation mondiale de la Santé

World Health Organization
20, avenue Appia

▲ 2017 年，笔者受邀为在布达佩斯举行的中国—中东欧卫生部长会做同传，匈牙利政府为所有译员提前发出工作邀请，用于申请入境签证。

◀ 2016 年 11 月，WHO 第七届 FTCT 缔约方会议在印度召开。口译负责人通知所有译员前往印度前需完成联合国的安全培训，并出具个人健康证明。

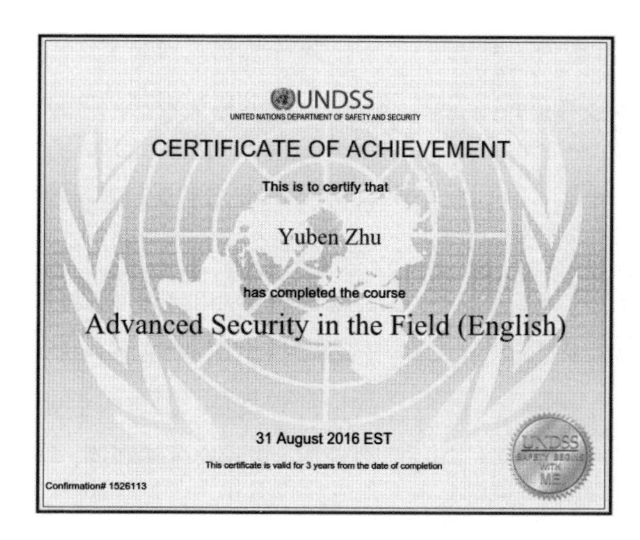

UNDSS
UNITED NATIONS DEPARTMENT OF SAFETY AND SECURITY

CERTIFICATE OF ACHIEVEMENT

This is to certify that

Yuben Zhu

has completed the course

Advanced Security in the Field (English)

31 August 2016 EST

This certificate is valid for 3 years from the date of completion

Confirmation# 1526113

World Health Organization

Medical Certificate of Fitness for Work

Period of validity: One calendar year as of the date of signature by the attending physician below

1. TO BE COMPLETED BY THE INDIVIDUAL (OR THE TECHNICAL UNIT)

Family name	Click here to enter text.	Maiden name	
Given name	Click here to enter text.	Gender	☐ F ☐ M
Date of Birth (dd/mm/yyyy)	Click here to enter text.	Nationality	Click here to enter text.
ADDRESS & CONTACT DETAILS:			
Street	Click here to enter text.	City	Click here to enter text.
Zip Code	Click here to enter text.	District / State	Click here to enter text.
Country	Click here to enter text.	Email address	Click here to enter text.
WORK ASSIGNMENT:			
Description of work assignment	Click here to enter text.	Location of work assignment	Click here to enter text.
Expected dates, from:	Click here to enter text.	To	Click here to enter text.

2. TO BE COMPLETED BY THE ATTENDING PHYSICIAN

Instructions: This medical examination is to assess the individual's general state of health in accordance to his/her medical history, and his/her ability to travel, if required, and to perform the work assignment. N.B.: For drivers, this medical examination will also include visual tests. Please ensure that vaccinations are up-to-date, and that malaria prophylaxis is prescribed if needed and in line with WHO recommendations (http://www.who.int/ith/en/).

Mr / Mrs / Miss ....has been examined by me. He/she has been found fit to [travel and] perform the work assignment, and the required inoculations and prophylactic medicines for the country to which he/she is required to travel have been done and / or prescribed as applicable.

Name of the attending physician who examined the individual: ....

Address: ....
....

Date: .... Signature: .... Doctor's Stamp: ....

3. TO BE COMPLETED BY THE INDIVIDUAL

I, Mr / Mrs / Miss .... hereby declare that all information provided by me in the context of the above medical examination is true and complete to the best of my knowledge. I understand that a false statement or a material omission, in particular a failure to disclose a known physical and/or psychological condition, including conditions under investigation, may result in the cancellation of the contract and/or the withdrawal of any offer of a contract with WHO.

I further understand that, if any new medical condition or a substantial change in an existing medical condition, appears during the period of validity of this Medical Certificate of Fitness for Work, or if the location of the work assignment changes, it is my responsibility to inform my attending physician and to provide the responsible WHO Technical Unit with a new Certificate of Fitness for Work.

Date : .... Signature : ....

Please electronically complete and return this questionnaire as soon as possible (preferably within 3 days) to Technical Unit

Medical Certificate of Fitness for Work - Version 1 - 24 February 2016

▲ 笔者在前往印度前取得的联合国安全培训证书。

◀ WHO要求译员提供的健康证明表格。

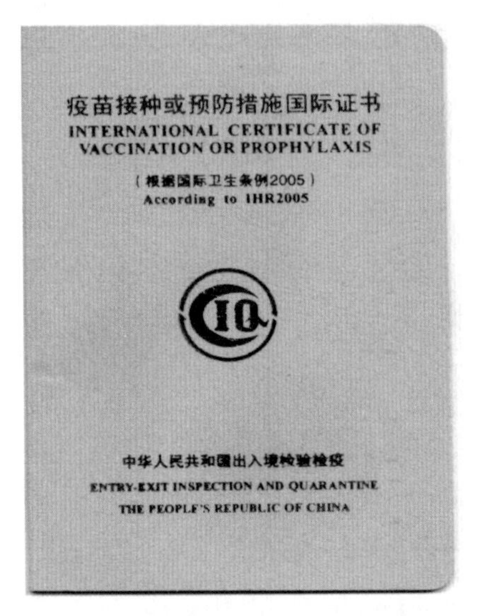

▲ 去非洲相关国家开会必须带着“小黄本”（疫苗接种或预防措施国际证书）。2018 年 5 月，笔者受邀赴莫桑比克参加非洲国家孔子学院大会，出发前接种了黄热、疟疾和甲肝疫苗。

B. 个人健康与安全

如果会议举办地位于高风险地区，如战乱地区、疫区或其他个人安全与卫生保障条件较差的地区等，译员还需在健康和安全方面做好充分准备，如携带必备药品、提前接种疫苗、提供医学健康证明、接受安全培训等。

3. 人物

与时间、地点一样，译员对参与会议的代表也应该在译前有较为全面的了解，特别是会议的主旨发言人。因为会议的主旨发言是最引人注目的，听众也最多，对译员的关注也最大。而且会议主旨发言人通常都是高级别的官员，或者是业界的领袖，他们的发言对会议具有举足轻重的作用。译员应在译前对他们的背景、发言内容进行充分的了解。

缺乏对发言人的充分了解，可能会给译员带来意想不到的障碍。有些会议（如一些行业年会）的参会代表的专业背景相对单一，但也有不少会议，参会代表的背景非常多元，如果不做细致的准备，现场很可能遇到挑战。

在 2014 年 12 月于厦门召开的第九届全球孔子学院大会期间，译员姚斌担任某中方领导的贴身译员。在一次早餐会期间，中方领导与美国一位著名的银行家会晤。在译前准备中，译员预期两人谈话的内容应该是比较宏观的话题，如中国文化走出去、孔子学院的发展，或者宏观经济和金融的问题等，因此对这方面进行了相应的准备。同时，译员考虑到银行家先生曾担任某投行主席的背景，也对他的职业背景进行了一定的了解。

然而，在早餐会晤期间，译员还是遇到了意想不到的挑战。中方领导在向对方介绍与会嘉宾时，提到来参加此次大会的一位特别嘉宾 Barry Marshall，他是澳大利亚西澳大学孔院的学员，但又因为研究幽门螺旋杆菌而获得了诺贝尔奖。领导的这段话是译员始料未

Opening Ceremony

Time	Activity	Venue	Participants
09:40-10:20	Entry for Opening Ceremony	Straits Meeting Hall, XICC	All delegates (entry upon presentation of Conference ID, please be seated in compliance of your seating zone)
10:30-12:30	Chaired by Mr. Yuan Guiren, Minister of Education, P. R. China, Vice Chair of the Council of the Confucius Institute Headquarters		
	Speech by Mr. Su Shulin, Governor of Fujian Province, P. R. China		
	Speeches by: • Zhu Chongshi, Member of the Council of the Confucius Institute Headquarters, President of Xiamen University, P. R. China • Timothy O'Shea, Member of the Council of the Confucius Institute Headquarters, Principal and Vice Chancellor of University of Edinburgh, U. K. • Barry Marshall, Nobel Prize Laureate (2005), Foreign Academician of the Chinese Academy of Engineering, Professor of the University of Western Australia (UWA) and Student of Confucius Institute at UWA, Australia • Ruth Njeri, Chinese Language Teacher of Confucius Institute at the University of Nairobi, Kenya		
	Keynote Speech by Madame Liu Yandong, Vice Premier of P. R. China, Chair of the Council of the Confucius Institute Headquarters		
	Award Ceremony of the 2014 "Confucius Institute (Classroom) of the Year", "Confucius Institute Individual Performance Excellence Award", "Outstanding Confucius Institute Chinese Partner" and "Pioneer of Confucius Institute"		

第九届全球孔子学院大会开幕式的英文议程，可以看到，发言代表当中，Barry Marshall 赫然在列。

及的，没有想到他们会聊到这个话题，更没有想到，会出现“幽门螺旋杆菌”这样的专业医学词汇。因此，译员在现场不得不采取了“变通”策略（详见第 14 讲）。

在早餐会晤后，译员回到房间找出此次大会的议程仔细阅读后，发现领导提到的那位澳大利亚医学研究者是本次大会开幕式上的特邀发言代表之一。由于在译前准备时，译员满以为开幕式发言的代表都只是分享一下自己学习汉语或中国文化的经历，就忽略了对他们本来的职业身份和背景进行深究，因此造成了口译工作过程中遇到的挑战。

临时变卦的发言人[①]

译员姚斌在爱尔兰都柏林大学孔子学院承办的欧洲孔院年会期间就碰到了这样的“尴尬事”。在活动开始前，译员主动找到孔院的中方院长，询问并索要参会代表的名单，但被告知没有必要提供名单给译员，因为他会用中英文两种语言介绍出席嘉宾，所以就不需要翻译了。译员信以为真，见院长里里外外忙于接待来宾，便没再坚持。可是，等到活动开始时，主持开幕式的院长忽然“变卦”，他在开始主持之前向全场宣布，他将用英文主持，由现场译员口译为中文。接着，他用英文报出了一大串人名和头衔，译员由于缺乏提前准备，被逼得手忙脚乱，好几处头衔翻译得都不够准确。

① 案例来源：译员姚斌的口译实战经历。

案例分析

从这个案例可以看出，口译工作的现场充满了不确定性和意想不到的变化。为了能加大对现场情况的把握，提高口译的质量，译员必须抓住一切机会想方设法地了解参会人员的情况。即便遭受到主办方的“冷眼”“拒绝”，仍应锲而不舍，尽量保持与主办方手里的代表信息更新同步，千万不要觉得脸皮薄，不好意思。因为对参会人员多几分了解，译员成功进行口译工作的把握就多了几分。虽然忙碌的主办方人员可能对译员的“穷追不舍”感到不舒服，但经验表明，只要译员圆满地完成口译任务，译前沟通中的那些不愉快都会烟消云散，换来的是对译员工作态度和质量的赞誉。

思考与讨论

你收到邀请担任“中国发展高层论坛 2020”的同传译员。由于疫情影响，今年的论坛采取线上、线下融合的方式进行。请思考，你需要在时间、地点、人物等方面做哪些准备？

拓展阅读

1. 国际会议口译员协会（AIIC）与联合国系统行政首长协调理事会（UN CEB）签订的协议全文：

https://hr.un.org/files/handbook/ceb-aiic-agreement-1-jan-2019pdf。

2. 刘和平微信公众号“译坊”，文章名称《守时》。

· 本章小结 ·

1. 在会议开始前，译员要清楚三个“w”，即 when、where 和 who。
2. 在时间管理方面，译员要注意及时记录、留出冗余、按劳动时间灵活计费。
3. 地点信息要具体。如果有可能，译员应提前踩点。前往外地参会，要注意目的地对旅行证件、防疫证书、安全培训等方面的要求。
4. 译员应对参会人物做充分、全面的背景调查。

第8讲 沟通才是硬道理

译前准备工作中的一项重要内容就是与会议主办方、发言人及有关各方持续保持沟通。严格来讲，为确保口译工作的顺利进行，直到口译任务开始之前的最后一秒，译员都有必要抓住一切机会就发言相关内容展开沟通。每次口译工作都像一场冒险，多获取一点信息，译员就多一份成功的把握。

1. 与会议主办方的沟通

在会议开始前，译员在译前准备过程中应该积极主动地与会议主办方保持沟通，沟通的内容包括了解会议或活动相关的背景信息，获取会议议程、参会者简历以及会议发言材料等。主办方和译员的目标其实是一样的，都是为了让会议更加顺利和成功，但是由于主办方需要考虑的问题比较多，比较繁忙，因此有时候对译员的要求不能积极或及时回应，此时，译员不应该退缩，而是应该迎难而上，从多个角度向主办方说明沟通内容的重要性。

我们经常听到“客户教育”一词，但不少译员并不知道什么时候应该进行客户教育。其实，与会议主办方沟通，向其索要相关资料的过程常常就是一个“客户教育”的过程，因为在有些情况下，会议主办方（客户）负责联络译员的工作人员并不知道什么是译员需要的材料。有时，译员所需要的材料在他们眼里往往是根本不需要的。例如，与会嘉宾的头衔，由于一般会议的与会嘉宾都是行业内的名人，所以主办方的工作人员对与会嘉宾的头衔都是了然于胸的，他们往往会想当然地以为译员也应该是非常熟悉的，但其实，对译员来说，如果是第一次服务这个活动，这些人的头衔和名号可能并不熟悉，因此哪怕是拿到一份参会嘉宾的人名列表，对译前准备也是大有帮助的。所以，译员需要耐心地向客户解释获得相关信息对完成口译任务的重要性，争取获得更多的有用信息。

2. 与发言人的沟通

译员除了要与会议主办方积极沟通之外，还应该尽量争取有机会和发言人进行沟通。因为与发言人的沟通跟译员的口译任务更直接相关，而且往往能在沟通中获得其他渠道无法获得的信息和帮助。

在一些技术性较强的会议前，如果译员能够提前拿到嘉宾发言的幻灯片或文字材料，在认真阅读后如果有疑问或不解之处，应想办法通过主办方与发言人取得联系，就幻灯片中的难点和发言人进行沟通和交流。对于可能会做技术性较强的讲演的发言人，译员即便没有拿到任何资料，也可以根据自己基于已有信息所做的准备在交流时向发言人提问和学习。这种方式已被证明是最有效的获取有用信息的方式。

有一家国外的大型技术公司经常邀请笔者担任口译，为确保国外讲演人的讲演效果，该公司比较重视讲演人与译员的提前沟通。在沟通中，笔者经常用到的做法是，请讲演人根据幻灯片进行模拟讲演，自己作为听众，遇到听不懂的地方立即发问，同时还请求讲演人能告知每一张幻灯片所要传递给听众的主要信息。这个过程其实不仅对译员有用，而且对不少讲演人也有帮助，因为他们可以在正式讲演前提前演练，厘清思路，并且从译员的反馈中调整自己的讲话内容。在提前演练中，笔者不止一次遇到有国外讲演者询问，怎样讲更容易为中国听众所理解和接受，笔者也根据自己对听众的了解提出一些建议。通过这样的交流，译员对讲演的内容理解就更加深刻了，非常有助于提高正式讲演时的口译质量。

说译员的沟通工作应该持续到会议或活动开始前的最后一秒可能稍微有点夸张，但是译员的确有必要在到达会议或活动现场后，在会议开始之前，抓住一切机会与主办方、发言人等各方进行沟通。译员不是每次在译前准备过程中都能获得充分资料或信息的。有时，提前怎么也要不到发言人材料，到了现场，译员见到了演讲嘉宾本人说明自己的需求，反而能够如愿以偿。有时，讲话人是临时发言，确实没有事先准备好的文稿或幻灯片，译员可能会通过现场沟通，挖掘出重要的信息来，从而尽可能减少在口译工作中出现不理解、不确定发言内容的状况。

3. 与其他利益相关方的沟通

译员在从事口译工作时，要和多方打交道，除了客户、发言人之外，还要跟现场的技术人员，包括同传工作时自己的搭档沟通，以确保口译任务的顺利进行。例如，在同传工作开始前，与技术人员沟通和调试设备是译员的一项必备工作（参见第 4 讲）。译员不能完全依赖技术人员对设备的调试，因为每个译员对设备质量、声音质量和设备环境的要求可能会有所不同。仅以声音调试为例，经常遇到的情况是，技术人员认为耳机里传来的声音已经足够大了，但是译员会觉得不够大，因为仅仅是听演讲和做同传对音量的要求是不一样的。一般来说，对译员比较合适的做法是在不影响音质的情况下，尽量调高耳机输入的音量，让译员能够在翻译机上调节音量，这样会使译员在遇到现场发言人远离话筒，或声音低沉时有一定的音量余量。

与搭档的沟通也是译员必修的功课。特别是对新手译员来说，一般每次工作不会都跟固定的搭档。与不同的搭档接触、合作对译员来说是有利的，因为译员既可积累人脉，也可增强自己的适应能力。但是不同的搭档会有不同的风格和特点，因此在活动开始前也需要与其进行充分的沟通。举个简单的例子，两名译员合作进行同传工作时，需要提前就轮换时间沟通好，因为译员的习惯不同，所以轮换时间也会有差异，这就需要两人相互协调和妥协，比如，是

20 分钟还是 15 分钟轮换，是否要以整点作为轮换标记等，这些都需要提前沟通好。

4. 译员临场沟通的小技巧

技巧一：译员在会议开始前与发言人沟通时，需注意发言人的语速、口音和讲话习惯等，如果发现发言人的语速很快，可以提醒对方放慢速度，使其意识到清楚、适速的发言对译员工作的重要性。如果感觉到发言人的口音很浓厚，也可以多跟对方沟通一会儿，尽可能地熟悉一下对方的口音，以免口译时因口音而“蒙圈”（参见第 13 讲）。

技巧二：译员在与发言人沟通时，应学会引导自己的服务对象，挖掘更多信息。发言人本人往往不知道自己的讲话中会有什么内容对译员构成难点，他们最常说的就是“我讲得很简单”，但是译员并不一定了解发言人所讲的内容，所以可以在沟通时有意识地对发言人进行引导。例如，问一问对方要讲的主要内容，有没有什么技术词汇，会不会出现什么专有名词等，通过引导，很有可能会从讲演嘉宾的嘴里得到一些与今天发言话题有关的信息，这些信息往往是在到现场之前无法获知的，但又很可能对口译工作有直接帮助的。

技巧三：译员获取信息的方式也不限于与人沟通，一些经验丰富的译员到了会场，会有到演讲台附近“勘察”的习惯，一方面去看一下大展板上列出的主办方、赞助方名称的中外文翻译，另一方面注意观察第一排座位上摆放的出席嘉宾的名牌，确认是否有自己事先不知道的重要嘉宾出席。通过这些方式，有时可以获得此前不曾想到的有用信息。

谁是罗生特？[①]

译员姚斌在奥地利维也纳大学“21 世纪中国文化论坛”期间担任欢迎晚宴致辞的交传工作，尽管译员多次向主办方提出索要材料的请求，但主办方一直说没有收到任何与晚宴致辞内容相关的资料。在到达工作现场以前，译员没有拿到任何有关致辞的材料。因此，译员为了有机会与致辞人提前沟通，就特意提前到达晚宴现场，直接找到中方致辞嘉宾，中国炎黄文化研究会会长，并与之沟通发言内容。一开始，会长回复说只简单地致个辞，不会有什么复杂或者不好懂的内容。

通常来讲，晚宴致辞可以说是口译工作中相对简单的任务，因为致辞人一般的确会遵循惯例，只说一些致谢和欢迎的话，不会涉及特别专业性的内容。但在此次沟通中，译员并没有就此放弃努力，因为距离活动正式开始还有一小段时间。译员提醒会长，在发言中是否会有什么特殊的人名、地名出现。会长听后，忽然提起，他将要在致辞中提到一个抗日战争期间来华援助的奥地利医生罗生特。译员一听，就察觉到这是一个需要回译为德语的人名。而在此之前，译员从未听说过这个名字。于是在简单沟通后，译员立即询问现场了解中奥关系的人士，并在网络帮助下，迅速还原了罗生特的原名——Jakob Rosenfeld，进而在稍后的交传时，顺利而流畅地翻译出致辞人想要表达的中奥友谊源远流长的意思。

① 案例来源：译员姚斌的实战经历。

案例分析

在本案例中，由于译员在到达工作现场前没有能够获得任何有关晚宴致辞的材料，因此很难做有针对性的准备。为此，译员特意提前到达会议现场，专门找到致辞人进行译前的沟通。在沟通的过程中，译员并非被动地接受致辞人的信息输入，而是主动地提醒和引导讲话人，尽量获取与讲话内容相关的更多信息。译员在译前获得的信息越多，译中的表现就会越好。试想一下，如果案例中的译员没有采取积极的译前沟通行动的话，在口译过程中几乎不可能如此顺利地译出罗生特医生的原名，那样不仅导致信息缺失，更重要的是可能会使得发言人的意图无法传递，直接影响到讲话的效果。因此，译员掌握适当的临场沟通技巧是很有必要的。

思考与讨论

假设在一次国际扶贫大会期间，你要担任一场午宴的交传，参加午宴的不仅有国务院扶贫办的官员，也有来自国际机构，如 UNDP、WHO 等的官员。午宴前你与主办方工作人员沟通时得知，扶贫办主任将致祝酒辞。你询问是否有相关讲话稿时，工作人员回复说，就是随便说一说，不用稿子。此时，你会怎样做呢？

拓展阅读

1. Daniel Gile:《口笔译训练的基本概念与模型》，上海外语教育出版社，2011 年，20-45。

2. Robin Setton & Andrew Dawrant: “Public Speaking and Delivery Skills”, *Conference Interpreting: A Complete Course*, John Benjamins, 2016, 111-121.

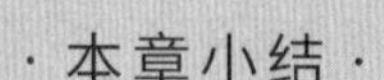

·本章小结·

1. 在译前准备阶段，译员应采用各种方式与主办方沟通，获得尽可能多的与会议相关的信息。
2. 译员在与发言人的沟通中往往能获得其他渠道无法获得的信息和帮助。在与发言人沟通时，译员应学会引导演讲嘉宾，以获得更多有用的信息。
3. 译员到了会议现场要抓住一切机会与相关方沟通，增加自己对将要工作的内容的理解和信心。
4. 译员应全方位地关注会议现场，从各个方面获取有用信息。

第9讲 贵在坚持：译员的日常训练方法

要想做一名高水平的译员，日常的学习和训练是必不可少的。俗话说，“拳不离手，曲不离口”，口译工作同样是“台上一分钟，台下十年功”。双语能力是口译的基础，而口译技能是翻译质量之所系。译员必须在双语能力和技能方面持续提高自己的水平，始终保持良好的工作状态。本讲将重点介绍译员如何在日常的训练中不断提升自己的双语能力和口译技能。

1. 语言能力的 ABC

良好的双语能力是口译训练的基础，这里的语言能力既指对外语的理解和运用能力，也指对母语的理解和运用能力。国际会议口译员协会（AIIC）将译员掌握的语言分为 A、B、C 三类，其中 A 语言指译员的母语，B 语言指掌握熟练程度接近自身母语的外语，而 C 语言指译员可以理解，但无法运用自如的外语。这一分类也比较符合国内目前大部分语言专业毕业生的情况，B 语言可以对应我们的第一外语，C 语言可以对应第二外语。当然，也有少数人可以将自己的二外提升到与一外相当的水平，成为双 B 语（double B）人士。通常情况下，译员在工作时主要是在 A—B 两种语言之间转换，C 语言因为是被动语言（passive language），无法自如运用，自然也无法满足从事口译的要求。

按照西方的会议口译，特别是同声传译的传统，译员主要从事 B-to-A 的单向口译，也就是只需要从外语译入母语。

但这种传统并不适用于国内口译市场，这主要是因为会外语的中国人很多，但懂中文的外国人士很少，单向口译不具备可操作性。因此，在许多涉外活动中，无论是中方负责提供口译，还是外方负责，所聘请到的大都是国内译员，他们在整场活动中既负责中译外，也负责外译中。倘若双方都各自聘请了译员，按照惯例则一般是“各为其主”，也就是每位译员只负责将自己雇主的话翻译给对方听。

综上可见，国内译员除了做 B-to-A，更多的时候还需要做 A-to-B，也就是国际上所说的“反向口译”（retour interpreting），这对译员的母语和外语都提出了很高的要求。这也意味着在日常训练中，译员要持续提升自身的双语听辨及表达能力。下面我们就结合口译工作特点，分别介绍几个外语及母语的学习方法。

EC-69 11 May 2017						
	RA IV Management mtg 08h30-09h30	EC-69 09h30-12h30	WIGOS Data Quality Monitoring System 12h30-13h30	Committee on Strategy-Budget-2020-23 and CB-reform 13h30-14h30	EC-69 14h30-17h30	RA I Management meeting 17h35-18h45
	Press Room	Salle Obasi	Salle B	Salle B	Salle Obasi	Press Room
ENGLISH	A. TIPPETTS*	J. MURRAY*	R. MONNAHAN*		E. BRADLEY*	R. MONNAHAN*
		C. BOU	A. TIPPETTS		C. BOU	J. MURRAY
FRENCH		A. JAMAR	A. SERRATRICE		A. JAMAR	L. CORREARD
		I. BRUCHEZ	F. MISSIRE LE DANTEC		I. BRUCHEZ	F. MISSIRE LE DANTEC
SPANISH	M. LUMBRERAS	M. OLIVERA TOVAR	M. LUMBRERAS		M. OLIVERA TOVAR	
		C. NEGEL	E. PAVON CAMACHO		C. NEGEL	
RUSSIAN		A. SHKALIKOV	K. IVANOV		A. SHKALIKOV	
		M. RADETSKAYA	V. CAUBET		M. RADETSKAYA	
ARABIC		N. EL KHOURY			M. ABDEL WAHAB	
		J. AMARI			F. DAMERGY	
		M. AL KHOUDRI			M. AL KHOUDRI	
CHINESE		Ms. FENG Chao			Mr. JIA Ning	
		Mr.ZHU Yuben			Ms. FENG Chao	
		Ms.ZHAO Yuan			Mr.ZHU Yuben	
STARTING TIME						
ENDING TIME						
SIGNATURE						

* Team leader

▲ 译员朱玉犇为世界气象组织第 69 届理事会会议做同传时的排班表，可以看到英、法、俄、西语各两人，只有阿拉伯语和中文译员是各三人。之所以各语种人数不同，是因为四种“欧洲语言”的译员只负责从外语译入母语，也就是只做单向口译，而中、阿译员则需要双向翻译，工作量相对较大，所以多配备一名译员。

(1) 外语能力的保持与提升

语言是不断发展变化的，高级别国际会议又往往是聚焦某个领域的最新发展，译员必须时刻追踪新词汇、新概念、新事件和新领域的最新动态。以下是一些保持和提升语言能力的一些常用方法，译员可根据自身的实际情况，采用其中适合的方法。

A. 每日阅读双语新闻

新闻是获取国内外最新时事信息最便捷的途径，同时新闻语料在语言风格上也比较贴近会议口译语言，是非常适合口译员的学习资料。口译工作者应每日收听收看两种语言中的新闻、评论节目，及时了解国际与国内近期发生的重大事件，追踪国内外政治、经济和社会热点问题，并有意识地学习掌握常见的双语词汇与表达，积累双语“平行文本”（parallel text）。“平行文本”不是严格的对译文本，而是指围绕同一主题在不同语言媒体中的相关报道。例如，2020 年

▲ 根据移动互联网大数据公司 QuestMobile 2019 年发布的报告，我国互联网用户在 2018 年平均每日的微信使用时长已达 85.8 分钟，而且持续增长。许多人仅仅把微信当作社交和娱乐工具，但微信里同样蕴含着海量的双语学习资料。如图，在搜狗微信中嵌入“新冠”+“双语新闻”等关键词，就能检索到多个外语学习公众号推出的与新冠肺炎相关的平行文本，除了查阅单篇文章外，还可以检索公众号。试想一下，如果译员马上要参加一场以新冠肺炎为主题的会议，这样的资料学习无疑会让准备工作事半功倍。

新冠病毒肺炎疫情的暴发引发全球媒体的关注。不同国家、不同语言对同一事件的报道就形成了“平行文本”。通过对比与分析这些平行文本，不仅可以发现很多词汇或概念的双语对应说法，还可以了解到各方对同一事件的不同视角，从而增加对事件意义的理解深度。在信息技术高度发达的今天，信息匮乏的问题已经不复存在，学习者要做的就是善于挖掘网络资源，找到对自身最有帮助、最高效的学习资料。

B. 阅读外语文学作品

在上文中，笔者提到新闻语料在语言风格上比较贴近会议口译语言，这是因为二者都是高度程式化的语言。据称，一些大型国际新闻机构已经开始使用机器人代写新闻稿，其程式化程度由此可见一斑。口译语言同样如此。长期从事口译工作的人会逐渐积累出一套惯用的表达方式，在需要时能够不假思索，脱口而出。因此，程式化语言最大的优势是效率，而不是质量或丰富度。久而久之，我们的语言会逐渐固化，缺乏多样性。许多口译从业者都有以下体会：在长时间从事口译工作后，自己的外语口语水平反而下降了，生活中的一些简单概念无法进行灵活自如的表达。例如，当我们想要邀请对方坐下时，译员可能首先想到的是“please be seated”这样的正式表达，而不是“have a seat”。

值得注意的是，口译实战中除了有严肃庄重的交涉，也不乏轻松愉快的交流，既有对事实的罗列，也有对感情的抒发。如果只学习双语新闻，我们的语言会变得单一乏味，缺乏表现力和感染力。与新闻语言相比，文学作品的语言更加细腻多样，特别是小说类文体，在内容上更贴近普通人的生活体验，对情感的描写也更加丰富，因此可以与新闻语料形成互补。阅读外语文学作品能够让我们的外语保持鲜活，在表达情感时更加精准地道。

C. 中式外语要留心改正

对于已经掌握了外语读写的人来说，无论是口头交流还是书面翻译，仍然会出现一些常见错误，有些错误源于对外语表达的误解和误用，有些则源于母语思维的干扰。作为译员，我们要高度警惕中式外语，留心改正，尽量让自己的外语表达准确地道。

中国外文局资深定稿专家 David Ferguson（2008）在《我可能学的是假英语》一书中历数了中国译者常犯的中式英语错误。例如，中国人经常用 batch 或者 bunch 来形容一群人，但一般情况下，batch 和 bunch 只能用来形容物，形容人是极其不礼貌的。他举了以下例句：

1978 年中国开始向贝林输送医疗队伍，迄今已输送了 18 批医疗专家，总计 409 人。

In 1978, China started to send medical teams to Benin. It has sent 18 batches of 409 experts.

在该句中，表达“一批人”的正确用词应该是 team、cohort 或者 group，而不是 batch。

（2）母语学习也需常抓不懈

许多人会说：“我们从小就学中文，中文怎么会有问题？”其实不然。在实战中，译员时常会遇到外语理解无障碍，但要用中文准确地道地再现原文意境却比较困难的情况。中文素养不够，译文就会拖泥带水，词不达意，或出现硬译、死译的情况；或受制于原文结构，译文不符合中文表达习惯；或不论原文何种风格，译文始终千篇一律；抑或将平时生活中并不规范的习惯用语使用在严谨的会议场合。相反，汉语底蕴比较深厚的译员不仅可以言之有物、娓娓道来，还可以对成语警句运用自如，着实能为语言表述添彩。

例 1：Shanghai is unsurprisingly the best location to hold this meeting.

译文 A：上海是举办此次会议的最佳地点，这一点并不意外。

译文 B：上海当之无愧（理应 / 理所当然）是举办此次会议的最佳地点。

例 2：Promotion of condom use is an essential component of HIV prevention program.

译文 A：推广避孕套的使用是艾滋病防治项目的重要组成部分。

译文 B：推广安全套的使用是艾滋病毒预防项目的重要组成部分。

比较例 1 中的两个译文，译员 A 因为中文素养不高，导致在翻译时无法摆脱英文结构，听上去十分蹩脚。而例 2 中，译员 A 在翻译 condom 时使用了生活中的习惯称谓，忽略了安全套除了避孕外，在医疗卫生领域更重要的用途是预防性传播疾病，同时译员将艾滋病（AIDS）与艾滋病毒（HIV）混为一谈，并将 prevention 译为“防治”而不是“预防”。这些不严谨的措辞反映的都是母语素养问题。

下面是法国汉学家高大伟（David Gosset）在谈论中国走向全球化时说的一段话，译文对应画线部分。

例 3：For some reasons, China tends to be very introvert. The Chinese did not leave China. Of course, Zheng He went to explore the world in the Ming dynasty but did it the Chinese way, reaching as far as Kenya and bringing back some giraffes, but that's it. However, today's China is projecting itself into the world.

译文 A：由于各种原因，中国比较内向，中国人一般不离开中国。

译文 B：由于各种原因，中国人比较安土重迁，一般不愿意离开故土。

通过比较楷体部分不难发现，译文 B 的表达更加生动自然，“安土重迁”的运用恰到好处，“不愿意离开”也给表达增加了感情色彩；译文 A 的表达严格来讲并没有错，但仍旧停留在比较浅显的语言转换层次上，稍显生硬。汉语的“内向”一般修饰人，不修饰国家。

因此，在强调外语学习的同时，我们切不可忽视母语水平的提升。

A. 保障高质量的中文输入

在平时的中文学习中，译员要尽可能选择高质量的中文语料，如《人民日报》、新华社等主流媒体的素材，这一方面是因为主流官方媒体拥有专业素质过硬的编辑团队，另一方面是因为它们还承担着引导社会舆论、促进社会和谐的职责，因此在语言使用上会充分考虑政治、社会、文化等多重因素，更能保证中文用语的规范性。作为中外交流使者，译员在用语上也应当遵从这些规范，体现我们的专业素养。笔者在下表中部分摘录了新华社于 2016 年公布的新闻用语规范，从表中可见，许多事务的官方正确表述并不完全与生活中的习惯说法一致，其中不乏译员经常接触到的话题，需引起我们的注意。

新华社新闻信息报道中的禁用词和慎用词（2016 年 7 月修订，部分摘录）：

在表述民族宗教类词语时，不得将香港、澳门与中国并列提及，如“中港”“中澳”等。不宜将内地与香港、澳门简称为“内港”“内澳”，可以使用“内地与香港（澳门）”，或者“京港（澳）”“沪港（澳）”等。
“台湾”与“祖国大陆（或‘大陆’）”为对应概念，“香港、澳门”与“内地”为对应概念，不得弄混。
不得将香港、澳门回归祖国称为“主权移交”“收回主权”，应表述为中国政府对香港、澳门“恢复行使主权”“政权交接”。不得将回归前的香港、澳门称为“殖民地”，可说“受殖民统治”。不得将香港、澳门视为或称为“次主权”地区。
有的国际组织的成员中，既包括一些国家也包括一些地区。在涉及此类国际组织时，不得使用“成员国”，而应使用“成员”或“成员方”，如不能使用“世界贸易组织成员国”“亚太经合组织成员国”，而应使用“世界贸易组织成员”“世界贸易组织成员方”“亚太经合组织成员（members）”“亚太经合组织成员经济体（member economies）”。应使用“亚太经合组织领导人非正式会议”，不应使用“亚太经合组织峰会”。台方在亚太经合组织中的英文称谓为 Chinese Taipei，中文译法要慎用，我方称“中国台北”，台方称“中华台北”，不得称“中国台湾”或“台湾”。
中央领导同志到访香港、澳门应称为“视察”，不得称为“出访”。中央有关部门负责同志到访香港、澳门应称为“考察”或“访问”。
对有身体伤疾的人士不使用“残废人”“独眼龙”“瞎子”“聋子”“傻子”“呆子”“弱智”等蔑称，而应使用“残疾人”“盲人”“聋人”“智力障碍者”或“智障者”等词汇。
对各级领导同志的各种活动报道，慎用“亲自”等词。除了党中央国务院召开的重要会议外，一般性会议不用“隆重召开”字眼。

不要将“全国人大常委会副委员长”称作“全国人大副委员长”，也不要将“省人大常委会副主任”称作“省人大副主任”。各级人大常委会的委员，不要称作“人大常委”。
“村民委员会主任”简称“村主任”，不得称“村长”。大学生村干部可称作“大学生村官”，除此之外不要把村干部称作“村官”。
对各民族，不得使用旧社会流传的带有污辱性的称呼。不能使用“回回”“蛮子”等，而应使用“回族”等。不能随意简称，如“蒙古族”不能简称为“蒙族”，“维吾尔族”不能简称为“维族”，“朝鲜族”不能简称为“鲜族”等。
不得使用“北朝鲜(英文North Korea)”来称呼“朝鲜民主主义人民共和国”，可直接使用简称“朝鲜”。英文应使用“the Democratic People's Republic of Korea”或使用缩写“DPRK”。
不使用“‘一带一路’战略”的提法，而使用“‘一带一路’倡议”。
一般情况下不使用“前苏联”，而使用“苏联”。

B. 警惕中文里的翻译腔

翻译腔指的是译者在将外语翻成中文时，保留了一些中文里原本没有的表达形式或句式结构，导致中文听上去不够自然得体。余光中曾在《从徐霞客到梵高》一书中对“欧化中文”提出过尖锐的批评，并对具有普遍性的欧化句式做了总结。笔者在此摘取其中一段关于名词滥用的内容予以说明：

“名词成灾”的流行病里，灾情最严重的该是所谓“科学至上”(scientism)。在现代的工业社会里，科学早成显贵，科技更是骄子，所以知识分子的口头与笔下，有意无意，总爱用一些“学术化”的抽象名词，好显得客观而精确。有人称之为“伪术语”(pseudo-jargon)。例如，明明是first step，却要说成initial phase；明明是letter，却要说成communication，都属此类。

中文也是如此。本来可以说“名气”，却凭空造出一个“知名度”来，不说“很有名”，却要迂回作态，貌若高雅，说成“具有很高的知名度”，真是酸腐可笑。另一个伪术语是“可读性”，同样活跃于书评和出版广告。明明可以说“这本传记很动人”“这本传记引人入胜”，或者干脆说“这本传记很好看”，却要说成“这本传记的可读性颇高”。（余光中，2014:194-195）

在口译实践中，我们经常会遇到一些名词概念，一时找不到很好的中文表达，这时候，译员可以想一想是否有其他的变通办法，而不是一味地转换成生硬的名词。当然，一些名词概念已经有了约定俗成的译法，中文虽然蹩脚，但已经逐渐为大众所接受，为了方便沟通，译员也可以直接采用，如customer insights（客户洞察）、niche market（利基市场）、elevator pitch（电梯路演）、robustness（鲁棒性）等。

2. 语言转换训练

有了扎实的双语基础，译员接下来需要做的就是语言转换训练，这是双语人士成长为优秀译员的必经之路。特别是同传译员，更是需要长期的语言转换训练才能胜任。很多外语听力和口语都很好的人却无法胜任同传工作，就是因为他们无法真正做到边“听”边“说”。例如，电视台直播国外体育赛事赛后采访或颁奖典礼时，解说员的英文水平都不错，而且熟悉专业知识。他们常常试图对现场讲话做同传的尝试。然而，他们往往把同传做成了“迷你交传”（mini-consecutive），即听完一句或几句话后，趁着讲话的间歇迅速用最简短的语言把意思说出来，赶忙回头去听。出现这种情况很正常，因为解说员没有经过专业口译训练，他们很难真正做到同传工作所要求的“一心多用”（multi-tasking）。接下来，我们向大家介绍几种日常的交传及同传训练方法。

（1）交替传译的语言转换训练

听辨是一切工作的基础。在交传学习初期，学习者不应急于学习如何做笔记（详见第 11 讲），而是要首先练习如何在听的同时提取逻辑关系，也就是我们所说的积极听辨。只有这样，写下的笔记才能体现出清晰的层次，帮助口译员捕捉主要信息。

积极听辨不一定是要听清楚每一个单词，而是说译员要站在讲话人的角度，充分理解其想要表达的意思，这和普通交谈时的聆听习惯是有区别的。口译员的任务是要用目标语言将讲话人的逻辑和观点再现出来。因此，在学习如何做笔记之前，口译员应当首先练习如何在听的同时关注逻辑，总结要点，逐渐把它内化为一种能力和习惯。下面我们来谈一谈培养逻辑总结和短期记忆能力的几种方法。

A. 复述练习

口译训练中的复述不是对源语言的机械重复，而是意义复述，口译学习者听到一段话后，在不做笔记的情况下用自己的语言总结大意。在一开始练习复述时，可以选取长度为 1 分钟左右的叙事性材料，先用听到的原语讲述要义，再用目标语言复述。复述不要求信息滴水不漏，但要求逻辑清楚，主要信息点全面，如数字的复述不要求十分精确，可以只说出最高数量级，重点是要关注数字的所指内容以及数字之间的关系。学习者也可以与他人结成学习小组，进行改述（paraphrasing）练习，每个人用不同的词汇和表达复述同一段话，丰富彼此的表达；或者，由一人复述，另一人手持原稿，通过提问的方式对复述人遗漏的信息进行提示，帮助其回忆遗漏信息。用目标语做复述练习，其实就是无笔记交传，而提问与补充的方式能够让译员在大量练习中逐渐领悟自身短期记忆的特征，如哪些信息更容易遗漏（通常是名词列举和数字等），哪些信息可以依靠脑记。这些问题搞清楚了，笔记需要记什么也就清楚了。

B. 视觉化训练

口译训练中的视觉化是指口译员在听到一段描述后，结合自身背景知识，努力激活头脑中的形象思维，使其头脑里呈现视觉化图像，从而形成对源语言的立体感知。视觉化同样可以帮助我们实现对源语言的逻辑总结和要点记忆。判断一段讲话是否有逻辑，尤其是叙事性讲话，就要看它能否在你脑中形成合理的画面；反过来，如果我们在听讲话的时候有意识地在脑中勾勒出形象的图像，那么对讲话的逻辑主线和要点信息也能够更好地记忆。英国的记忆超人本 • 普里德摩尔（Ben Pridmore）擅长记忆长串数字和扑克牌，记住一副打乱顺序的扑克牌只需要 26 秒，而他的诀窍就是把数字转换成图像，并串成有逻辑的故事。会议发言人的讲话通常本身就言之有物，而且遵循一定的逻辑，为视觉化提供了基础。

口译初学者常常想要记住发言人说的每句话、每个词汇，然后试图用译语去“一一对应”。这样做不仅会导致精力不足，无法专心提取原语的逻辑主线，而且是徒劳无功的，因为即使我们记住了原语的每句话，也不可能用译语一一对应。

在克服听辨障碍的基础上，译员还要通过练习提升自己的表达能力。有时，译员在解读笔记时出现问题，或是在语言组织尚不成熟时就着急开了口，导致最后只说了半句话。因此，译员需要勤练自己的表达能力。

C. “把话说完整”

“把话说完整”是译员具有良好表达能力的体现之一，但说起来容易做起来难。因为一句话是否说得完整，在中英文里的规则是不同的。中文讲究意合，发言人可能常常会省略主语或者其他重要成分，然而当我们译为英文时，根据英语的习惯，却不得不补出主语等成分，否则英语听众往往会混淆，会感到困惑。反过来，英文注重的是形合，如果照直翻译，中文会显得累赘，甚至极不自然，因此我们也不得不绞尽脑汁想办法绕过那些“重复”的字眼。例如，英文里说 He hurts his own legs 是很正常的，然而中文里的“他伤了他自己的腿”就显得别扭、啰唆，要把与英文 his own 相对应的“他自己的”删去才顺畅，因为中文里确实不需要那么多的形式标志。

如果有充足的翻译时间，我们完全可以照顾到这些差异。然而，在口译时，由于长时间处于高度紧张的状态，往往会出现句子不完整的现象。比如将开了头的句子放弃不管，直接去说下一句；抑或是为了说完前一句话而没有听到后一句话的开头。对于聆听翻译的现场听众而言，这是一种非常不舒服的体验。因为按照人们正常的习惯，听半截话是很难受的。因此，在平日练习时就要注意，在没有想好语言如何组织之前不要开口，一旦开口就要坚持把话说完整，哪怕是硬着头皮也要说下去。如果对自己的表达不满意，可以从头来过，一直练到自己满意为止。

（2）同传的语言转换练习

要做好同传，首先要解决听说平衡的问题。以下我们就来介绍几种进行听说平衡训练的最基本的方法。

A. 影子练习（shadowing）

影子练习就是跟读练习，也就是讲话人说什么，我们就说什么，不用翻译，但一定要在速度上跟上。影子训练的目的是让学习者开始感受和熟悉同传的边听边说的工作状态。从同一种语言的跟读开始，难度相对较低，是比较实用的同传入门训练方式。

影子练习也可以分成不同的难度类型，逐步向同传的工作方式过渡。第一级的影子练习，就是我们在听到原语时，进行跟读重复，而且是紧跟其后，落后几个字的样子。第二级的影子练习就要调高一些难度，我们会要求训练者主动落后原文半句话来进行跟读。什么是半句话呢？ 大概就是在讲话人说完一个意群之后，我们再开始跟读，而且我们得始终保持这样的时间差，这也就意味着在你的工作记忆里面需要储存更多的信息，对脑力的要求提高了。不过，有第一级的练习作为基础，过渡到第二级并不很难。第三级影子练习，在此阶段，我们的要求又提高了，这个时候，我们可能会要求大家要落后讲话人一整句话了，也就是在讲话人完成了一整句之后，我们再开始跟读，而且始终跟他保持一整句的距离。一整句的距离大概就会达到8—10秒，这样的练习，难度更大，对脑力的要求也更高。

第四级影子练习，在我们的大脑逐步习惯了边听边说这种新的运作方式之后，伴随着我们工作记忆能力的加强，大家不再是简单地进行跟读，而是要边听，边做 paraphrasing，即练习者不再重复讲者的原话，而是要有意识地用另外一种方式来表达讲话人的意思。其实，跟着原文做 paraphrasing，就已经开始涉及转换了，只是仍然是在同一种语言之内进行的，但已经一步步逼近同传的工作状态。

这样的介绍或许大家还觉得有点抽象，我们举一个简单的例子。

例句：很高兴与各位朋友相聚美丽的泉州，探讨交流金砖国家的治国理政经验。泉州是海上丝绸之路的重要起点，是中国人民远涉重洋寻找朋友的出发站，也是我们敞开胸怀拥抱八方来客的迎宾港。

第一级：很高兴 / 与各位朋友 / 相聚 / 美丽的泉州，探讨交流 / 金砖国家的 / 治国理政经验。泉州是 / 海上丝绸之路的 / 重要起点，是中国人民 / 远涉重洋 / 寻找朋友的 / 出发站，也是我们 / 敞开胸怀 / 拥抱八方来客的迎宾港。

第二级：很高兴与各位朋友相聚美丽的泉州，/ 探讨交流金砖国家的治国理政经验。/ 泉州是海上丝绸之路的重要起点，/ 是中国人民远涉重洋寻找朋友的出发站，/ 也是我们敞开胸怀拥抱八方来客的迎宾港。

第三级：很高兴与各位朋友相聚美丽的泉州，探讨交流金砖国家的治国理政经验。/ 泉州是海上丝绸之路的重要起点，是中国人民远涉重洋寻找朋友的出发站，也是我们敞开胸怀拥抱八方来客的迎宾港。

第四级：与大家在美丽的泉州相聚是我的荣幸，金砖国家代表在此讨论分享各自的治国理政经验。对海上丝绸之路来说，泉州是重要起点，中国人民从这里出发到大洋彼岸结交朋友，同时，我们也热烈欢迎来自世界各地的客人。

除了以上谈到的四级影子训练法外，还有人发明了各种各样有趣的训练方式，大家不妨都试一试。比如，边听边写数字。我们在听演讲的同时，在纸上写数字，一开始可以按顺序 12345 这样写，然后可以倒着写 54321，之后加大难度，可以试着跳着写，如 13579，甚至更大跨度地写数字。这些方法其实说到底都是练分神和一心多用的能力。当然，我们还可以通过选取不同速度的讲话的方式进一步锻炼我们的能力。原文语速的快慢对我们的跟读效果也会产生影响。所以用不同语速的材料进行训练，更有利于我们适应现场讲话的不同类型。

最后还有一点小提示，我们在练习跟读时，可以找一个倾听对象，可以是你的同学，也可以是你的朋友，她不听原文，只听你的跟读，她可以向你反馈你跟读的内容是否清楚，吐词发音是否清晰。这种方式其实是锻炼我们的听众意识。要想做好口译，听众意识是特别重要的。

B. 顺句驱动

不同语言在语序结构上是有差异的，以中英文为例，英文经常有后置的补充修饰成分，而中文的定语大多数在前。所以在传译时，就需要对语序做相应的调整。

例：China’s consumer inflation ticked up slightly last month as floods in southern China and a new wave of Covid-19 infections in Beijing caused vegetable prices to rise.

笔译 / 交传：由于中国南部的洪水以及北京新一波新冠疫情导致蔬菜价格上涨，中国的消费者通胀在上个月小幅上涨。

英文中的画线部分放在后面，而到中文里就调整到了前面。当然，同传时也可以尝试着把整句话听完，调整语序后再输出，但前提是留给译员的时间要足够充裕，语料中不存在难以记忆的易损信号，比如数字和专有名词的列举等，而且译员能够预知这句话不会讲得太长。遗憾的是，这些条件在同传实战中往往是不具备的。

例：We must therefore mobilize the $7 billion a year needed to meet the educational costs of providing primary education over the next 10 years for the 130 million children in developing countries who do not now have access to it.

笔译 / 交传：目前，发展中国家尚有 1.3 亿儿童无法获得初等教育。如果我们要在今后 10 年中为她们提供初等教育，每年必须筹集 70 亿美元资金。

同传：因此我们必须去筹集这 70 亿美元，来用于一年的教育开支，并通过未来 10 年的努力，让发展中国家的 1.3 亿儿童获得初等教育。

这句话是比较长的，且包含了三个数字，句子的嵌套结构也比较多，同传时我们很难等到句子的最后再开口，必须要边听边说。如何克服中英文语序上的差异，在不调整语序的情况下边听边说？这里要介绍给大家一个同传中的常用策略——顺句驱动。

顺句驱动又称顺译，是为应对同声传译时间限制挑战，实现边听边译而采用的一种策略，具体指同传时以句子或句内更小结构为信息加工单位，总体按照原语语序进行翻译，并且保证译语和原语信息一致。译员要尽量按照原语顺序，不停地把句子按意群切分成若干个语义单位，然后把它们自然地衔接起来。顺句驱动原则在某种程度上真实地描述了同传译员处理信息的全部过程，它可以说是同声传译相较于交替传译和笔译的显著特点。

C. 断句

断句是实现顺句驱动原则的核心技巧，是同传学习者必须掌握的技能。

例：目前，该公司来自中国市场的利润 / 已经是这个集团总利润的一半以上。

同传参考译文：So far, this company has gained lots of profit from China, and the amount now accounts for more than half of the group's total.

在这个句子中，听到了“该公司”，译员大多都会开口讲“this company”。然而之后紧跟着的就是介词短语“来自中国市场的利润”，若作为插入语很难组织英文句子，弄不好还会耽搁宝贵的时间。这时，采取断句策略是必要的。译员可以在“利润”后及时断开，单独组成两个句子，再自然地衔接起来。断句处理后的译文听起来可能不像笔译译文那么精练、缜密，但在同传情况下，这是可以接受的。

例：（跨国公司）当前的投资环境趋紧，主要是受全球和中国经济增长放缓的影响，/ 再加上日益严峻的环境压力，/ 以及能源、原材料、劳动力等生产成本上升较快，/ 跨国公司在中国的经营难免会遇到一些困难。

同传参考译文：Currently, the investment environment is degrading mainly due to the slowing down of the global and Chinese economy./ Moreover, environmental problems are growing,/and the energy, raw materials and labor costs have seen a rapid growth./Multinational companies now encounter operational difficulties.

断句的技巧不仅包括句中断句，也包括句群间的断句。上例中，斜线间的句子，可以独立成句，再用连词自然地衔接起来。这样一来，信息“随进随出”，可以极大减少译员分配在组织长句上的精力，从而留出更多精力听辨下一个信息。

D. 识别类意群

断句的好处是显而易见的。但大家可能还有一个疑问，那就是：究竟如何把握断句的节奏？大概在听到哪里的时候就可以断句，可以开口说话了呢？针对这个问题，秦亚青、何群（2009）在《英汉视译》一书中曾提出过“类意群”这个概念，作为视译练习的断句单位。视译与同传的基本原理是相通的，因此类意群可以作为同传断句的依据。

在同传时，界定类意群的标准有两条：第一条是“类意群的意义相对独立，尽管可能并不完整”；第二条是“可以与前后的单位灵活结合”。我们通过下面这个例子来具体说明。

例：When launched in April, //Tesla Inc.'s Model 3 was the hottest new-energy vehicle (NEV) //in China. //But last month,// a closely watched monthly sales report //from the China Passenger Car Association (CPCA)// showed a shift. //At the top of the NEV rankings //with 15,000 sales for August //was a two-door, four-seat battery-powered mini car, //retailing at just one-tenth the price //of the cheapest Model 3.

参考同传译文：四月推出的时候，// 特斯拉 Model 3 是最热门的新能源车型，// 在中国市场炙手可热 / 首屈一指 //。但是上个月，// 有一份备受关注的月度销售报告，// 发布者是全国乘联会 //，显示出了新的变化，// 新能源汽车排行榜中最靠前的车型 //，八月卖出了 15000 台，// 是一款双门四座的纯电动迷你车，// 零售价只有十分之一，// 比最低配的 Model 3 还要便宜 90%。

按照上例中的断句方式，每个断开后的意义单位都是不完整的，都无法独立成句，要么缺少限定，要么缺少主语或者宾语，但是每个单位又可以让我们有话可说，而且说出来的内容又是比较开放的句式结构，很方便与后面的成分灵活衔接。只要满足这些条件，就是类意群。

我没想到做同传这么难！[①]

2014年3月，马航MH370航班意外失联，引发全球关注。马来西亚政府开始每日在吉隆坡举行记者会，向全球媒体通报搜寻的最新进展。译员朱玉犇受中央电视台四套节目组邀请，为其发布会的中文电视转播活动担任同传。由于发布会以英文和马来语交叉进行，央视还专门请来一位在中国学习中文的马来西亚留学生作为搭档。活动开始前，朱玉犇了解到该留学生的父亲曾是马来西亚驻北京的外交官，他本人很小就来过中国，学习过汉语，双语语言基础很好。当朱玉犇询问对方是否有过同传经历时，对方给出了否定的回答，这让朱玉犇心里一惊。

直播的前20分钟，马来西亚交通部部长及外交部部长分别用英语介绍了最新的进展，朱玉犇负责英译中同传。随后，交通部部长邀请现场记者提问。首先提问的是一位马来西亚记者，使用的是马来语，但此时的搭档似乎并没有接替朱玉犇的意识。在短暂的空白后，朱玉犇用中文向电视机前的观众说明道："现在记者好像是在用马来语提问"，并以此提示搭档此时应该开始工作了。搭档这时才开始接过话筒。果然不出所料，从未受过任何专业训练的他此时变得吞吞吐吐，中文词不达意，频繁出现口误。直播效果受到了很大影响。好不容易熬到了发布会结束，朱玉犇与搭档都长舒了一口气。搭档表示，自己仗着双语能力好，

① 案例来源：译员朱玉犇的实战经历。

以为完全可以胜任口译，没想到同传竟然这么难！而聘请他的节目组也表示，以后绝不能只看双语能力，还是要坚持聘请专业的口译员。

案例分析

该案例中，双语能力都很突出的马来西亚留学生自认为外语好就可以做口译，结果在实战中“翻了车”；而雇主也为自己的错误观念付出了代价。遗憾的是，在现实生活中仍有许多人对口译抱有类似的认识，认为口译是雕虫小技，只要懂点外语就可以胜任。我们有时会听到领导对下属说：“你不是会英语吗？你来做翻译吧！”或者当译员跟客户方的工作人员索要资料时，得到回复说：“你还需要什么资料吗？演讲人说什么你说什么就行了。”目前还有很多人对于口译工作背后的难度和译员为学习口译而付出的艰辛努力毫不知情，在他们眼里，译员仍然只是一个双语转换的工具，甚至终有一天会被机器轻松替代。但是，从我们在本讲中所介绍的译员自我训练的方法和过程来看，优秀译员的养成绝非易事。所以，我们一方面要不断坚持自我学习和训练，维持良好的工作状态；另一方面要找机会对我们的客户进行一定的“教育”，消除他们对口译工作的误解，争取他们对译员工作的尊重。

思考与讨论

请思考，职业译员与非职业译员有哪些区别？这些区别是如何形成的？

拓展阅读

1. 秦亚青、何群：《英汉视译》，外语教学与研究出版社，2009，25。

2. 余光中：《从徐霞客到梵高》，国际文化出版公司，2014，194-196。

3. David Ferguson：《我可能学的是假英语》，周雅芳译，石油工业出版社，2018，75。

4. Andrew Gillies: *Conference Interpreting: A Student's Practice Book*, New York: Routledge, 2013.

5. 姚斌、朱玉犇、孙婷婷：《会议口译》，外语教学与研究出版社，2016，81-108。

6. 洪磊、王斌华：《汉英交替传译中口语性 / 书面性偏移的描述性研究——以两场记者会现场口译为案例》，《中国翻译》，2011 年第 2 期，73-77。

7.《小威廉姆斯赛后颁奖采访，节目评论员做“迷你交传”》，详见 https://video.tudou.com/v/XMjA5 NjA4Nzc3Ng==.html?__fr=oldtd.

· 本章小结 ·

1. 根据译员对所掌握语言的理解和运用能力，国际会议口译员协会（AIIC）将译员掌握的语言分为 A、B、C 三类。
2. 欧美会议口译员做单向口译（B-to-A）较多，中国口译市场则需要译员做双向口译。
3. 译员不仅需要提高外语水平，也需要提升母语水平。
4. 交替传译的练习方法包括复述、视觉化想象与完整表达等。
5. 同声传译的语言转换练习方法包括影子练习、顺句驱动与断句等。

2

第二部分

译中应对篇

第10讲 控制情绪、化解挑战

在某种意义上，优秀的译者同时是一名“演说家”或“演员”，常要根据不同情境配合使用不同的语音语调。例如，在政府首脑的记者招待会上为首脑做口译，就要去还原首脑的口吻和语调，体现领导人的风采；如果为重大灾害的电视直播报道做口译，就要体现出对受害者的关切，语调不能是喜悦的，而是要略带沉重；如果是热情洋溢的开幕致辞，或者觥筹交错的招待宴会，译员也需要调动自己的情绪，营造欢快愉悦的气氛。

同时，口译作为一项专业活动，译员又不可“入戏太深”，忽略自己的本职工作，导致听众对口译员的动机和口译质量产生怀疑。

与其他形式的翻译活动相比，口译具备即时性和显身性的特点，且译员工作的场合相对严肃，由此带来的心理压力不容小觑。不少新手译员面对压力情绪会大幅波动，影响口译表现。

由此可见，情绪调节是译员必须修炼的基本功。本节将结合几个具体案例，介绍不同情境下译员调节情绪的方法。

1. 保持一颗平常心

联合国纽约总部中文组资深译员陈峰先生在一次北京外国语大学高翻学院举办的交流活动上感慨道，这世上恐怕没有什么职业能够像口译那样，有幸近距离目睹众多伟人风采，感受名人魅力，如政治家、诺贝尔奖得主、奥斯卡影帝、登上月球的宇航员，能为这些人担任口译，想想都令人心驰神往。事实上，缺乏经验的口译员有时会因为陶醉于这份殊荣，导致过度兴奋，反而在重大场合出了洋相。

冀朝铸先生曾在中华人民共和国成立后为多位国家领导人担任口译，以口译员身份参与了板门店谈判、万隆会议等重要的历史事件。然而就是这样一位传奇人物，也经历过几乎所有口译人都有过的尴尬瞬间。

冀朝铸第一次为国家领导人做翻译是 1956 年秋天，尼泊尔首相阿查利亚来中国进行国事访问。按照原来的惯例，在出席欢迎宴会时，他会和来访领导人的保镖和随从坐在最后一桌。但不知何故，这次冀朝铸突然收到通知，在欢迎宴会上，将坐在第一桌，为两国领导人做翻译。这让他吃了一惊，但也异常兴奋：回国这么久，还从来没有给国家领导人翻译过，崭露头角的机会终于到来了。

陪同尼泊尔首相到达北京饭店宴会厅后，冀朝铸顺利坐上主桌，风平浪静地完成了两位领导人开始的几句互相致意的翻译。冀朝铸心想这简直太容易了。接下来应该是中方领导人站起来致欢迎辞，按照预先打印好的讲话稿朗读出来。冀朝铸只需要朗读预先打印好的讲话稿的英译本，领导念一段中文，他念一段英文，这再简单不过了，再加上他从小在美国长大，能把英文朗读得抑扬顿挫、字正腔圆。他觉得自己大放异彩的时候到了。他看见前面坐着好几位副总理、部长、大使和来自各个国家的高级官员，大家都在仔细听他的翻译。他感觉自己已经飘上了天，仿佛自己就是演讲人，正在对这些大人物讲话。

正当他自我感觉良好时，中方领导人却对预先准备好的讲话稿进行了改动。因为他发现原先准备好的讲话稿没有提到当时尼泊尔执政党的主席，这位主席实际上是尼泊尔首相背后真正大权在握的人，于是他临时决定在讲话中添加赞扬尼泊尔执政党主席的话。可此时的冀朝铸正陶醉于自己的英文朗诵，压根儿没有仔细听演讲人在讲什么，所以照样按原稿朗读。中方领导人听罢，立刻大声打断他说："不，不，小冀，你翻译错了，你太紧张了，赶紧换一个翻译。"就这样，冀朝铸在众目睽睽之下，又从第一桌挪到最后一桌，顿时羞愧得无地自容。坐在最后一桌的保镖和随从不约而同地假装低头吃饭，帮他化解了一些尴尬。

在本例中，初出茅庐的冀朝铸由于过度兴奋，又急于表现自我，结果影响了专业表现。事后，冀朝铸总结了失败经验，经过一次次重大活动的历练后，变得更加沉稳内敛，最终蜕变为一名处变不惊的杰出口译员。

对于缺乏经验的口译员而言，情绪管理是一门重要功课。试想一下，在步入职场前，口译学习者已经花了数年时间针对各领域的话题和演讲素材做模拟训练，一些演讲人的名字早已如雷贯耳，平日里只能在电视上或广播里碰到的人物，突然有一天见到本尊，还要为其做口译，难免在精神上飘飘然。一些年轻口译员甚至不顾及工作和外事礼仪的规定，冲破阻拦去找领导人索要合影或签名，这些都是极不得体、有损口译职业形象的行为。

有机会服务高级别会议自然是口译员的一份殊荣，因为这是自身口译能力的一份间接证明，但作为职业译员，我们要时刻保持一颗平常心，平等对待不同的服务对象，不因服务对象的行政级别或社会地位差异而产生情绪上的起伏，进而影响到口译服务的质量。

2. 译员不可入戏太深

做口译的一大幸事就是有机会见证非凡的历史时刻，也许是一个帝国的解体，也许是两个大国的建交，抑或是一场举世瞩目的盛大赛事。身处这些激动人心的历史时刻，口译员要注意在情感上保持一定的距离，不可入戏太深，忘记自己的本职工作。

2020 年 3 月 8 日，中国首个 UFC 冠军张伟丽在美国赌城拉斯维加斯迎战五次成功卫冕的前 UFC 冠军乔安娜，双方鏖战五回合，张伟丽艰难拿下比赛，成功把金腰带留在了中国，引发国人狂欢。

有趣的是，张伟丽的卫冕战还让一个人成为关注焦点，这个人并不是运动员，而是张伟丽的翻译。在赛后采访期间，张伟丽用中文说了一段非常感人的话，现场媒体及电视机前的观众都迫切想知道冠军都说了什么，但此时的翻译却因为过度兴奋而忘记张伟丽刚才说了什么。

张伟丽说："现在冠状病毒已经成为全球性的大事，所以全人类都应该团结起来，才能赢得这场战役。在 UFC 八角笼里，所有人都值得尊重。我不希望在八角笼里说垃圾话，我觉得在这个平台，我们都是武者，需要互相尊重。我们需要给孩子做一个好榜样，我们是冠军，不是暴君。"毫无疑问，这段话是非常感人的，但翻译却大脑一片空白，在停顿了五秒后接连对着话筒道歉，说自己太兴奋了，忘记了张伟丽的话。翻译的表现遭到了不少拳迷的质疑，很多网友都评价他太不专业，但据媒体报道，张伟丽的翻译名叫 Tommy 王，已经跟随她很长时间，一直以来翻译工作都做得很好，对于张伟丽的话，他总能声情并茂地翻译出来。而且对于这次自己在比赛现场的失误，Tommy 王也第一时间站出来道了歉。

Tommy 王表示："我在八角笼采访过程中实在太兴奋了，一直都想让自己冷静，张伟丽回答完乔 - 罗根之后，我感觉我脑子断电了五秒钟，很抱歉没有及时准确地做好实时翻译，在 ESPN 的 PPV 上留下了尴尬的时刻。"

◀ Tommy（左一）的兴奋之情溢于言表，以至于忘记了张伟丽的话。（图片来自网易号"艾克森国际翻译"）

在上述案例中，Tommy 王因为在感情上过度关注比赛结果，导致自己被胜利的喜悦冲昏了头脑，无法正常开展口译工作。在实战中，译员要拿捏好情感投入的尺度，既不可完全“冷眼旁观、置身事外”，也不可“丧失自我、过度发挥”，忘记了译员中立性的原则。如果任情感泛滥，就会产生过犹不及的效果。

其实，由于译员入戏太深而导致翻译效果受到影响并非第一次出现。

3. 克服过度紧张

相传挪威人喜食新鲜沙丁鱼，市场上活鱼的价格要比死鱼高许多，而渔民们每次捕鱼归来时，鱼在途中就死了，只有个别船能带着活鱼返港，所以渔民总是千方百计带活沙丁鱼回港。后来，有人在装沙丁鱼的鱼槽里放进了一条以鱼为主要食物的鲇鱼。沙丁鱼见了鲇鱼变得紧张起来，四处躲避，这样一来，缺氧的问题得到解决，大多数沙丁鱼反而能活蹦乱跳地回到渔港。后来人们称此现象为“鲇鱼效应”。这个例子告诉我们：生活需要适度紧张。

紧张是人类正常的情绪反应。面对压力，适度紧张有助于我们提升表现，但任何事物都是过犹不及。口译员要学会如何控制紧张情绪，如果任由紧张情绪蔓延，最终导致自己被情绪吞噬，失去控制，原本可以胜任的工作也变得不可能。

案例

心理包袱过重的新手译员[①]

几年前，刚毕业的N应聘了某国资银行总部国际处的口译岗，平时的工作包括协办总行领导的出访手续、安排海外行程、接待外宾、参与银行日常国际交往等，偶尔遇上董事长与外宾的高级别会见，N也要充当译员。几年下来，N对银行的国际交流业务已经轻车熟路，再加上表现出色，N被提拔为国际处处长，负责更高层面的业务。为了填补口译岗的空缺，国际处重新招募了更年轻的译员Y。

Y译员综合素质很好，但作为口译员，她有个致命的缺点——脸皮薄。一天，欧洲某国国家元首要和本行董事长会谈，刚入职不久的Y译员被安排为会谈做翻译。这是她头一次见到自己公司的董事长，而且是和国家元首会谈，她的心里七上八下。按照惯例，双方都带了自己的翻译，Y只负责把董事长的话翻译成英文，对方译员负责把元首的话翻译成中文，两位口译员分工明确，井水不犯河水。

会谈开始不久，Y在翻译一个细节时出现失误，被外方口译员敏锐地捕捉到了。对方先是大声用中文对Y说“不是不是，不是这个意思”，接着用英文向元首重新做了解释。董事长听到后回头瞟了一眼Y，问她怎么回事。Y的脸上火辣辣的，顿时感觉自己矮了一大截。接下来的会谈，Y感觉整个屋子的人都在盯着自己，而且董事长似乎对她也不太友好，语气里都是对她的责备和失望。就这样，Y像一个漏气的皮球，说话越来越没有底气，连平时十拿九稳的表达也变得语无伦次，胡乱翻动着手里的笔记，很吃力地解读着自己匆忙写下的一堆符号，开始出现大段的漏译。外方口译员开始多次越俎代庖，纠正Y

① 案例来源：某银行内部译员的访谈。

的译文。

这一切都被坐在一旁的 N 看在眼里。口译员出身的 N 非常清楚 Y 此时的状态，她果断起身过来接替了 Y，完成了剩下的口译工作。

会后，Y 说自己太紧张了，所以出现了失误。被对方纠正后心理负担很重，变得越来越紧张，到最后大脑一片空白。N 并没有责备 Y，但私下跟其他同事说："她心理包袱太重，以后的口译之路会走得很艰难。"

案例分析

曾有人把口译员比作湖面上的天鹅，在世人眼中永远都是水面上优雅的姿态，殊不知，在水面之下，天鹅的脚掌一直在紧张地划动。这个比喻无疑是十分贴切的。即便非常杰出的口译员，在工作状态下内心活动也是紧张的。这种无形的紧张情绪，不应该外化成有形的符号（如神情紧张、手忙脚乱、犹豫、喘息急促、声音变小等），通过话筒传到听众的耳中，否则会损害听众对口译员的信任，反过来给口译员形成更大压力，形成恶性循环。

需要注意的是，口译员的首秀是非常关键的，如果首秀成功则能提振信心，为今后的成长奠定坚实的基础；反之，则可能形成消极心理暗示，曾有一些新手口译员由于首次任务失败而开始怀疑自己的能力，最终选择放弃口译。

讽刺的是，专家译员恰恰是靠失误历练才成长起来的，无一例外。如果不允许失败，就不会有后继的人才。北京外国语大学高级翻译学院的李长栓教授曾经感叹，这是一个社会在培养新人的过程中必须付出的代价。

但代价也分大小，新手译员不要急于求成，承接超出自身能力范围且社会影响力过高的口译任务，这是对自己负责，也是对社会负责。建议新手口译员从重要性较低的外事活动开始，一方面主观压力较小，便于情绪管控；另一方面即便出现失误，社会代价及影响也较低，个人名誉也不会受到太大损伤。

克服紧张最有效的方法就是做充分的译前准备，如果译员对翻译的话题了如指掌，自然可以做到闲庭信步。其次，译员要把听众当成自己的朋友。口译听众往往是某个领域的专业人士，专业知识更加完备，因此译员时常会遇到听众对译文提出质疑或者订正。一些新手口译员在被听众纠正后，立刻变得焦躁不安，把正常干预解读为对自己权威性的挑战，这是毫无必要的。一般情况下，听众都非常希望译员能够取得成功，许多干预都是善意的提醒和帮助。口译是一种合作行为，需要译员、讲者和听众的多方配合，认识到这一点也有助于减轻紧张情绪。

思考与讨论

请想象一下：你自己最仰慕的人是谁？他 / 她是一位政治家、科学家、影星还是作家？假如现在通知你可以陪同自己的偶像出席一个全球性的活动，你要负责为他 / 她做翻译，你会不会很兴奋？是否计划索要合影和签名？是否会感到额外的紧张？有哪些方法可以调节自己的情绪？

拓展阅读

1. Ji Chaozhu: *The Man on Mao's Right*, New York: Random House, 147-148。

2. 张伟丽卫冕成功接受采访时的中文翻译视频：

https://haokan.baidu.com/v?vid=13501553910806800524&pd=bjh&fr=bjhauthor&type=video。

·本章小结·

1. 口译不仅要转换语言，还要兼顾非语言信息的传达。
2. 译员要有一颗平常心，平等对待所有服务对象。
3. 优秀的译员就像一名演员，在口译时要进入角色。
4. 译员不应忘记口译工作的职业性，工作时不可入戏太深。
5. 克服紧张情绪的方法有充分的译前准备，以及把听众当作自己的朋友。

第11讲 揭开口译笔记的神秘面纱

口译笔记主要用于交替传译。在实战中，不同情境下的讲者在发言长短和停顿习惯上各不相同。如果是对话口译，如轻松愉快的席间交流，发言人之间你来我往，三两句话一停顿，译员也许用不着做笔记；若是会议口译，如会议一开始的致欢迎辞，或政府发布会上回答记者提问，发言人可能希望讲话时一气呵成，因此更喜欢以段落甚至篇章为停顿单位，在这种情况下，译员完全依靠短期记忆是不现实的，必须依靠笔记，因此，笔记的重要性不言而喻。如果把译员看作外交战线上的战士，笔记就是译员在战场上使用的武器。

但围绕口译笔记也存在不少认知上的误区。一方面，笔记常常是口译初学者十分关注的技能，不少人把学好笔记当作口译学习的制胜法宝；另一方面，许多外界人士猜测职业译员一定是因为掌握了一套“神秘符号”，才能把别人的话滴水不漏地记下来。笔者也曾不止一次在会场听到有人感叹译员的手快，发言人说什么都能记下来。鉴于此，本讲将为大家剖析有关口译笔记的常见误区，介绍规范的笔记系统、日常训练方法及实战笔记技巧等。

▲ 译员姚斌在现场携带纸笔，随时做笔记。

1. 口译笔记不是速记

初学者在口译笔记上的问题主要有三个：①我写不了那么快；②我写的东西自己都不认得；③没来得及写下的东西全都记不住。

之所以存在以上三个问题，是因为许多人把口译笔记与速记混为一谈，认为口译笔记做得好，主要是因为写得快、记得全。基于这样的错误认识，一些初学者试图把听到的话一字不漏地记录下来，结果发现要么速度跟不上，要么字迹过于潦草，连自己都无法辨识。口译笔记与速记存在以下几个重要区别。

(1) 口译笔记和速记的用途不同

口译笔记的主要用途是对口译员在进行语言转换时容易忘记的原语信息进行提示，因此除去语言信息，还可能包括副语言及语言外信息；速记则是为了快速记录原语的全部信息，包括无意义的停顿和自我纠正等自然语言中的冗余信息。

(2) 速记不需要选择和思考

速记是一门用特殊符号系统记录语音的快写技术，传统手工速记是参照音素文字原理，用更加简单的线条和附加符号做临时文字快速记录口语，事后再转换成文字的记录方式。在传统的手写速记系统下，记录后的稿件是一个个类似蝌蚪的符号，现在兴起的电脑速记，采用自动语音识别的方式，记录的结果是普通文字信息，不需要再做文字转写工作，能够跟说话同步。

《北方速记》速记符号与汉字笔画对比表

汉字 笔画	四[5]	项[6]	基[11]	本[5]	原[10]	则[6]	是[9]	我[7]	们[5]	立[5]	国[8]	的[8]	根[10]	本[5]	，[1]	是[9]	中[4]	国[8]	革[9]	命[8]		
汉字的速符	4			6																		
词语的缩写																						
汉字 笔画	历[4]	史[5]	发[5]	展[10]	的[8]	必[5]	然[12]	结[9]	论[6]	，[1]	中[4]	国[8]	没[7]	有[6]	共[6]	产[6]	党[10]	的[8]	领[11]	导[6]		
汉字的速符																						
词语的缩写																						
汉字 笔画	不[4]	搞[13]	社[7]	会[6]	主[5]	义[3]	是[9]	没[7]	有[6]	前[9]	途[10]	的[8]	，[1]	在[6]	改[7]	革[9]	开[4]	放[8]	的[8]	新[13]		
汉字的速符																						
词语的缩写																						
汉字 笔画	时[7]	期[12]	同[6]	样[10]	是[9]	如[6]	此[6]	。	《	人	民	日	报	》	1987	年	《	元	旦	献	词	》
汉字的速符									《					》	1987		《					》
词语的缩写									《					》	87		《					》
速记文章																						

图片来源：百度百科。从图中可见，每一个汉字都有对应的速记符号

以下面这段英文为例，我们可以直观地感受速记笔记与口译笔记的差异。

原文：Charity shops

I cannot let you leave our country without taking you to several of our charity shops. I am confident you will be able to find some interesting items for sale. There are certain to be garments that are of good quality and extremely cheap especially suits for men and clothes for children. It is also quite likely that we shall find books and items of china and glass which will make useful but inexpensive gifts. I can confirm that all the money taken in the shops goes as a contribution to the charity concerned. As most of the staff in the shops are volunteers it is a very efficient way of raising money as well as giving a useful service to the community. (Clarkson, 2012: 116)

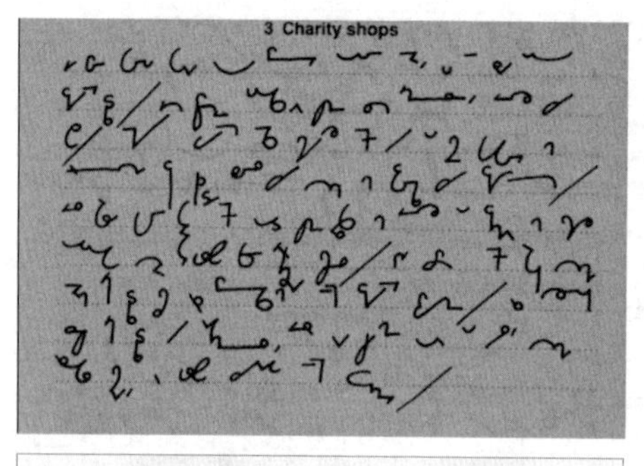

▲ 速记笔记

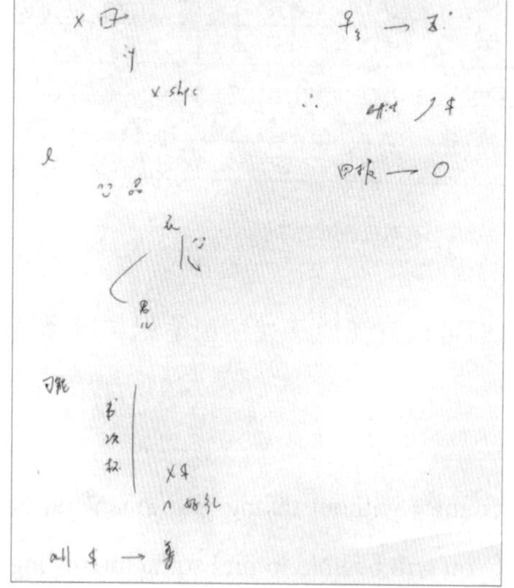

◀ 口译笔记

(3) 口译笔记各成一家，不具系统性

不同口译员听同一篇讲话，笔记的记法甚至数量可能存在巨大差异，同一位译员在不同时间对同一句话的笔记内容也是不一样的，这是因为同一句话在不同的场合说或者从不同的人嘴里说出来意思也不一样，不能生搬硬套；而速记由于是一套独立的语言系统，在同一个速记体系下的符号使用没有差别。因此，速记可以长期保存，且速记员可以解读同行的记录；相比之下，口译笔记则是即写即用，只在记录的当时起到提醒作用，会议结束后，即便是记录者本人也可能无法回忆起笔记所提示的所有内容。

2. 口译笔记的原则

虽然口译笔记各成一家，不存在一套固定不变的规范，但不同译员的笔记之间仍然存在一些共性，国内外的不同院校在口译笔记教学时也都遵循着一些共同的原则。我们接下来看一看做笔记的几条原则。

(1) 口译笔记的记录内容

“记什么”或许是最让新手译员感到困惑的一个问题。许多新手译员一开始记笔记时，刚听到几个单词就急着记下来，结果发现速度跟不上，又连忙停下笔接着听，听到几个单词又想记下来，结果总是跟不上，自始至终一直在重复地抓起来再放下，最后只能像“猴子掰玉米”，一路上不断地捡起来又放下，到头来一无所获。出现这

样的困难是因为我们还在用速记的思维指导交传笔记，没有学会有选择性地记录信息，这也是为什么我们在交传学习初期要先练习复述（详见第 9 讲）的原因。

典型的笔记以“关键词”“联系性符号”及“细节信息”为主，用来提醒译员发言人讲话的要点及整体的逻辑结构。

下面这段话（见表 2–1）是一位德国生物天然气专家在某次中德生物质能源研讨会上的讲话，请注意口译员的笔记内容。

在这段讲话的笔记中，译员并没有记下所有内容，有些句子甚至完全在笔记中省去，但是译员还是能把这些内容回忆出来，比如开场的寒暄就不一定要记在笔记里，因为类似的话每次讲话都会出现，已经变成了译员背景知识的一部分，而且翻译起来也很容易。就这段讲话而言，笔记里记下了讲者的主要观点（感谢和抱歉）、逻辑关系（但是）、专有名词（新冠疫情）和部分缩写（德国、挑战、全球变暖和气候变化），每一处都代表讲话意思的一部分，口译员在这些记录的提示下把整段讲话的意义串联起来。记意思指的就是在理解的基础上记录这些内容。

（2）笔记应该多记还是少记？

围绕笔记量的多少存在两种不同观点：一种认为笔记记得越工整、越全面越好；另一种则正好相反，认为口译水平越高的人笔记越精简、记得越少。其实这两种观点都有失偏颇，因为每个译员的记录习惯不同，面对的语料也不同，因此评价一个人的笔记好不好，归根结底要看它在当时对译员表达的帮助大不大。因此，学习笔记无须刻意求全或求简，要视具体语料而定。比如两个人之间的非正式对话，一般停顿间隔较短，内容较浅显，译员也就不必一句一低

表 2-1 口译员的笔记内容

原语	笔记	译语
德国专家：Warm greetings from Germany. Let me start by thanking the organizers, the NEA, CAPID and BEIPA for convening this webinar. I apologize for not being able to meet you in person due to the travel restrictions imposed during the current pandemic. Obviously we are holding this meeting under very special circumstances but I think it's especially important for China and Germany to maintain close cooperation during this time in the field of bio-energy to help us cope with global challenges such as Global Warming and Climate Change.	彳 tk 3 主 Sry × 中 （19） Δ time ∧ Δ 合 （生） Chlgs （GW/CC）	译员：大家好，我现在在德国向大家问好。首先，我要感谢主办方，包括国家能源局、中国产促会，以及生物质能产业分会共同召开此次网络研讨会，也非常遗憾因为当前新冠疫情的原因，自己无法前往中国与各位见面。 在当前这一特殊时期，我们召开这次研讨会，保持德中两国在生物质能源领域的合作是非常重要的，因为这能够帮助我们共同应对全球变化和气候变化等重大挑战。

头，把每句话都记在纸上。

练习笔记实际上是练习手脑配合，初学笔记者往往发现做笔记会占用额外精力，反而会导致口译质量下降，这是正常的。随着练习量的增加，学习者会逐渐了解哪些信息不用记，哪些需要笔记提示，久而久之形成“条件反射”，合理协调手和脑的分工。

在笔记量的问题上，译员可以参考“抓小放大”的原则，这里的“大”指的是译员已经熟知的背景信息，如发言人在某个问题上的立场和观点，而“小”指的是容易遗忘的具体细节，比如人物、机构、文件的名称、数字及日期等。总体而言，偏向说理的材料可以少做笔记，而偏向列举事实的材料则应多记。这是因为说理的内容更易脑记，只要观点听懂了，就可以较好地再现；一旦发现发言人开始列举，即使是记忆力很强的译员，一般也会选择借助笔记，保证信息的完整性。由此可见，即便是同一位译员，其笔记量的多少也是根据发言内容的不同而动态变化的。

(3) 口译笔记的三个书写原则

尽管每个译员的书写习惯不尽相同，但高效的笔记都遵循着一些主要的原则，包括纵向书写（verticalization）、缩进（indentation）和分割（division）等。其中纵向书写和缩进相辅相成，前者是通过物理空间还原原语的结构层次，让逻辑结构变得一目了然；后者则是为了提示译员上个意群的结束及下个意群的开始。

笔记从左上角开始，沿着一条斜线向右下方行进，在右下角结束一个意群后再从左上角开始记录新的意群，如表 2–2 所示。

如表 2–2 中所示，笔记按照意群将原语分成三段，且每个意群的记录都是由左上角开始，向右下角纵向延伸、横向缩进，并在结尾处用横线隔开。之后左起顶格，从左上角开始记录下一个意群，如此往复循环。这样的笔记方式能够清楚地展现原语的层次和每个独立意群的起始和结束，在此基础上的译语自然也更清楚。

表 2–2　口译笔记的书写

原语	笔记	译语
德国专家 : I am also very happy to see so many old friends from BEIPA. I have worked with many of you while I was in China. I hope I can go back again once this crisis is over. For today's webinar, I will mainly talk about the best practices in Germany in the field of bio-methane but also some of the lessons we collected. As you can see from the slide, Germany has a long history of developing bio-methane. We have a wide range of upgrading technologies, including amine scrubbing, water scrubbing, and PSA, etc.	'◡' B C+ （中） 回 （if ×19） D est 教 亻 长 历 (..) 技 A 水 PSA	译员：同时，我也很高兴见到这么多来自 BEIPA 的老朋友，之前我在中国的时候跟在座的许多同事都有过合作。 我也期望在疫情结束后能够再次回到中国。 今天我的发言主要是介绍德国在发展生物天然气方面的最佳实践，当然也有一些失败的经验教训。大家从这张幻灯片上可以看到，德国在这方面有很长的历史。 我们也有比较完备的生物天然气提纯技术，包括氨洗、水洗和变压吸附，也就是 PSA。

(4) 以部分代整体，提高书写效率

在表 2–1 和表 2–2 中，许多中文汉字和英文单词都是不完整的，个别中文字体只写了偏旁部首，英文单词也只保留了辅音字母，但这并未给译员解读笔记造成困难，特别是英文的省略写法。

这是因为我们在阅读时并不会注意单词里的每个字母，而是以单词的整体字形作为识别单位。如此一来，即便单词里有某个字母缺失或者顺序错误，也不妨碍整体阅读。请大家尝试阅读以下两个图片中的英语，如果能够顺利读下来，说明你的大脑是靠整体字形来识别单词的。

在此基础上，我们在做口译笔记时就可以利用缩略的办法提升书写速度。一般情况下，只要一个单词的辅音字母顺序正确，我们就可以顺利解读出它的原型。

J-st tr- t- r--d th-s s-nt-nc-.

The previous sentence was extremely garbled; all the vowel in the message were removed. However, it was still easy to decipher it and extract its meaning. The meaning of a message can remain unchanged even though parts of it are removed. This is the essence of redundancy."

(Charles Seife, *Decoding the Universe*, Penguin, 2007)

Aoccdrnig to a rscheearch at Cmabrigde Uinervtisy, it deosn't mttaer in waht oredr the ltteers in a wrod are, the olny iprmoetnt tihng is taht the frist and lsat ltteer be at the rghit pclae. The rset can be a total mses and you can sitll raed it wouthit porbelm. Tihs is bcuseae the huamn mnid deos not raed ervey lteter by istlef, but the wrod as a wlohe.

Amzanig!

表 2-3 以部分代整体，提高书写效率

Gvt=government	estmt = estimate	Biz=Business
Thx=thank you/thanks	Prblm=problem	Evyth=Everything
Frdsp=Friendship	Thxgv=Thanksgiving	Chem=Chemistry
Rstrt=Restaurant	Eco=Ecosystem	Ethq=Earthquake
Nghtm=Nightmare	Hlywd=Hollywood	Swtzld=Switzerland

如果抽取的字母能够帮助口译员回忆起整个单词的读音，那么这些字母就是有代表性的，比如保留单词的第一个音节或者主要的辅音字母。

(5) 利用表意符号

笔记中还可以采用不同的表意符号来记录原文的逻辑关系。在实战中，有些概念是反复出现的，如果能够找到经济高效的符号来代指，笔记就可以做到事半功倍。此处略举两类符号予以说明。

表 2-4 利用指示性符号

指示性符号	代表的意义
→←	稳定、不变、静止
→	未来、提交、转移、发送、导致、到达
←	过去、进口、接待、回顾、出发、因果
↑	增加、上升、发展、成长、进步、加速
↓	减少、下降、下滑、限制、退步、破坏、失败
△	强调、重要、关键、特殊

表 2-5 利用关系类符号

关系类符号	代表的意义
/	关系、或者
=	等同、等于、相同、导致
≠	区别、分歧、争议
¦	并列
<	低于、少于、不足
>	高于、超出、强于
+	更多、增加、良好、满意
–	更少、减少、差强人意、不足

适当运用符号能大大减轻口译员记笔记的负担，以便留出更多精力理解和翻译讲话。口译学习者在练习笔记时可以相互借鉴实用的符号，通过练习把它们代表的意义固定下来。一般来说，一个表意符号是代表一组意义类似的词，而非一个单独的词。例如，↑这个符号就可以表示增加、上升、发展、成长、进步、加速等一组词。在使用表意符号时，应切记不要用同一符号代表不同的意义。例如，如果选择用△表示“强调”“重要”“重点”等一组意义类似的词，就不能再用它来表示“危险”“陷阱”等意义不同的另外一组词。对表意符号的运用还应当适度。符号和口译笔记一样，只是辅助我们做好口译的手段，并不是目的，译员不可本末倒置，企图把所有信息都转化成符号，这是不切实际的，而且过多的符号容易造成混淆，反而不利于笔记解读。

在充分熟悉了缩写和符号的运用后，我们还可以将两者结合起来，表达更加丰富的意义。

表 2-6　缩写和符号结合使用

中文	英文	中英结合
囗 国家、组织和机构	ed 完成时	囗ed　发达国家
廴　建设	ing 进行时	廴 ing　在建的
扌　挑战，困难	est 最高级	扌 est　最大挑战
BJ 北京	er 人，名词	BJer　北京人

（6）中国人在符号运用上享有先天优势

欧洲语言是由单个字母组成的，而中文则是象形文字，这让以中文为母语的译员在符号使用上具备了先天优势。例如，用中文里的“木”就是一棵树的简单示意，三个“木”放在一起，就变成了“森”林。以象形文字的母语的译员可以更轻松地构建表意文字的集合。

曾连续为七届美国政府担任译员的 Harry Obst（2010）曾经讲到他在担任口译培训老师期间发现，来自日本或中国的学生能够比不使用象形文字的学生更快地想到表意符号的使用。例如，曾有一名日本学生建议用三角形表示女人的概念，因为三角形看上去就像女士的裙子，然后在三角形内放一个小圆圈就表示孕妇。这个符号深受其他学员的喜欢，大家纷纷采用了这些表意符号。

3. 口译笔记的日常训练

（1）书写三原则的养成

由于我们平时做记录时已经习惯于横向书写，在笔记训练的初期，最重要的就是改变横向书写的习惯，转而采用纵向、缩进及分隔的书写方式。为了强迫自己纵向书写，初学者可以将 A4 纸沿长边对折两次，以折痕为边界做笔记练习。在经过一段时间的练习后，纵向书写的习惯已经基本养成，这时为了给笔记留出更大的灵活空间，可以将 A4 纸对折一次，继续以折痕为边界做练习。这是因为实战中的笔记虽然会将每个意群分割开来，但不同意群之间可能会有重叠（superposition）。例如，讲者在一段话中提到了之前刚刚讲过的内容，译员此时可以通过指示箭头把两段笔记联系起来，作为对自己的提示。

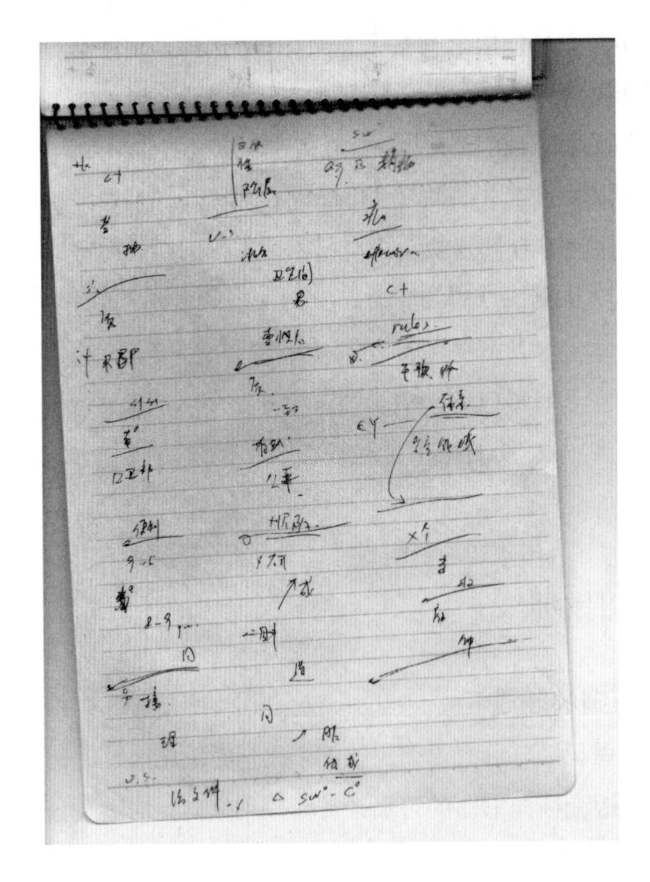

◀ 译员朱玉犇一次会议上的实战笔记，可以看到每列笔记的两侧都留有一定的空间，第三列的两个意群之间添加了重叠的箭头标记。

◀ 市面上专门用于口译的笔记本约为 32 开（A5）大小或者更加小巧，这是因为实战中译员偶尔需要站立着做笔记，或者无法携带过多的随身物品，这样的尺寸可以放在外衣口袋，且方便译员一手掌握。页面中间由一条纵线隔开，这样的布局正是为了方便纵向书写。此外，采用顶部打孔装订可以保证笔记内容不被遮挡，且方便译员前后翻页。

（2）练习素材的选择

对于初学者而言，在选择口译笔记练习素材时应遵循的最重要原则就是**难度适宜、长度适中**。笔记练习的目的在于提升译员书写和运用笔记的熟练程度，因此在早期练习时，应将语速和口音等副语言因素带来的干扰降到最低，以便学习者集中精力训练手脑配合。一般来说，讲话人的中文速度在 160—170 字 / 分钟，对译员来说是比较舒服的发言速度。《新闻联播》播音员的语速大概在 250 字 / 分钟，这个速度显然并不适合拿来练习口译笔记。

英语新闻播报同样不适合用于初学者的笔记练习。VOA 的 special English 速度大概在 80 词 / 分钟，这个速度是比较慢的，而 VOA 的正常播报速度是 140 词 / 分钟，对于口译员而言已经偏快了。比较正常的速度是 100～120 词 / 分钟，介于两者之间。学习者可以参照以上语速标准来挑选练习素材，如故事性较强的访谈，或政府新闻发布会上的问答，发言一般围绕某个主题展开，发言人有停顿和思考，在语言风格上也更接近现实中的会谈，比较适合用作笔记练习。

在材料长度上，可以将停顿间隔设定在 1 分钟左右，随着笔记体系逐渐形成，逐步将停顿间隔拉大。

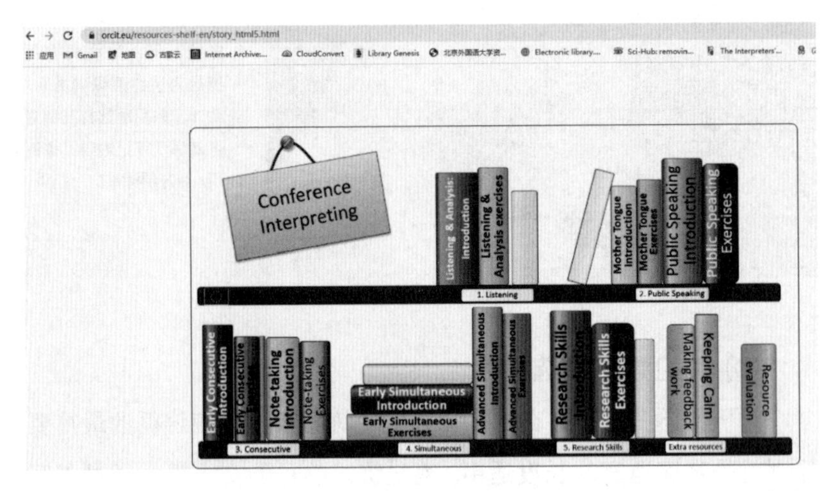

▲ 在信息爆炸的今天，学习语料的获取已经不再是难事，学习者要善于挖掘网络资源，找到适合自己的训练语料。上图是欧盟委员会资助的公开网络会议口译训练平台（Online Resources for Conference Interpreter Training, ORCIT）界面，左下角的第三项为用于交传笔记的练习内容。

4. 临场应对

（1）描音。在实战中，发言人偶尔会提及一些地名或人名，有些名字是我们所熟知的，如 New York、George W. Bush，有些则相对陌生。此时，如果该名词并非谈话的重点信息，译员又来不及查证或不方便跟发言人核实，可以在笔记中记录下该名词的大致发音，翻译时仍然采用原来的读音表示该词。例如，来桂林出席旅游大会的一位美方代表在致辞时突然说道：

“Coming to Guilin reminds me of the trip I made to Khammouane Province of Laos many years ago...”

译员无从得知发言人此前去了老挝的哪里，由于没有事先拿到讲稿，只能匆匆记下该地名的大致读音，在翻译时处理为：

“来到桂林，让我想起多年前我曾经去过的老挝坎摩尼省（实为‘甘蒙省’）”。由于发言重点并非讨论老挝，对地名的描音并不会影响交际效果。

（2）临时创造符号。一些主题鲜明的会议，不同嘉宾在发言时会反复提及某个关键词，译员可以针对当天出现的高频词汇临时创造符号，提高笔记效率。例如，上文表 2–2 中的内容来自有关生物天然气的研讨会，生物甲烷提纯技术中的“胺洗法”（Amine scrubbing）在当天被反复提及，译员遂决定在记笔记时统一用大写 A 来代指，提升了记录速度。需要注意的是，临时符号只服务于当时的会议，过期作废。此外，在创造临时符号时，应注意和平时笔记里具有固定含义的符号相区别，避免在解读时出现混淆。例如，如果译员平时习惯用大写 E 代指 environment，在为能源会议做口译时，则可以临时用小写 e 来代指 energy。

（3）少动笔，多动脑。在实战中，我们偶尔会遇到知识盲区，出现理解障碍。此时，译员应当减少笔记的记录，专心听辨。无法理解的内容，即使记录下来也是没有意义的。通过减少记录，译员能够有更多精力去理解原文，从而提高口译的质量。

“黑科技”不敌传统笔记[①]

口译员曹寅长年从事艺术类口译。他通过大量的实战发现，艺术行业的口译素材存在一项特殊挑战，那就是专有名词的列举。艺术行业的发言人会经常提及一些艺术家，他们的所属机构及作品名称等，这些列举无疑会增加译员的笔记负担。更重要的是，许多人名、机构名及作品名都是法语，发音十分拗口，即使采用描音法去记录，也很难做到滴水不漏、准确还原其发音。

为了解决这一难题，曹寅想到了向高科技求助。经过一番寻觅，他将目光锁定在了一款名为 Livescribe 的“黑科技”产品身上。这是一款由数字录音笔、数字纸张及复听耳机等部件所组成的复听技术产品。它的核心是一款带有嵌入式计算机和数字音频记录器的智能录音笔，外观接近普通圆珠笔，当与 Anoto 数位纸配合使用时，它会记录所写内容，并将这些笔记与其录制的任何音频同步。当一段记录完成后，只要用笔尖点击笔记的不同位置，复听耳机就可以回放该处笔记所对应的录音内容。这对曹寅而言堪称完美解决方案。如此一来，倘若再遇到法语专有名词列举，译员只需在纸上随便写写画画，等自己翻译到列举部分时点击笔记复听，边听边复述，轻松描音，便可做到滴水不漏，准确还原。

然而，令曹寅意想不到的是，宝贝入手后的使用体验却不尽如人意。首先，录音笔的录音效果并不理想。在实战中，译员并非总能坐到发言人的身边，一旦距离较远，如演讲人在台上，译员坐在台下，录音笔的收音效果就大打折扣，复听时可能无法听清原语内容。因此，译员不可能完全放弃自己原有的笔记体系，完全依赖录音笔。

① 案例来源：译员曹寅的口译实战经历。

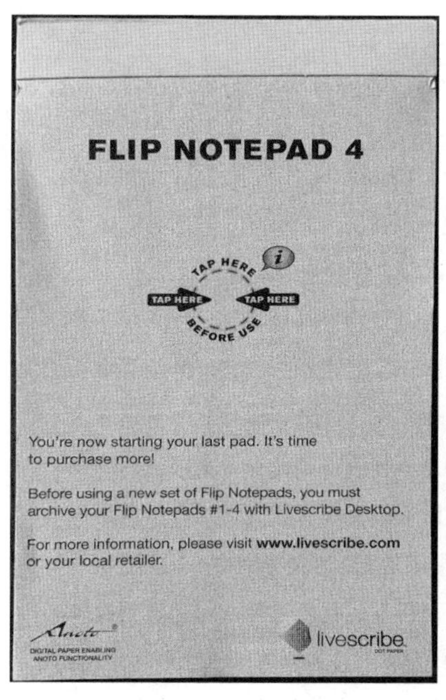

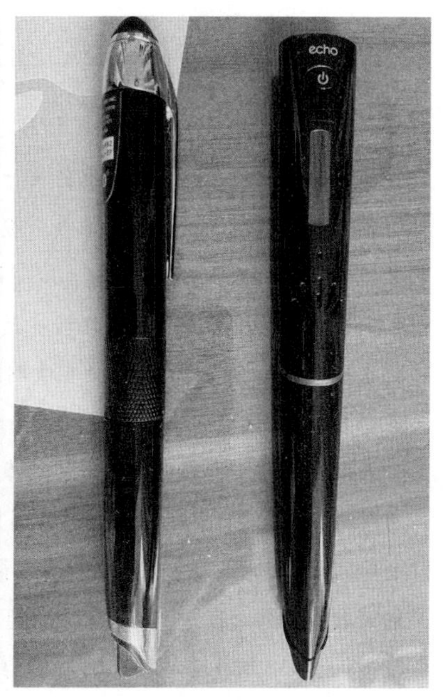

曹寅购自亚马逊网站的 Livescribe 智能录音笔及数位纸，数位纸需要定期采购。

其次，笔记和录音的同步功能并不能满足译员的需求。曹寅发现，由于译员在做口译笔记时并不是听到什么就立刻记下来，而是会先思考，后记录，这就造成录音和笔记出现了时间差，导致译员在点击某处笔记时，听到的内容与笔记并非完全对应。

此外，译员在做笔记时是有选择的，并非从头记录到尾，如果需要复听某个段落，译员需要先解读笔记，找到该段落，再点击复听，这一操作有可能长达 3 秒，在实战现场造成尴尬的空白。

最后，如果译员和发言人同在台上，译员戴着复听耳机也让人感觉有些奇怪。在尝试使用了几次之后，曹寅果断弃用了这款“黑科技”，重新回归传统的口译笔记。

案例分析

随着技术进步，我们的工作和生活中出现了越来越多的高科技产品，本案例中的 Livescribe 就是其一，Livescribe 在口译界的使用也在近年来引发了口译研究界的浓厚兴趣和高度关注。不少人对此类产品十分推崇，甚至认为即时复听技术有望改写口译的定义。

在本讲中，我们介绍了口译笔记与速记的重要区别之一就是口译笔记是思考与分析的产物。译员在听到原语后，需要先判别信息是否重要或需要记录，然后才会动笔，但这一特征也导致 Livescribe 的笔记与录音存在时间差，给译员准确定位段落造成困扰，这是一个很难逾越的先天障碍。定位段落的过程加重了译员的认知负荷，导致译文产出时出现长时间停顿，破坏了译文的流畅度，得不偿失。即便排除这一问题，技术的可靠性也并非百分之百。如果长期使用形成技术依赖，一旦遇到技术障碍，如录音笔故障、电池没电、距离发言人较远或数位纸耗尽等情况，译员可能措手不及。综合来看，这款黑科技对交替传译的影响弊大于利。译员通过刻苦训练，形成一套高效的笔记体系，才是最稳妥的保障。

思考与讨论

下图是译员缪云红的实战笔记，请结合原文的文字内容，分析该笔记体现了本小节提到的哪些原则和技巧。

原文：你提的这个问题大家都很关注。我们目前在美国主要从事的是贸易，没有大的投资项目。同时，我们和美国的石油公司进行非常良好的合作，主要在第三国，比方说我们在伊拉克、哈萨克斯坦、莫桑比克等海外很多国家。同时，在中国国内和美国一些公司，比如雪佛龙，在开展合作。通过合作来深化两国的经贸关系，改善两国经贸关系。

你提到的从美国进口油气，我们认为，在去年这个场合我也讲过，

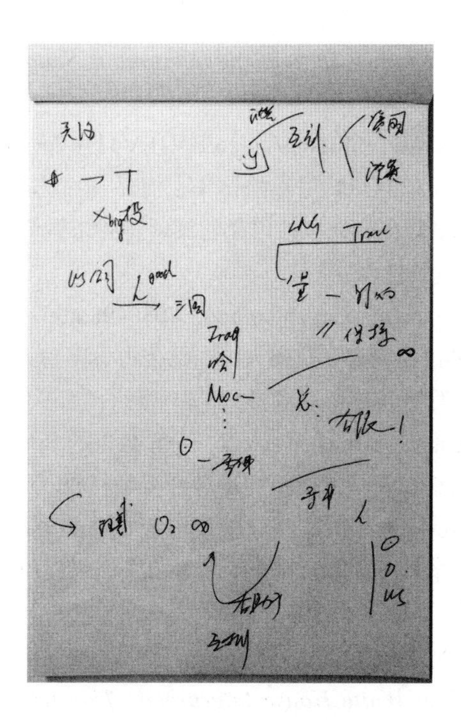

我们和美国在油气方面有很好的互补性，美国作为资源大国，中国作为消费大国，有很好的互补性。我们和美国一些公司也从事 LNG 贸易，当然当前受税费的影响，贸易量受到一些影响，但是还保持贸易的往来。

总体来看，中美贸易摩擦对我们业务的影响是非常有限的，主要是一些贸易的往来。下一步我们进一步寻求和美国公司进一步良好的合作，不论在第三国也好，在中国也好，也包括在美国。

拓展阅读

1. 关于打乱字母顺序后仍可顺利阅读的两项研究：

http://www.chem.ucla.edu/~jericks/Fonts/Deseret%20Objections/bogus%20word%20jumble%20continued.pdf，

https://www.cambridgebrainsciences.com/more/articles/deos-it-mttaer-waht-oredr-the-ltteers-in-a-wrod-are。

2. Franz Pöechhacker: *Introducing Interpreting Studies*, Taylor & Francis Ltd, 2016.

3. https://www.bilibili.com/video/BV1SV41167pt?from=search&seid=16112653983583824484. 尼克松访华上海站与中方领导人一同用餐，由于是非正式对话，在席间担任口译的冀朝铸并未做笔记。

4. 笔记练习素材网站：

http://www.china.com.cn/zhibo/node_7030498.htm，中国网的网上直播平台汇集了来自国新办、全国人大、部委办、国台办、科研院所等不同部门的访谈、发布会等音视频资料，非常适合笔记练习。

https://webgate.ec.europa.eu/sr/，欧盟理事会的 Speech Repository 提供了大量专门用于口译训练的不同语种音视频材料。

http://interpreters.free.fr/，国际会议口译员 Andrew Gillies 针对口以学习者需求自建的网站，里面包含了大量口译训练素材。

5. 姚斌、朱玉犇、孙婷婷：《会议口译》，外语教学与研究出版社，2016 年，66。

6. Harry Obst: *White House Interpreter: The Art of Interpretation*, Bloomington: AuthorHouse, 2010, 53.

7. Jean Clarkson: *Teeline Gold: The Course Book*, Heinemann, 1st Edition, 2012, 116.

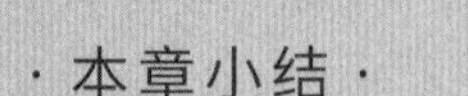

1. 口译笔记和速记存在重要差别。口译笔记重点记录易损信号。
2. 口译笔记有三大书写原则：纵向、缩进与分隔。
3. 译员可以通过使用缩写、符号等手段提升书写效率。
4. 在挑选练习素材时应充分挖掘网络资源，并遵循难度适宜、长度适中的原则。
5. 实战中，译员可以通过描音、临时创造符号、少写多听等手段克服挑战。

第12讲 发言人口若悬河怎么办？

译员在口译工作中会遇到各种类型的发言人，其中不乏演讲经验丰富，发言逻辑清晰，或为照顾译员工作有意放慢速度，或在合适的地方停顿的“译员友好型”发言人。但不可否认的是，译员时常也会碰到口若悬河、滔滔不绝的发言人，他们长篇大论，中间不留停顿，译员找不到开口翻译的机会。遇到发言人长篇大论时，译员需要根据现场情况做出适当的行为选择。

1. 长篇大论的发言人

译员在口译实务工作过程中，会遇到各种类型的发言人，既有“译员友好型”，也有“译员为难型”。通常来说，发言人出现长篇大论，不给译员机会开口翻译的情况主要有以下两种原因，一是发言人缺乏演讲经验，在台上讲话时心中紧张，以致忘记译员的存在，二是一些发言人不习惯被人打断思路。

我们先来谈第一种类型的发言人。一般来说，高级别的政府官员、公司的高管、各界的精英分子，由于他们经常参加多种会议，有着丰富的演讲经验，且有可能接受过专门的演讲培训，因而在讲话时会保持较平稳的节奏，并且遵循较为清晰的逻辑结构，这种类型的发言对译员来说是比较友好的。而且，有一些发言人还有着与译员配合的丰富经验，了解译员对传递其讲话主旨信息的重要性，会在合适的地方停顿，为他们提供口译服务时，译员会感到相对轻松。

可是，并不是每一位在会议上讲话的代表都是有经验的演讲人。不少发言人可能很少在公共场合讲话，甚至可能是第一次在公共场合讲话。因此他们的紧张心情甚至超过了为他们做口译的译员。主办方一般会在会议开始前，告知讲话人为他们准备了口译服务，但是，一旦走上台开讲，由于过度紧张，他们可能会忘记译员的存在，特别是发言人在台上，而译员在台下的时候。因为如果译员站在发言人身边，发言人多多少少能感觉到译员存在，可能时不时地会意识到自己该停顿一下。而若是译员和会议代表们一起坐在台下，紧张的发言人非常容易忽视译员的存在。

译员姚斌曾为一家信息技术公司的发布会做交传。发布者是该公司技术部门的一位代表，来自新加坡。活动开始前，主办方的工作人员跟他交代了此次活动有译员把他的讲话译成中文给现场的来宾们听，译员也提前和他打了招呼。他走上台讲话时，译员在台下第一排就座。可能他平时在公共场合讲话的经验不多，因此一开口就有点紧张，语速也比较快。一开始，译员一边听他介绍，一边记笔记，想等着他一段介绍结束，以便停下来翻译，可是，只见他幻灯片连翻了几张，也没有要停的意思，于是译员也有点着急了，就频繁地抬头看向他，试图与他有眼神接触，希望借此让他意识到译员的存在。可是，他越讲越快，眼睛完全不看向译员这边。正在此时，工作人员在一旁小声提醒：the translator，他听到后恍然大悟，赶紧停下来，让译员翻译。可是因为幻灯片已经翻过了几页，译员只能根据笔记进行传译。可想而知，此时的效果与结合幻灯片来听相比，是打了折扣的。

第二种长篇大论的发言人是因为他们习惯于这种讲话方式，不愿意被人打断思路。有一些讲话人在讲话时有自己习惯的节奏，如果这种节奏被别人扰乱，会感到不悦。即便是有口译员在场的时候，他们也不愿破坏自己的讲话节奏，“迁就”译员的需要。遇到这种发言人时，译员需要有技巧地对待，不能贸然打断，以免造成不必要的误解。我们将在下一小节介绍译员在遇到长篇大论的发言人时的应对策略。

2. 译员应对长篇大论的策略

为避免发言人长篇大论给口译工作带来的认知负担，译员可以采取一定的策略，但是要注意的是，译员采用的策略一定要根据现场的情况而定，不能贸然行动，影响会议的正常进行或主办方对自己的看法。

避免发言人长篇大论的第一道关口是在译前。也就是说，在发言人开始讲话前，译员或是自己，或是通过主办方工作人员与发言人沟通，告知其若长篇大论不停顿会对口译工作和发言效果产生的负面影响。多数发言人都是通情达理的，他们一般在译员提出明确的要求后，会在讲话时注意到译员的存在，并适当停顿。有些发言人会告诉译员，如果自己滔滔不绝忘记停顿，译员可以采取各种方式提醒他。如果发言人有这样的“开明”态度，在他发言期间，如果译员觉得他讲得太长、太多，不利于口译工作，完全可以理直气壮地提醒他，乃至“打断”他。

但是，如前文所述，一些发言人上台后的紧张情绪会让他们忘记译员的存在，此时，译员可以采取一些方式从侧面提醒他。例如，译员可以抬头与发言人眼神接触，发言人一看到译员看着自己就可能意识到自己该停顿一下。或者译员可以通过咳嗽、清嗓子、做手势等动作吸引发言人的注意，提醒他该停顿了。如果主办人员在译员身边就座，还可以通过他们对发言人发出提醒。当然，在现实中也有一些译员，会在发言人长篇大论中寻找间隙机会，插话进去，几次插话之后，通常发言人就会比较有意识地给译员开口翻译的机会了。

但是，译员“打断”发言人是有一定风险的行为。因为译员可能恰好遇到的是前文提到的不愿意被打乱节奏的讲话人。所以，译员做出这种行为选择前，一定要慎重考虑，有比较大的把握才出手。其实，在这种情况下，我们在“译前准备”部分讲到的一些方法是可以用上的。例如，对发言人背景的提前了解或许可以帮助译员做出更加明智的决定。了解发言人的背景，包括对发言人讲话习惯的了解，比较实用的办法是咨询以前为该发言人提供过口译服务的译员，这样得来的信息是比较准确的，特别是关于发言人的讲话习惯。

3. 译员的“炫技”

不止一位译员在谈到如何应对发言人的长篇大论时，都不谋而合地提到一个词，“炫技”，意思是说译员在自己有充分把握的情况下，遇到发言人口若悬河、滔滔不绝时，刻意地不去提醒或打断他，而是任由他讲下去，直到他自己因为某种原因意识到该停顿下来让译员翻译了。在这种情况下，其实全场的听众都在为译员“捏一把汗”，因为对于普通人来说，很难在听了10—20分钟的讲话后能够将原文信息毫无遗漏地重述出来，更不用说是翻译了。如果此时译员能够做到脑记和笔记的较好结合，在译文中全面地还原原文的信息，大多数情况下都会引来现场听众的惊叹。这就是所谓的“炫技”。

说到这里，我们不妨回顾一下交替传译的历史。在交替传译作为现代会议口译的一种形式最早登上历史舞台时，也就是在“一战”后的巴黎和会期间，担任现场口译工作的并非像今天这样接受过严格训练的译员。从某种程度上说，他们都是兼职译员，有些是大学教授，有些是贵族后裔，但他们的共同特点是精通两种或更多语言，且具有非常丰富的知识储备。因此，他们的交替传译工作方式也与今天的专业译员有些差异。他们中的一些人并不需要依赖笔记来记录原文信息，而只依靠自己丰厚的背景知识和对原文逻辑结构强大的分析和把控能力顺利完成口译工作。当时担任交传译员的André Kaminker是俄国的贵族后裔，他不仅精通英法双语，而且以超强的记忆能力著称，据说，他可以完整地听完一篇20分钟的讲话，不依赖任何笔记，而滴水不漏地将原文口译出来。今天看来，Kaminker

所具有的并不只是令参会代表印象深刻的超强的记忆能力，而且是他对原文的深刻的理解能力。所以，发言人的长篇大论并不可怕，重要的是，我们作为口译员，是否掌握了扎实的脑记和笔记的技巧，是否能在现场的紧张压力下，不紧不慢地译出长篇的发言，“炫”出自己的译技。

口若悬河的讲话人[①]

译员姚斌负责为国家某副部级单位局长晚宴前与外方代表正式会见的交传工作。会见参加者有会议召开地的副省长，来自各国对应单位的局长、副局长等。译员负责翻译中方局长的讲话，省外办译员负责为副省长翻译。副省长发言时一句一停，简要清晰，与译员之间的配合顺畅。而轮到局长讲话时，情况就与刚才不同。局长一张口就是长篇大论，没有一刻停顿。首先感谢副省长的热情接待，接着一一介绍在座外宾，随后又介绍此次会议召开的情况，一口气讲了近 10 分钟。译员多次想打断话头，进行翻译，但始终没有找到合适的时机，最终没能在局长讲话过程中打断，而选择了集中精力做笔记。直到局长讲话中出现了一个较长的话间间隙时，译员才迅速抓住机会开始翻译。

① 案例来源：译员姚斌的口译实战经历。

案例分析

有经验的讲话人往往会注意与译员的配合，会在讲话过程中做合理停顿，以便译员进行传译。而讲话人口若悬河、滔滔不绝也是常有的事。本案例中的译员在工作现场就遇到了这样的挑战，他必须做出选择，是寻找合适的机会打断发言人，还是强行打断，或是不打断？最终译员由于没有找到合适时机选择了不打断。我们知道，一名高水平的交传译员借助笔记应付10—20分钟的连续讲话应该是没有问题的，但是讲话人讲了10分钟甚至更长时间后再开始翻译，有可能带来与翻译质量无关的其他问题。例如，本案例中中方局长介绍了来宾后，本应停下来让译员进行翻译，从而可以让在座嘉宾相互认识。而由于没有翻译，外方嘉宾连续10分钟都在听自己不懂的语言，可想而知会感觉有点不耐烦。本案例中的译员知道，如果强行打断领导发言，可能会引起不悦，因此一直在等待适当的机会。这样的机会包括讲话过程中的一次较长间隙、讲话人稍加思考的时点、讲话人喝水或现场有人插话回应等。但机会一直没有出现，译员最终只能等到10分钟的讲话结束后再开始翻译。其实，译员在遇到这种情况时，除了被动等待开口机会之外，还可以主动创造一些机会。例如，通过轻声咳嗽、向讲话人使眼色或向讲话人身边工作人员做手势的方式主动提示发言人。多数发言人在接到提示信息时，会择机停顿，让译员传译。

译员在交传工作结束后，与曾多次为该局长翻译的韩语译员聊天时了解到，该局长讲话时长篇大论是长期以来的习惯。韩语译员在之前的一次口译活动中，也遇到类似的问题。当时，局长的一名下属觉得他讲话时间过长，担心影响翻译效果，就试图在一旁提醒他停下来让译员翻译。而局长却对下属说："等我说完！"在了解到这个情况后，译员觉得自己在现场的选择是正确的。由此可见，对案例中遇到的情形选择何种处理方式，译员还需考虑讲话人自身的特点。如前文所述，译员可以在口译活动开始前，就讲话人的发言特点向周边工作人员做一些调查和了解。对发言人的了解越充分，译员就越能在现场做出明智的行为选择。

思考与讨论

在一次会议的开幕式上，发言人在台上讲话，译员坐在台下第一排座位，有一位发言人上台后，照稿念致辞，忘记了还需要翻译，致辞有十多分钟。如果你是现场译员，你会怎么做？

拓展阅读

1. 吴建民：《如何当好新闻发言人》，http://www.scio.gov.cn/xwfbh/llyj/Document/830275/830275.html。

2. 张璐：《外交翻译经验谈》，https://www.sohu.com/a/128800507_126305。

·本章小结·

1. 现场发言人长篇大论的原因是因为缺乏演讲经验或不愿被打乱思路。
2. 译员可以在译前和译中以各种形式与发言人或主办方工作人员沟通，以尽量避免出现发言人长篇大论的情况。
3. 基本功扎实的译员在遇到长篇大论时也可以不打断发言人，借助脑记和笔记的结合，译出长篇发言。

第13讲 口音猛于虎

在口译工作中，我们会经常遇到带有各种口音的发言人，不仅是外语发言人的口音“千奇百怪”，中文发言人也有可能带有地方口音，有时候还“乡音浓厚”，给译员带来不小的挑战。工作中需要使用英语的人们都知道，听懂英美人的英语只是“万里长征第一步”，因为我们需要打交道的可能是澳大利亚人、印度人、菲律宾人、尼日利亚人等，这些人都以英语为母语或官方语言，可是仔细听下来，我们却恍然觉得，他们说的根本不是同一种语言。在口译实务中，我们有时会听到这样的故事，某某译员水平很高，可是在某次会议上发挥失常，而导致失常的原因正是因为她遇到了自己完全不能驾驭的发言口音。澳大利亚人在读 power 一词的时候，发音很像 pear，于是 power supply，听起来像是 pear supply，这种元音的变体常常会给本来就高度紧张的译员带来挑战。所以说“口音猛于虎”一点也不过分。

1. 为什么会有口音的问题？

口音问题的产生与英语成为当今世界的“通用语”不无关系。由于历史原因，目前世界上以英语为母语或官方语言的国家数量很多，而同时有不少国家的国民大量学习英语和使用英语，因此也就产生了英语的各种变体，各国人民讲英语时带有形形色色的口音。印度语言学家 Braj Kachru 曾提出著名的世界英语三个同心圈学说。他指出，使用英语的国家可以分为内圈（the Inner Circle）、外圈（the Outer Circle）和扩展圈（the Extending Circle）。内圈是指英语为母语的国家，包括英国、美国、加拿大、澳大利亚、爱尔兰和新西兰；外圈是指英语是第二语言或官方语言的国家，包括孟加拉国、印度、肯尼亚、马来西亚、尼日利亚、巴基斯坦、菲律宾、新加坡、南非、斯里兰卡、坦桑尼亚、赞比亚和津巴布韦等国；扩展圈则指以英语为外语的国家，如中国、韩国、日本、尼泊尔、俄罗斯、沙特阿拉伯、法国、德国等。由于在英语使用者中，母语为非英语的人数远远超过了母语为英语的人数，因此我们在从事口译过程中，总会遇到各式各样的“英语”，这就要求我们不仅要能应对英语母语国家的口音差异，还要有能力辨析和理解非母语国家发言人的英语发言。

2. 口音在口译实践中的挑战

根据法国口译学者 Daniel Gile 的“认知负荷模型”（the Effort Model），口译员在工作时，其大脑要在几乎同一时间完成多项认知任务，同声传译译员的认知负荷尤其大。在同传时，译员至少要同时进行对信息的聆听与理解、转换与重组、产出和监控等多项认知活动，每一项活动都会占据译员一定的认知资源，造成一定的认知负荷。而当大脑可用的认知资源供给饱和时，译员的工作就无法正常进行了。导致认知资源饱和的因素有很多，由于这些因素可能会带来口译质量的下降，Gile 将它们称为“问题诱因”（problem triggers）。口音正是公认的重要问题诱因之一。一旦发言人讲话时带有译员不熟悉的口音，对译员“聆听与理解”原文信息的要求会陡然上升，与此同时，译员可以分配给其他认知任务的资源就大幅减少，这种情况下，很有可能导致口译质量的下降。

笔者在多年的口译实践中，曾不止一次感受到口音带来的挑战。由于我国与东盟、非洲及其他“一带一路”沿线和周边国家关系的不断加强，中国与各国联合举办的会议数量剧增。笔者曾多次为这样的会议和论坛担任同传，可以说，各国发言人的口音“各有特色”，必须竖起耳朵、聚精会神地聆听，才能不漏掉信息，一天工作下来，常常有筋疲力尽之感。其实，不仅是英语的口音会在同传时成为问题，中文发言人的口音也可能会带来意想不到的挑战。记得有一次笔者给一位山东发言人做同传，他的同事在会议开始前告诉笔者他有点口音，让笔者去跟他交流一下。笔者与他说了几句话后，感觉是有点口音，但是还好，不影响理解。可是没想到，到同传的时候，他的语速本来就不慢，再加上一点山东口音，笔者和搭档在同传箱里直呼“跟不上”。还有一次，笔者去给一家大型跨国公司经理层培训做同传。会议开始前，组织方的一位女士走过来，关心地告诉我们：“今天的培训师中有巴基斯坦人、印度人和爱尔兰人，他们的口音都还好。”不过，在培训开始后，培训师一张嘴讲话，我们就领教了什么是她所谓的“还好”，那就是口音加机关枪似的速度，我们紧追不舍都难免被落下。

那么，面对讲话人口音带来的挑战，我们又该采取何种应对策略呢？

3. 口音应对策略

科学研究的结果和职业译员分享的经验都表明，应对口音挑战的最佳策略就是**提前熟悉发言人的口音**。提前熟悉发言人口音的方法可分为长期准备和临时准备。

（1）长期准备。在学习口译时或日常的口译训练中，应该找寻各种带口音的发言资料进行口译练习。20 世纪 70 年代中期，北京外国语学院英语系的梅仁毅教授受中方委派前往纽约联合国总部考察当时的大会同传服务情况，他回国时带回来一大批各国发言人讲话的录音带。据他回忆，之所以带回这些录音带，是因为当时国内的外语教育界非常缺乏多种口音的英语发言材料，学生毕业后在实际工作中常常会因为各种各样的口音而“蒙圈”。现在的学习和训练条件比几十年前好了很多，联合国大小会议上发言的音视频资料，几乎都可以在联合国网站上找到和下载，完全可以用它们作为平时学习和训练应对口音挑战的材料。

（2）临时准备。除了日常学习和训练时进行的长期准备以外，译员还可针对某次会议上特定的发言人进行专门准备。译员一般会在开会前拿到会议日程，此时，细心的译员就会认真研读日程，及时发现可能会有口音问题的发言人。如果真的有这样的发言人，译员可以采取以下方法避免临场被口音问题拖累。一是去互联网上查找是否有该发言人以前讲话的音视频，如果没有，则去找与他有类似口音的讲话人的音视频资料。例如，如果日程上有一位尼日利亚的发言人，译员若是找不到他本人讲话的音视频，但一定是可以找到其他尼日利亚人的演讲视频的。由于口音相近，熟悉了其他人的讲话口音，也就熟悉了发言人的口音。二是与主办方提前沟通，在可能的情况下要求与发言人进行电话或网络沟通，或者至少在会议开始前安排译员跟发言人面对面简单沟通，了解和熟悉发言人的口音。

译员 L 在从事口译工作不久时，接到一个交传任务，为澳大利亚游泳名将索普接受记者采访提供口译服务。为了更好地完成口译任务，他在任务开始前就在网络上对索普相关的信息进行查询和整理。他在网络上找到不少索普此前接受采访的视频，发现索普讲话带有浓重的澳洲口音。于是他从网络上下载了长达 5 个小时的索普接受采访的视频，并提前用这些视频进行交传练习。等到他实际为索普采访做口译时发现，不仅索普的澳洲口音没有给他带来障碍，而且他对索普回答问题的方式，甚至部分内容都已经有所了解，从而取得了很好的现场表现。

（3）充分利用背景知识。口音之所以构成挑战，是因为它容易使听众在听觉上将某个词与另一个完全不相干的概念相混淆，从而导致理解困难。有经验的译员善于借助语言外的知识 / 背景知识进行推理，根据上下文辨别原语的准确意义。充足的背景知识可以使译员对发言内容形成合理预期，并带着预期去验证将要听到的内容，这样不仅可以大大降低听辨负担，还能排除口音带来的障碍。

一次，译员朱玉犇为某奢侈品牌管理课程做同传，授课的法国教授谈起奢侈品的成功秘诀时说：Luxury goods are expensive because of their *hahadi*. If everyone can have them, they are no longer luxury goods. “hahadi” 是什么？他百思不得其解。直到搭档在纸上写出“rarity”时，他才恍然大悟。后来他了解到，搭档之所以能够听懂教授带着浓厚法语口音的讲话，一方面是因为搭档对教授的发音特点有一定的预期，另一方面更是因为他具有较丰富的奢侈品行业的相关知识，因此能够根据上下文推理 *hahadi* 实为 rarity 一词。

另一次，朱玉犇受邀为中国—土耳其的双边活动做口译，当土耳其代表用带着浓重口音的英语说出：Turkey is the *thirtieth* (*thirteenth*) largest economy in the world 时，仅凭语音，实在是辨别不出他说的究竟是 thirtieth 还是 thirteenth。译员只能根据自己平时对世界经济宏观情况的知识储备，稍加思索后译成“土耳其是世界上**第十三大**经济体”。事后查询发现，自己的判断是正确的，这个例子再次说明背景知识在应对口音挑战时的重要作用。译员有必要对重要领域的一些宏观情况和基本数据有一些长期的知识储备，这样在遇到因口音浓厚而造成理解困难时，才能做出更为准确的判断。其他容易因口音而混淆的词汇还有 are 和 aren't，can 和 can't，译员都需要根据专业知识、上下文以及对发言人立场的了解做出及时、准确的判断。

如果译员因为口音而完全不能理解原文，也缺乏足够的知识助其做出准确判断，而所谈内容又事关重大时，应当在条件允许的情况下请求发言人重复，或与之确认。当然，这种方式只能是偶尔为之，不得已而为之，如果频繁为之，会使听众失去对译员口译能力的信心。

口音带来的误解[1]

中国某公司与美国AES输电公司关于融资电厂的谈判中，中方谈判代表都是一些资深的高级工程师，有一定的英语基础，外方主谈是一位美籍阿拉伯人。在谈到是否由外方派专家监督中方的项目工程时，外方主谈说："We wanna send some experts to your bower (power) blant (plant)"（括号内表示变音），还没等译员翻译过来，中方谈判代表均心领神会，摇头表示不同意。中方表示："中方的项目工程已处在后期扫尾阶段，工程质量没有问题。"外方主谈先是无可奈何地耸耸肩，随后声色严肃地说："I don'd(t) know whad(t) are you dalking (talking) aboud (about), we wanna send any berson (person) in your bower blant."当时现场的气氛一下子凝重起来。中方认为，外方根本没有诚意跟中方合作，关于该条款的谈判只好暂时告一段落。在用餐时，外方主谈在谈到不喜欢吃的东西时说："I wanna have id(t) becourse (because) my heavy stomachache"，此时译员才恍然大悟："wanna"原来是"won't"。由于译员的失误，差一点把谈判引入歧途。在谈判中，译者只留意到了美式发音与英式发音特点的区别，如美式非正式口语want to读成wanna等，也留意了美籍阿拉伯人的发音特点，如把p发成b，把t发成d以及把r发成颤r，却未曾注意到不同背景的个体发音竟有如此大的"错位"。

① 案例来源：秦红：《商务谈判口译语用失误浅析》，《哈尔滨工业大学学报》，2003年第5期，119-121。

案例分析

口音是在口译中造成困难的重要诱因之一。作为世界“通用语”的英语变体很多，产生了各式各样的口音。对于口音的识别与英语水平的高低并不直接相关，而是和对口音的熟悉程度紧密相连。本案例中的译员没有意识到在阿拉伯口音英语中，wanna 和 won't 读音相近，差点导致双方闹翻，是典型的口音造成传译错误，进而导致沟通障碍的情况。好在这位译员比较细心，在午餐时细心关注到讲话人的口音特征，推测出他的真实意图，从而化解了一场商业纠纷。对于译员来说，要想避免案例中出现的情况，最有效的办法就是提前与讲话人多沟通，熟悉他的讲话口音。如果没有条件在工作前与之沟通，则应通过其他渠道了解来自同一地区人士的英语口音特征，从而尽量避免出现误解。同时，如果在口译过程中，发现当事双方的沟通出现了问题或障碍，负责任的译员应在条件允许的情况下与双方进行确认，以免因为自己的原因导致双方沟通的失败。有时口音会和其他问题诱因如背景知识缺乏等相叠加，从而导致口译失误。例如，在一次中欧合作的讨论中，译员听见欧方反复提到“Euro Zone”，于是就都翻译成“欧元区”。一位中方工作人员来到同传箱边提醒译员说：“不是欧元区，是中方的园区。”译员这才醒悟，原来欧方口中的“Euro Zone”，其实应该是“your zone”，连忙改口。显然在这个案例中，讲话人的口音和译员的背景知识缺失共同造成了理解和传译错误。对于此类问题，译员除了在译前准备中在口音和背景知识方面做充足的功课外，如果是同传，还可以借助搭档的提醒，因为搭档在非工作状态下对带口音讲话内容的识别能力更强。作为搭档，在发现问题时也有义务提醒工作中的译员。

思考与讨论

假设你接到了一个将在越南胡志明市召开的名为“MRC-ESCIR Symposium”会议的同传任务，你会如何在应对发言人口音方面做准备？

拓展阅读

1. Braj B. Kachru: Yamuna Kachru and Cecil L. Nelson, eds. *The Handbook of World Englishes*, Wiley-Blackwell, 2006.

2. 曾传生：《英语通用语与同声传译》，北京大学出版社，2015 年。

3. Daniel Gile：《口笔译训练的基本概念与模型》，上海外语教育出版社，2011 年，146-178。

4. 联合国视频：https://www.un.org/zh/sections/news-and-media/un-video/index.html。

5. 秦红：《商务谈判口译语用失误浅析》，《哈尔滨工业大学学报》，2003 年第 5 期，119-121。

· 本章小结 ·

1. 英语的各种变体和中文的多种方言是产生口音问题的源头。
2. 口音是口译工作中的重要问题诱因之一，如果不能妥善应对，会导致口译质量下降。
3. 应对口音挑战的主要策略是提前熟悉发言人的口音。
4. 在日常学习和训练中尽量多地接触各种口音材料。
5. 在会议开始前应针对特定发言人的口音做专门准备，并在条件允许的前提下，通过以各种形式与发言人进行沟通。
6. 译员应注意日常积累背景知识，更好地应对口音带来的挑战。

第14讲 生词：口译工作中的“拦路虎”

我们在第5讲中已经介绍了译员应如何在译前准备的过程中收集与整理会议期间可能会用到的生词和术语，尽量避免在现场工作时出现自己完全不知道的生词和术语。但尽管如此，在现场口译时，译员遇到生词仍是很常见的现象，即便是资深的译员，有着丰厚的词汇储备，也不能完全排除在现场遇到生词的可能性。这里所谓的“生词”可能是译员不懂其本意的词汇，如可再生能源领域的jatropha（麻风树或小桐子树），也可能是译员知道其本义，却不知道其在另一种语言中的对应说法，如计算机服务器领域的scalability（可扩展性），还可能是译员熟知其本义和译文，但却出现在一个译员陌生的语境中，可能被赋予了不同的意义，如第19讲中提到的“任性”一词。对于“生词”，如果译员不能找到有效的应对策略，就有可能会成为“拦路虎”，而若是译员能够采取有效的策略应对之，则对生词的处理反而能体现出译员的高超水平。

1. 现场口译工作中的“拦路虎”

每一场口译活动都是一次“冒险”，因为译员无法预期到现场工作中可能出现的所有挑战。而“生词”就是一个常常摆在译员面前的“拦路虎”。译员遇到生词，可能是由于对会议主题相关的内容准备不足，因为译员毕竟不是专业人士，所以在译前准备的过程中，即便已经尽了最大的努力去收集、整理和记忆生词，但现场发言人仍有可能随时提到一个译员完全没有接触过的词汇。不仅如此，即使译员对与会议主题相关的内容做了充分的准备，仍然有可能碰到生词，因为在当事双方的交流中，有时不仅仅围绕对话的主题，而有可能提到各自的专业背景，某个特定的时事事件，乃至自己的某种身体状况，这些可能都不在译员译前准备的范围之内，很有可能给译员带来挑战。译员奚悦在为北京奥组委工作期间，曾陪同奥组委领导接待国际来宾，在正式的交谈结束后，双方边走边聊，中方领导就讲到，自己走路比较慢，是因为最近做了半月板手术。译员在翻译时犯了难，她并不知道半月板具体是指什么，只能转头问领导，领导回复说就是膝盖手术，她这才转身向外宾解释，解释说领导的膝盖受了损伤，动了个手术。事后，她通过查找资料，才了解到，原来半月板就是膝关节中的一个组织，损伤后会影响人的行动，而且也查到了对应的英文表达方式。在这个案例中，译员在译前对双方要谈的话题进行了充分的准备，而且译员经常陪同领导接待外宾，对领导谈话的内容和风格也比较熟悉，但即便这样，她也没有预料到，领导会忽然提到“半月板手术”这件事。

由此可见，“生词”这个“拦路虎”在口译工作的过程中，什么时候从什么地方冒出来，译员是无法预测的。那么在遇到“生词”的时候，译员有哪些策略可以应对呢？

2. 译员应对“生词”的几种策略

译员在工作现场遇到“生词”时，需要采取一些有效的应对策略，具体而言，有以下几种：

（1）询问法。遇到发言人使用了“生词”时，最直接的办法自然是立即询问发言人，请发言人做出解释。例如，在前文我们看到的案例中，译员不理解“半月板”的意义时就采取了询问发言人的办法。在询问发言人的时候，中文里我们可以用这样的句式如：“您说的XX是？”或者，“您说的XX是不是YY的意思？”等。英文里，我们可以说：“Would you explain to me what XX is?”或者，“I'm not quite sure what XX means.”等。但是，询问法并不是在任何场合，对任何词汇都适用的。

（2）使用相关词。在有些场合，译员没有条件询问发言人，特别是在译员知道生词的本义，但不知道其在另一种语言中的说法时，应该采取其他方式灵活应对讲话中的生词。方法之一就是译为与生词意义相关联的其他词汇，如该生词的上义词。译员姚斌在一次全球孔子学院大会期间有一次在为中方领导人和一位美国银行家早餐会担任交传时，中方领导突然提到前来参会的有一位特别的孔子学院学员，他是诺贝尔医学奖的获得者，而他的研究对象是“幽门螺旋杆菌”。由于此次会议是一个有关文化交流的大会，译员在译前准备时没有预料到在谈话中会提到医学领域的专业名词，也不知道该词对应的英文说法是什么。为了不让现场沟通出现中断，译员采取了使用相关词的策略，译为："He is an expert of gastro-diseases." 译员知道，幽门螺旋杆菌是导致胃病的一种病菌，虽然不知道该词的说法，但在现场情况下为确保双方沟通继续，用"胃病"替代也未尝不可。

（3）解释法。在译员知道生词的本义，却不知其译法时，译员还可以采取解释的方法。有经验的译员常说，只要听得懂，就能译得出来，这种说法的根据正是对口译本质的理解。由于口译工作的本质是促成当事双方的沟通，因此，译员并不是在做简单的语言转换工作，而实际上是在对原文的意思不断地进行解释。仍以上述案例为例，当译员不知道"幽门螺旋杆菌"的英文说法，却知道其致病情况时，除了使用相关词，还可以考虑采取解释法。译员可以告诉外宾，该专家研究的对象是一种导致胃病的常见病菌。在有些情况下，经过解释，外宾很可能就直接说出该生词的英文来了。遇到自己知道本义，但却说不出对应译文的情况并不少见。一般来说，如果听众都是某个领域的专业人士，译员只需稍加解释，听众就不仅能够理解对方要说的意思，而且还很可能直接为译员提供相对应的译文。

（4）不翻译。译员在遇到生词时，如果是自己完全不知道其意义，又不方便请发言人解释的时候，也可以视情况采取不翻译，即保留原词的策略。考虑到参会代表多为行业内的专业人士，他们中的一些人虽然用外语交流存在一定的困难，却对一些词汇和术语的中外文都很熟悉，所以译员采取保留原词的策略，有时会有意想不到的效果。例如，译员姚斌有一次陪同亚洲开发银行的代表团赴国家老龄委拜访，双方主要谈的是人口老龄化的问题。谈话间，国外代表提到，现在随着人口老龄化，各种老年病问题越来越严重了，比如说，dimentia。译员当时不知道dimentia一词对应的中文是什么，但是从上下文明确知道，该词一定是一种常见的老年病。于是，在翻译时，译员采取了保留原词的策略，没有翻译dimantia。没想到译员话音刚落，中方就有代表说，是“阿尔茨海默病”。笔者此时又顺势接了一句：“对，是阿尔茨海默病的患者越来越多。”在这个案例中，通过保留原词，借鉴了现场专业人士的知识，化解了“生词”带来的挑战。

（5）等待法。遇到生词时采取“等待法”是同声传译中常用的策略。在同传时一旦出现生词，译员不能停下来查找或询问，因此必须采取即时的应对策略。除了上文提到的几种方法之外，译员还可以稍作等待。因为一些发言人可能会在提出一个概念，或使用了一个人们较为陌生的词汇后，对概念或词汇进行一定的解释。在这种情况下，译员可以先用相关词或上义词进行翻译，在听到解释后再补充具体的细节，明确该词的意思。例如，译员朱玉犇一次参加世界卫生组织召开的有关One health（全健康）的会议，世卫组织专家在讲话中提到zoonotic disease这一概念，原话是“One health is talking about the prevention and control of zoonotic diseases, and mostly emerging zoonotic diseases.”译员以前并没有碰到过zoonotic diseases这个概念，因此不确定其中译文应该是什么，因此，译员在同传时采用了等待法，将其译为“全健康指的就是疾病的预防和控制，特别是新型疾病”，暂时搁置这个概念不翻译，等待后文的出现。专家接着讲道：“It was really things like SARS, mad cow disease, Avian Influenza. We need to find more close synergies or relationships between the health of environment, animals, and people.”专家对这个概念进行了举例。听到举例后，译员瞬间明白了概念的涵义，在后面的译文中就把这个概念明确地翻译了出来：“比如非典、疯牛病和禽流感，我们需要搞清楚环境、动物及人类健康的互动关系，克服**人畜共患病**。”在这个案例中，译员采取了等待法，利用“疾病”这一上位概念来暂时代替新概念 zoonotic diseases，等听完了讲者后面对该词的解释后，确定了概念的意思，最后补译出“人畜共患病”这一术语。

“胡椒”的英语怎么说？[①]

20 世纪 60 年代，有一次北外校长宴请斯里兰卡客人。联合国译训部前主任张载梁担任活动的译员。席间北外校长对客人说：“听说你们斯里兰卡这地方生产胡椒。”张教授当时不知道“胡椒”的英文怎么说，现场又没有人可以询问。为保证双方沟通的继续，他决定将这句话译成：“I hear that in Sri Lanka you produce spices.”（我听说你们斯里兰卡出产各种香料。）斯里兰卡客人一听，立即说：“Yes, yes.”（是的，是的。）然后就开始讲“we produce”（我们出产）这种香料，那种香料。他用 spices 这个上义词替代了“胡椒”，虽然不够精确，但从现场效果来看并没有影响到双方沟通，甚至还帮助外宾打开了话题。

① 案例来源：王欣：《纵横：在语言与文化之间》，外文出版社，2011 年，183。

案例分析

生词是口译实务中不可避免的挑战。由于口译是现场工作，即使译员在活动前做的准备再充分，仍有可能在现场遇见生词。在遇到生词时，译员的第一反应应该是积极搜寻记忆，尝试从记忆中提取与该词相关的意义，或在可能的情况下向发言人或现场听众咨询。如果没有条件获取相关信息，译员就应该考虑采取其他的替代方法。在本案例中，译员遇到了生词“胡椒”，在没有任何方式能够知道如何翻译“胡椒”时，使用了“胡椒”的上义词 spices 来翻译，结果取得了出乎意料的好效果，不仅没有影响到双方沟通，还帮外方打开了话匣子，促进了交流。由此可见，采用上义词翻译是译员在遇到生词时一个不错的选择。案例中出现的晚宴场合是译员常常会遇到的。而在宴会上，译员经常会遇到的一个生词挑战就是“菜名”。往往是中方代表在向外方介绍各道菜名时，译员并不知道一些菜名的外文说法。此时，译员就可以结合眼前的实际菜肴，向外宾进行解释，这样的做法不会影响双方的交流。

思考与讨论

你为中方领导会见外宾担任译员，会见日期恰值 7 月 7 日。领导向外宾提到“七七事变”，并且告诉外宾这场事变发生在北京城郊的“卢沟桥”。在你的印象中，“卢沟桥”在英文中有一个专门的译名，不是“Lugou Bridge”，但你一时间却想不起来是什么了，此时，你该怎么办？

拓展阅读

1. 奚悦：《口译名师堂：大数据时代的工匠精神》，https://www.beiwaiclass.com/products/detail-1098.html。

2. 张载梁：《同一个硬币的两面：漫谈口笔译的异同》，《纵横：在语言与文化之间》，外文出版社，2008 年，158-186。

3. 雷宁：《口译实践点滴》，《纵横：在语言与文化之间（II）》，外文出版社，2011 年，225-246。

· 本章小结 ·

1. 生词是口译工作中的常见挑战，译员应做足译前准备，尽量避免在现场遇到生词。
2. 如果在工作时遇到生词，译员可以采取询问、使用相关词、解释、不翻译和等待等应对策略。

第15讲 引语虽小，文化不少

译员在进行汉英口译时，常常会遇到文化负载意义深厚的引语。这些文化引语一方面用于展示发言人的知识渊博，另一方面也构成发言风格的一部分。文化引语的翻译有多种方式，不能完全靠死记硬背固定译法。优秀的译员应该能够在工作中判断出引语用于某种特定语境时的确切含义，并给出最贴切的译文。

1. 常见的中国文化引语

中国文化引语主要来自古代的文化经典，如《论语》《道德经》《易经》等。也有一些引语是中文的俗语俗谚。当然，还有一些引语可能来自现当代的著名人士或其作品。

有些引语如“有朋自远方来，不亦乐乎？”“千里之行，始于足下”“天行健，君子以自强不息”等在发言中常常出现，因此译员应该在平时的学习和准备中积累一些常用的引语及其英文译法。一般来说，比较常用的中文引语，在英文中都有多种翻译方式。译员可以有意识地多收集几种译法，以便根据会议现场发言的不同情境选择较为适合的译法。许多外国嘉宾到访中国也喜欢通过使用中国文化引语来拉近与听众的距离。由于同一文化引语在英文中可能有不同的译法，译员除了熟练掌握外语，还需要具备扎实的中文功底，能够在听到英文表达时，迅速领会其精神，在脑海中找到其对应的准确中文表达。

举个简单的例子说明，《论语》中的“温故而知新”就有多种译法，以下列出常见的几种：

表 2-7　中文引语的多种译法

译者	译文	对应原文
理雅各（James Legge）	If a man keeps cherishing his old knowledge, so as continually to be acquiring new, he may be a teacher of others.	温故而知新，可以为师矣。
阿瑟 · 韦利（Arthur Waley）	He who by reanimating the Old can gain knowledge of the New is fit to be a teacher.	温故而知新，可以为师矣。
奥巴马（Barack Obama）	Consider the past, and you shall know the future.	温故而知新。

理雅各和阿瑟 • 韦利都是著名的汉学家，他们的译文都是将“温故而知新，可以为师矣”作为一个整句进行翻译，而美国前总统奥巴马在其演讲中却只用了“温故而知新”的译文，这说明引语的译

◀ 2016 年 4 月 19 日的印太海洋安全合作二轨讨论会上，马来西亚学者 Nazery Khalid 引用孔子的“四海之内皆兄弟”来阐明各国开展海上合作的友谊基础。

文既取决于译者对原意的理解，也取决于在不同的情境下译者或使用者的需要。如果译员能够搜集和整理常用引语的多种译文，到了工作现场根据情境选择合适译法就会游刃有余。

2. 不熟悉的文化引语

译员遇到的文化引语并不一定都是自己熟悉的或者在平日准备中整理过的，现场发言人随时可能说出译员并不那么熟悉的文化引语，那么，译员就需根据现场发言的上下文，调动自己的知识储备，尽可能地用自己的话将引语的真实含义译出来。

例如，有的时候，在以中外文化交流为主题的会议上，中方代表可能会引用我国杰出社会学家费孝通先生的论述文化交往的名句：“各美其美，美人之美，美美与共，天下大同。”如果不是经常从事文化交流领域的口译，译员可能对这句引语并不那么熟悉。但是，任何的引语都是出现在特定的上下文中的，因此译员可以尝试通过上下文判断引语的意义。例如，有这样一段讲话："人文上，中拉要加强文明对话和文化交流，不仅'各美其美'，而且'美人之美，美美与共'，成为不同文明和谐共处、相互促进的典范。"很明显，这段话谈的是不同文明文化间的交流互鉴问题。因此，这里的"美"应该理解为"文化"。因此，在翻译时，就可以译为"One should value not only one's own culture, but also the cultures of others, and this will contribute to the flourishing of all cultures."

3. 文化引语的简化处理

在口译中，特别是同传时，译员如果遇到文化引语都将整句全译出来恐怕不是万全之策，一方面是时间可能不够，另一方面是因为有的时候文化引语的意思是嵌入上下文的，并不需要译员将之全译出来，最好的办法就是将引语的意思融入上下文，既不失其意，又不露痕迹。笔者将这种译法概括为"吃透原意，明晰表达"。仍以前文的"各美其美"句为例，如果是在同传时，且发言人速度很快的情况下，我们不妨对其做简化处理。首先是"吃透原意"，即确定引语的核心思想是表达通过不同国家、文化或文明之间的相互理解和欣赏最终实现世界和谐。其次是"明晰表达"，根据对原意的确切理解，我们可以将此句译为："Mutual understanding and appreciation will lead to a world in harmony."

例如，在"21世纪海上丝绸之路国际研讨会"上，大会主旨发言人在开幕致辞中部分引用了该引语。他的原话是："我们愿意把中国梦与沿线各国人民的美好梦想对接起来，一起追逐梦想、实现梦想，各美其美，美美与共，让 21 世纪海上丝绸之路建设成为沿线各国人民实现梦想的重要支点。”考虑到现场同传受到的时间限制，在传译此句时，译员可以采取简化处理的方法，将“各美其美，美美与共”简译为：mutual understanding 或 mutual appreciation。全句可以处理为：“We would like to pursue shared dreams and mutual understanding together with the people from other countries along the Maritime Silk Road. And the 21st Century Maritime Silk Road will become an important platform on which the dreams of everybody can be realized.”

4. 小心文化引语翻译中的陷阱

在文化引语的口译中，有一些需要译员特别小心的时候。例如，引语中含有明确的文化意象时，译员处理起来必须要谨慎。

蒙特雷高翻学院的鲍川运教授曾介绍过这样一个案例：在一次国际民航组织年会上，中国代表在会上就国际民航组织提出的一个项目提出一个问题：项目资金从哪来？中国代表说，资金总归还是羊毛出在羊身上，意思是项目资金最后还是要会员国分摊。当时同传译员听到中国代表说“中国有句俗话”，很快地译出：“There is a Chinese saying…”中国代表又接着说：“羊毛出在羊身上。”译员完全懂代表是什么意思，于是就没有把引语的原文译出来，而是直接按照意思译出来：“The cost of the project will have to come from the member countries anyway.”译员说完后全场哄堂大笑，与会代表觉得中国人真有智慧，俗话中就把民航组织项目费用分摊的事说了。

大家一笑不要紧，中国代表认为大家都听懂了，于是接着往下说："羊要不肥，毛也不壮。"结果译员一下子犯了难，因为他前面没有提到羊的事情，所以没办法只能从头再补。好在他是一位经验丰富的译员，抓住代表短暂的停顿，很快把比喻的意思说了出来。由此例可见，译员在翻译带有中国文化意象的引语时需要特别慎重，在给出译文时就要考虑到可能出现的意象延伸与拓展，尽可能地避免陷入被动。

在中国文化引语的翻译中还有一种常见的"陷阱"，就是引文回译的问题。有时，国外发言人言之凿凿地表示自己引用了一句中国的名句，译员却无法判断中文原句是什么。这种情况的出现，可能是由于译员本人的积累不够，这个时候译员可以考虑向现场的发言人本人或其他代表询问和确认。但也有一种常见的情况是，由于中文引语在外译的过程中逐渐偏离了原意，进而几乎无法找到其对应的原文。在这种情况下，译员只能是根据自己的理解翻译出引文意思。例如，伊万卡·特朗普曾在自己的推特上发过一句"中国谚语"，引起人们的各种猜测，但谁也不能确定这句话的原句究竟是什么，或者说是不是的确来自中国。如果遇到的是这种引语，译员可以灵活处理。例如，译员可以主动地加上一点说明："发言人引用了一句中国俗语，大概的意思是……"，这样说的好处是，译员既将自己对原文的理解清楚地传译出来，又表现出自己的坦诚，能够为现场听众所赞赏。幸运的话，有时现场会有知识渊博的听众站出来分享自己所知道的引文原文。

译员姚斌和搭档在一次担任尼山论坛同传期间就曾碰到过文化引语回译的挑战。印度社科院执行院长 Ash Narain Roy 在他的发言最后说“Confucius said, the bird sings not because it has the answer, the bird sings because it has a song.”当时正在工作中的搭档显然无法在现场还原这句“孔子曰”，只能按照英文直译为：“鸟儿歌唱，不是因为它有了答案，而是因为它有首歌要唱。”估计现场有不少中国参会代表会觉得奇怪，怎么孔子还说过这样的话？演讲结束后，现场主持人在总结评论发言内容时，提到印度学者引用了“嘤其鸣矣，求其友声”这句话非常贴切他的发言主题。此时，译员才恍然大悟，通过查询得知原来此句是《诗经·小雅·伐木》中的名句。虽然译文跟原文不完全对得上号，但是，知识渊博的专家还是准确地找到了原文。因此，在遇到自己感觉陌生，乃至有些奇怪的中国文化引语的译文时，译员一定要想方设法，包括寻求在场专家的帮助，搞清楚原文，以免闹出张冠李戴的笑话。

冰冻三尺，非一日之寒[①]

译界前辈王若瑾有一次在伊拉克问题安理会会议上担任同传。当时中国驻联合国的大使说：“冰冻三尺、非一日之寒。”作为译员，她思考如何翻译大使想表达的意思。她首先要决定是采用直译还是意译，即是把“冰”“三尺”等字都直译成英语，还是将此句意译为“The Iraq question is very complex, it is deep-rooted”。经过思索后，王若瑾决定采取直译，因为她觉得如果将中文里的俗语直译出来会更加生动地体现大使想要表达的原意，会给在座代表留下更加深刻的印象。于是她当机

① 案例来源：王欣：《纵横：翻译与文化之间》，外文出版社，2011 年，50-51。

立断，译为：“It takes more than one cold day for the river to freeze three feet deep.”果然，译文的效果很好。另一位出席会议的别国大使回应说，他们国家也有一条谚语——“An iceberg is not formed in one month”。还有一位与会大使说自己国家也有一则相似的谚语——“An iceberg doesn't melt in one day”。由此可见，出席会议的代表们对这条谚语非常感兴趣，并且通过这条谚语的直译，中方代表团对伊拉克问题的看法也给他们留下了深刻印象。

案例分析

如前文所述，“文化引语”的翻译一直以来是口译中的难点之一。由于文化差异，在进行中译外时，译员往往要在直译、意译，还是直译+意译等几种应对策略中迅速做出抉择。如果是交传，译员有充足的时间，可以考虑采用直译和意译相结合的方式，但如果是同传，译员有时就不得不根据情境选择最佳处理方式。案例中的译员在同传时遇到中方发言人引用具有中国文化特色的谚语，她在经过思考后最终决定采用直译，将谚语中的意象传译出来，结果引起了听众的共鸣，取得了良好的传译效果。

我们认为，在多数情况下，口译中应该对有文化特色的词汇进行直译，或者在时间允许的情况下，采取直译+意译的方式，因为如果纯粹采取意译，完全舍弃原文中的意象的话，就有可能带来不可预见的风险，如发言人继续就该谚语中的意象进行延伸和解释等，译员会陷入尴尬境地。此外，将具有文化特色的词汇、意象翻译出来还有可能起到引发话题、活跃现场气氛的作用。对话的目的是为了沟通，为了增进彼此的了解，译员在协助沟通的过程中理应尽量保留文化特色，真正扮演文化桥梁的角色。

思考与讨论

在一次亚太军事研讨会上，中方代表说："我看啊，美国部署萨德导弹防御系统是'司马昭之心——路人皆知'。"你如果是现场译员，会如何翻译？

拓展阅读

1. 鲍川运：《中译英的一些问题与思考》，《纵横：翻译与文化之间 II》，外文出版社，2011 年，124-150。

2. 王若瑾：《我在联合国作同声传译的日子》，《纵横：翻译与文化之间》，外文出版社，2011 年，48-74。

3. 姚斌：《中国文化汉英口译的问题与对策》，《中国科技翻译》，2015 年第 3 期，17-20。

4. Xi Jinping: *The Governance of China*, Vol. 1, Foreign Language Press, 2014, 342-343.

· 本章小结 ·

1. 译员除了要熟练掌握外语，还要具备扎实的中文功底。
2. 译员应在平时的学习和准备中多收集整理中国文化引语的译法。
3. 在现场翻译文化引语时，译员应根据上下文给出适合情境的译法。对于不熟悉的文化引语，译员应充分调动知识储备，译出引语的真正含义。
4. 在同传中，译员可根据情况，遵循"吃透原意，明晰表达"的原则，对引语做一定的简化处理。
5. 译员需小心文化引语翻译中的陷阱，特别是含有明确文化意象的引语。对含有文化意象的引语，建议采取"直译 + 意译"的方式。

第16讲 隐喻翻译不简单

无论是在中文还是外文发言中，隐喻（metaphor）都是一个经常出现的修辞手段。如何翻译好隐喻对译员来说是一个不小的挑战。由于文化的差异，一种语言中的精妙隐喻，经过翻译后可能无法在另一种语言中产生共鸣。因此，译员在口译时需要在瞬间决定对隐喻的翻译策略，如直译、意译，还是直译＋意译等。为此，译员应掌握隐喻翻译的常用方式，以便在现场做出果断且合适的决策。

1. 隐喻和隐喻翻译

George Lakoff 是研究隐喻问题的著名学者。在他的名著《我们赖以生存的隐喻》中，他指出，隐喻的本质是“借助彼事物理解和经历此事物”。隐喻因此而分为两部分，即本体和喻体。例如，“引领承载着中国人民伟大梦想的航船破浪前进，胜利驶向光辉的彼岸”，这句话就采用了隐喻的表达方式，其中“航船破浪前进”是喻体，本体是中国人民为实现“中国梦”而不懈奋斗的伟大征程；“彼岸”也是喻体，本体是中国梦的实现。

隐喻是普遍存在于我们使用的语言中的，而且隐喻在本质上是基于文化特殊性的，隐喻的差异背后体现的是文化差异。正因如此，隐喻翻译历来被视为翻译中的“高难动作”和考验译者水平的“舞台”（刘法公：2007）。在笔译中尚且如此，在口译中对译员的挑战就更大了，因为口译员必须在瞬间决定自己的翻译策略。

2. 隐喻的常用翻译策略

在翻译隐喻时必须首先明确鉴别本体和喻体，继而在充分考虑文化差异的前提下，确定合适的翻译策略。通常来说，隐喻的翻译主要有以下几种策略：

(1) 直译

“直译”是指在译文中保留原文隐喻的意象。一般来说，在原文意象，也即喻体，在两种语言和文化中具有“共通性”的时候，我们可以采取直译策略。例如：“改革大潮汇聚成时代洪流。”此句中的潮水意象是中英文读者都可以理解的，因此可以保留原意象，译为：“Reform came in waves and became the trend of times.” 在英文中，同样有用潮水来表达大趋势的说法，因此直译不会对读者理解造成障碍，同时又能传神地表达原文用潮水来体现改革大势，让读者感受到中国改革大潮磅礴力量的目的。只要原文中的喻体 / 意象具有文化的共通性，直译的方法在口译中是完全适用的。

（2）直译 + 解释

“直译 + 解释”是指既保留原文意象，又加上释意。例如，“坚持‘老虎’‘苍蝇’一起打”。由于文化差异，本句中使用的动物隐喻，并不一定能让国外读者产生同样的联想。老虎在一些文化中是勇猛的百兽之王，如果没有解释，恐怕不容易跟腐败分子联系起来。但这两种动物隐喻又非常生动地展示了我国反腐的力度，因此，可以采取“直译 + 解释”的方式译为：“Deal with both ‘tigers’ and ‘flies’”，同时添加注释：“This refers to senior and junior officials guilty of corruption.”这样就明确地将动物形象与腐败分子级别联系起来，从而确保国外读者对原文隐喻的准确理解。“直译 + 解释”的方法是我们比较推荐在口译工作中采用的，因为这种方法既可以完整地保留原文意象，又不妨碍听众的理解（参见第 15 讲）。

（3）意译

“意译”是指不保留原文意象，而只译意思。例如：“对那些盘根错节的复杂问题、年代久远的遗留问题、长期形成的惯性问题，要以燕子垒窝的恒劲、蚂蚁啃骨的韧劲、老牛爬坡的拼劲，坚持不懈，攻坚克难，善作善成。”这句话中连续出现了多个动物隐喻，它们在中文里都是形象非常鲜明，含义非常明确的，但由于文化差异，译文采取了删除意象，直译其意的策略，重点突出“坚持不懈”和“攻坚克难”的内涵：“For complex and historical problems, and problems that have lingered for a long time, we must persevere and solve them one by one, till all are addressed.”

由于口译工作的即时性特征，译员虽然应该尽可能地保留原文的内容和形式，但当二者无法兼顾时，译员也可以采取意译的策略，舍弃形式，保留观点。在 2016 年的全球汽车论坛上，某集团董事长在谈到汽车与健康的关系时说：“总是有人怀疑汽车与健康有什么关系，好像风马牛不相及。我想借此机会与大家分享一下我的看法。如果说汽车与马有关系，那就是速度；如果说汽车与牛有关系，那就是勤劳；如果说汽车与风有关系，那就是空气。”由于“风马牛不相及”在中文里已经成为一种习惯性表达，同传译员朱玉犇并未考虑对其进行解释性翻译，而是直白的译成了“many people think vehicles have nothing to do with health”，不料讲者却在此中文表达的基础上继续玩起了文字游戏。译员一时之间找不到对应表达，果断选择通过意译解释观点。

在一场主题为“能源变革”的对话会上，当主持人问及国家补贴政策对新能源企业发展的促进作用时，台上一位风能企业的负责人指着旁边的光伏发电企业代表说，“我是风，他是光，我们俩在一起好风光”，引得全场大笑。当时担任同传的译员朱玉犇考虑到同传的时间限制，而且发言人的讲话是一种文字游戏，因此决定将其意译为“Both of us have benefited greatly from the state policies”。但是，这样做的结果是，英文听众虽然没有遗漏讲者所要表达的关键信息，但一定会对现场听众发出的笑声感到不解。由此可见，译员在口译中若选择删除原文意象，而采取意译时，一定要谨慎决策，避免出现我们在第 15 讲中提到的翻译文化引语时可能掉入的“陷阱”。

（4）意象替代

“意象替代”是指用译语中的意象替代原语意象。例如：“切实防止形式主义，不能搞花拳绣腿，不能搞繁文缛节，不能做表面文章。”本句中的“花拳绣腿”“繁文缛节”和“表面文章”都是中文里常用的隐喻，用以表示烦琐而不切实际的做事方式，但是它们都有浓厚的中国文化特色，因此，译文采用了意象替代的策略，译为：“We should not go through motions, take impractical measures, be encumbered by red tape, or pay lip service.” red tape 和 lip service 分别指烦琐、拖延的官僚程序和阳奉阴违的行为，恰好与“繁文缛节”和“表面文章”有意义的重合，因此可以实现“效果对等”。但是译员在采用此策略时，同样要防止意象替代后带来的不确定性。

3. 隐喻翻译时的注意事项

隐喻在我们使用的语言中是无处不在的，有些隐喻因为已经成为我们习惯性语言的一部分，我们在使用时往往已经忘记了它的隐喻性质。但是，一旦将它翻译为另外一种语言，进入另外一种文化，隐喻中的意象 / 喻体可能又变得鲜明和凸现出来。如果翻译不慎，有可能会带来不必要的误解。

例如，某手机品牌掌门人在一次内部学习的讲话中提出：“向谷歌军团学习，扑上去，杀出一条血路”，“坚定不移地和终端做技术合作，勇猛冲锋，杀出一条血路来”等。他的话在美国《华尔街日报》中被译为：“surge forward, killing as you go, to blaze us a trail of blood.” 此话在经其他媒体转载后，火药味变得更加浓重，甚至在

《泰晤士报》网站上直接被演绎为“XYZ's founder declares 'war' on West”。媒体的渲染和炒作背后显然有超越翻译本身的其他因素。但是，这个例子却很好地说明了翻译隐喻时可能出现的问题。“杀出一条血路（来）”是中文里的一句常用语，用以表示从困境中找到一条出路的决心。“血路”作为一个常用隐喻，对中文读者或听众来说几乎不会引起血淋淋的联想。但是，一旦该隐喻的意象被直接嫁接到另一种语言和文化中，又不加以解释时，就会带来负面的理解。

如果我们再将视野扩大一点，就不难发现，军事和战斗隐喻在中文讲话中常常出现。这些隐喻在多数情况下已经不会跟实际的军事或战争行为相联系，而只是由于语言的使用习惯而保留了下来，例如，“战斗力”一词，无论是在政府官员的讲话中，还是企业领袖的发言中，在谈到队伍建设或团队建设时经常会说“加强战斗力”，那么对于译员来说，就需要考虑发言人所针对的对象，根据发言的上下文背景，确定是否要把“战斗”这个隐喻翻译出来，如译为“energy to fight”，还是采取“意译”的方法，如译为“effective”等。

水火不容？[①]

在一次国际会议上，工作语言是英语和西班牙语，工作方式是同传。英语发言人在演讲时引用英文谚语说：“There is no smoke without fire.”正在工作的译员想到西班牙语中有一句谚语表达的意思与英文

① 案例来源：Amanda Galsworthy 在北京外国语大学的讲座。

谚语一致，但是使用的意象完全不同，那就是："When you hear water, the river is not far." 于是她不假思索地选用了此句西语谚语作为译文。但译员没有预料到的是，发言人继续说道："The fire starts on the roof, and then gradually consumes the house." 译员感到为难，但又感觉话已出口，不想从头再来一遍，于是就沿用西班牙语中的比喻继续翻译说："There's a flood, and the river rises; the river keeps rising." 没想到发言人又来了一句 "But, Ladies and Gentlemen, don't worry, we can always put a fire out with water." 译员感到无法翻译此句，一时僵在那里。

案例分析

本案例是个典型的隐喻翻译案例。在口译实务中，译员经常会碰到各种具有明显文化特色的隐喻。而由于文化差异，要想找到适当的译文是需要颇费一番功夫的。例如，本案例中的英文谚语如果译为中文，我们最先想到的对应表达法可能是"无风不起浪"。然而，译员如果采用了"风"和"浪"的意象去对应原文中的"烟"与"火"的意象，就有可能遇见案例中译员类似的问题。案例中译员出现问题的原因正是对原文中隐喻进行了意象替代。如果发言人只说了一句话，译员这样处理原本是可以"安全"过关的，但由于发言人抓住了隐喻中的意象继续延伸，译员就不一定能在译语中找到对应的延伸方式，最后很可能导致译文无法继续。所以，我们建议，在翻译隐喻时，译员应该尽量保留原文的意象，可以加上"在 ×× 国家，有句谚语 / 人们常说……"等语言，使译文中出现的听众不熟悉的意象不会显得很突兀。如果译员认为原文隐喻直接翻译，译语听众理解有困难的话，也可以在时间允许的前提下对原文加以解释说明，例如，英文中有句熟语："The proof of the pudding is in the eating." 直译为中文就是："要想知道布丁的味道就得吃布丁。" 译员可以在时间允许的情况下，加上一句："相当于我们常说的'实践出真知'。"

思考与讨论

假设你在陪同一名中方某市领导会见外宾，在谈到该市的科技创新问题时，领导说："在科技创新方面，我们要做白菜心，不要做白菜帮。"你会如何翻译此句？

拓展阅读

1. Lakoff, G. & Johnson, M.: *Metaphors We Live By*, Chicago: University of Chicago Press, 1980.

2. 刘法公：《谈汉英隐喻翻译中的喻体意象转换》，《中国翻译》，2007 年第 6 期，47-51。

3. 习近平：《习近平谈治国理政（第二卷）》，外文出版社，2017 年。

4. Xi Jinping: *The Governance of China*, Vol. 2, Foreign Language Press, 2017.

5.《口译名师堂：跨文化交际视野下学习与实践》，https://www.beiwaiclass.com/products/detail-1093.html。

· 本章小结 ·

1. 隐喻翻译的难点是弥合不同文化之间的差异。
2. 隐喻的常用翻译策略有直译、直译 + 解释、意译和意象替代等。
3. 口译中建议多采用直译 + 解释的方式翻译隐喻，少采用意译和意象替代等策略。
4. 翻译隐喻时需特别注意防止原语中的意象在译语中产生的不可控的负面效果。

第17讲 小心模糊语背后的陷阱

“模糊语”是译员在口译工作中常遇到的挑战之一。在外交、商务谈判、新闻发布会等场合模糊语有着广泛的应用。因为这样或那样的原因，发言人有时会在讲话时故意使用一些意思模棱两可的话语，而译员则需根据具体语境做出抉择，究竟是根据自己的理解将模糊语的意义“显化”，还是保留模糊语的模糊性，由听众自己解读。

1. 口译中的模糊语言现象

口译中出现的模糊语言现象，大致可以分为讲话人有意识和无意识两种。发言人之所以有意识地使用模糊语言，一般都有特定的原因。在外交场合出于特定的政治原因，不便对某个问题明确表态，此时讲话人就可能用一些带有模糊性的语言，以防出错。某些事件正在发展的过程中，还不知道最终的结果如何，发言人也不能明确表达观点，所以也会采用模糊性的语言。在国际贸易谈判中也有类似情况，由于双方并未就特定问题达成完全的协商一致，因此在发表的声明中可能会采用一些比较模糊的辞令。例如，2018 年 5 月 19 日，中美两国在就双边经贸磋商发表联合声明，其中一条的英文是：Both sides agreed on meaningful increases in United States agriculture and energy exports. 对应的中文是：双方同意有意义地增加美国农产品和能源出口。画线部分的内容在中英文中其实都有模糊性，增加多少才是“有意义地增加”，双方可能会保留各自的解释。

在商贸领域中，讲话人出于保守商业秘密或者其他目的，也常会采用模糊性的语言。例如，在新产品发布会上，在涉及公司特定方面，如财务方面的问题时，发言人也有可能语焉不详，或者用模糊性的语言一语带过。笔者曾经服务过不少国际公司的媒体吹风会，有时，在吹风会上，他们一方面要宣传推广自己的新产品，另一方面又对某些媒体关心的问题，如产品上市的确切日期等讳莫如深，这可能是因为公司内部还没有就这些问题达成一致，所以只能模糊作答。另外，在一些行业性的会议上，在预测行业发展趋势的时候，与会代表都会有一个心照不宣的原则，那就是不能直接预测价格，因此一般都会用可能上涨或下跌之类的带有一定模糊性的语言。

以上所提到的模糊性语言的应用可以说都是讲话人有意为之的，但是在一些情况下，语言模糊性的产生并非讲话人有意识的行为，而是由于文化差异等所导致的。例如，在一次中外公司商务谈判上，当外方问到中方什么时候能就双方的合作计划做出决定时，中方公司代表习惯性地回复说：“很快！ 很快就会做出决定。”现场

THE WHITE HOUSE
Office of the Press Secretary

FOR IMMEDIATE RELEASE
May 19, 2018

Joint Statement of the United States and China Regarding Trade Consultations

At the direction of President Donald J. Trump and President Xi Jinping, on May 17 and 18, 2018, the United States and China engaged in constructive consultations regarding trade in Washington, D.C. The United States delegation included Secretary of the Treasury Steven T. Mnuchin, Secretary of Commerce Wilbur L. Ross, and United States Trade Representative Robert E. Lighthizer. The Chinese delegation was led by State Council Vice Premier Liu He, Special Envoy of President Xi.

There was a consensus on taking effective measures to substantially reduce the United States trade deficit in goods with China. To meet the growing consumption needs of the Chinese people and the need for high-quality economic development, China will significantly increase purchases of United States goods and services. This will help support growth and employment in the United States.

Both sides agreed on meaningful increases in United States agriculture and energy exports. The United States will send a team to China to work out the details.

The delegations also discussed expanding trade in manufactured goods and services. There was consensus on the need to create favorable conditions to increase trade in these areas.

Both sides attach paramount importance to intellectual property protections, and agreed to strengthen cooperation. China will advance relevant amendments to its laws and regulations in this area, including the Patent Law.

Both sides agreed to encourage two-way investment and to strive to create a fair, level playing field for competition.

Both sides agreed to continue to engage at high levels on these issues and to seek to resolve their economic and trade concerns in a proactive manner.

美国白宫网站发布的中美519联合声明的英文版本。

中美就经贸磋商发表联合声明

2018年05月20日 08:25:57 来源：新华每日电讯1版 【字号 大小】【留言】【打印】【关闭】

新华社华盛顿5月19日电 中美两国19日在华盛顿就双边经贸磋商发表联合声明。声明内容如下：

根据习近平主席和特朗普总统的指示，2018年5月17日至18日，由习近平主席特使、国务院副总理刘鹤率领的中方代表团和包括财政部长姆努钦、商务部长罗斯和贸易代表莱特希泽等成员的美方代表团就贸易问题进行了建设性磋商。

双方同意，将采取有效措施实质性减少美对华货物贸易逆差。为满足中国人民不断增长的消费需求和促进高质量经济发展，中方将大量增加自美购买商品和服务。这也有助于美国经济增长和就业。

双方同意有意义地增加美国农产品和能源出口，美方将派团赴华讨论具体事项。

双方就扩大制造业产品和服务贸易进行了讨论，就创造有利条件增加上述领域的贸易达成共识。

双方高度重视知识产权保护，同意加强合作。中方将推进包括《专利法》在内的相关法律法规修订工作。

双方同意鼓励双向投资，将努力创造公平竞争营商环境。

双方同意继续就此保持高层沟通，积极寻求解决各自关注的经贸问题。

新华网发布的中美519联合声明的中文版本。

的译员将中方的回复翻译为：“Very soon.” 此时，外方代表就忽然追问道：“How soon?” 在这个例子中，中方代表原本并不想用模糊性的语言搪塞对方，因为他说不久的意思，就是公司会很快做出决定，这种说法在中文里一般是可以接受的。但是由于文化的差异，外方更习惯于听到一个具体的期限，如一周以内，或者一个月以内，因此不久（soon）在他们听来就是一种模糊性的语言。

文化差异导致语言中的模糊性是非常常见的。这种模糊性可能表现为各种方面的理解差异。即便是时间的表达这种非常客观的行为也有可能因为文化差异而产生理解的误差。一般的会议都会有茶歇时间，有意思的是，在主持人宣布了十分钟茶歇时间后，各国代表对返回会场时间的理解可能并不相同。因为来自不同文化背景的代表心目中“十分钟”的概念并不一定相同。记得在一次企业培训期间，来自印度的老师在宣布茶歇十分钟的时候，特地又追问了一句：How long is “ten minutes” in your culture? 这位老师曾在世界各地讲课，因此对不同文化的人群关于时间的概念很敏感，所以才有此一问。他提出这个问题并经由译员翻译后，在场的听众发出了会心的微笑，因为老师的提问让他们，包括在译员在内，都第一次意识到原来在对时间长度的理解上，也存在文化差异导致的模糊性。由此我们也可以看出，模糊语言的出现不一定是发言人有意为之，也有可能是因为文化差异而在讲话人无意识的状态下形成的。

2. 口译中对模糊语的处理策略

语言模糊性的产生或者是由于讲话人有意为之，或者是无意所为，但对译员来说，处理的策略主要有以下两种：

(1) 保留模糊用语

译员在口译过程中遇到了模糊用语时，采用保留模糊用语的情况可能有两种，一种是译员通过自己的分析，判断讲话人出于某种原因是有意识地使用模糊语，那么译文就应该保留原语的模糊性，如果听众觉得需要澄清，可以通过译员与讲话人进行进一步的沟通。第二种情况是，译员虽然觉得讲话人的语言意思模糊是在无意识状态下形成的，可能是由于表达不够清楚所致，但现场译员对讲话人的真实意图也不能做出明确的判断，此时，译员也常采用保留原文模糊性的策略，以免在对原意的“显化”过程中做出错误的判断。与第一种情况类似，如果听众没有听懂，有必要澄清，可以通过译员进一步与讲话人交流。

(2) 将模糊语的意思“显化”

口译中所谓“显化”，简言之，就是将原文中隐含的意思明确地表达出来，或者将原文中具有模糊性的语言更加清晰地表达出来。使用“显化”策略的场合也是很多的。一般来说，译员采用对模糊语进行显化的策略时，应该是译员能够明确判断出发言人使用模糊语言的原因是无意识的，而译员又对发言人的真实意图非常了解的情况下才可以。在这种情况下，译员可以将模糊语言清晰化，将讲话人的真实意图显化出来。笔者的一位同学长年在环保领域工作，她有一次跟随领导去法国参加环境会议，领导一天之内连续四场会见，感觉比较疲劳，所以在与外方交谈时，对有些具体问题说得较为模糊，而译员因为对领导所讲的内容非常熟悉，所以她在翻译过程中就对一些模糊性语言进行了澄清，以方便对方的理解和双方的交流。

但是，译员在对模糊性语言进行显化时，一定要谨慎从事，避免对发言人的意图产生误判。译员朱维钧曾随某国内代表团赴英国考察碳交易机制，该代表团出访的时间横跨三周，但实际的时间只有不到 14 天。在与外方交谈期间，代表团团长每次被问及此次访问时间时，都会答复说是三周左右，译员在翻译时，觉得团长说得有点模糊，因为代表团实际访问的时间就是不到 14 天，如果说三周的话，会不会影响外方对他们的行程安排呢？所以他就对团长说的时间进行了明确，译为会在英国待两周时间。但是在连续几天的会谈中，团长一再强调访问时间是三周左右，译员不禁对自己的翻译方式产生了疑问。他抽空与团长进行了沟通，这才知道，出于某种原因，团长是有意强调访问时间为三周的。译员这才发现自己对模糊语的“显化”其实违背了发言人的意图。

由此可见，译员在口译工作中必须小心谨慎，千万不能自以为是，讲话人的意图是千变万化的，如果译员不能有十足的把握确定原文中模糊语言出现的原因及其真实含义，我们建议还是选择偏于保守的策略为上。

马航事件[①]

2014 年 3 月马来西亚航空 MH370 航班失联后，为让中国观众同步了解事件最新进展，央视对马方新闻发布会采用了同声传译。3 月 15 日，时任马来西亚总理纳吉布就该事件举行新闻发布会，在回答记者问

① 案例来源：央视新闻频道。

题前的陈述中，他说道："This is a remote location, far from any possible landing sites. It is therefore with deep sadness and regret that I must inform you that, according to this new data, flight MH370 **ended** in the southern Indian Ocean."同传译员在直播时直接将后半句译为："飞机坠毁在南印度洋。"但在此后的新闻重播中，译文均改为了："MH370 航班终结于南印度洋。"

案例分析

马航事件发生后，央视大量使用了电视同传，引发了普通观众对同传职业的广泛关注和高度兴趣。电视同传是一种新兴的口译形式，它将原本针对少量参会代表的同传译文呈现于成千上万的普通观众耳边，具有一些不同于其他形式口译的独特性。在此案例中，马来西亚前总理纳吉布在讲话时颇有技巧地使用了含义模糊的"ended"一词，从而避免在没有找到失联航班痕迹时将调查结论坐实，是典型的模糊性语言。现场译员给出的译文，将原文中的模糊语变成了有确定含义的译语，造成了不小的影响，因为据说乘客家属就找到航空公司理论，认为还处在失联状态，为何就宣布"坠毁"。我们注意到，在此后不久的新闻重播中，"坠毁"这个具有确定含义的词被替换成"终结"这个与英文中的"ended"意义同样具有模糊性的词汇。正如我们在本节中所说，译员在对模糊性的语言采取显化策略时，一定要小心谨慎，当译员将原文中的模糊意义在译文中变得确切时，有可能造成自身预想不到，且不可控制的结果。因此，如果没有十足的把握，译员应尽量保持原文的模糊性，而把澄清的责任交给当事双方去沟通。

思考与讨论

你在一次多边国际会议上担任同传译员，会议讨论正在紧张、有序地进行，但由于行政方面的原因，材料分发时出现了一些小问题。当时某国代表团借此表示无法正常工作，企图拖延时间。此时，中国代表义正词严地指出，某些代表团在“搞小动作”。如果你是当时的译员，你会怎样翻译“搞小动作”呢？

拓展阅读

1. 李文戈、武柏珍：《翻译学视野中的语言模糊性》，《外语学刊》，2004 年第 3 期，84-87。

2. 吴勇：《论外交辞令中的模糊策略》，《山东外语教学》，2003 年第 3 期，68-71。

· 本章小结 ·

1. 模糊语在外交、商务谈判、新闻发布会等场合广泛存在。
2. 究其原因，语言的模糊现象可以分为讲话人有意为之和无意为之两种情况。
3. 模糊语的主要处理策略：（1）在译文中保留模糊用语；（2）对模糊用语进行“显化”处理。
4. 译员在翻译原文中的模糊语时，务必小心谨慎，没有十足的把握，尽量不要将模糊意义清晰化。

第18讲 情境义：因境而生，随境而变

20世纪初美国著名的大法官Oliver Wendell Holmes在评价法庭用语时曾说过这样一段话：“A word is not a crystal, transparent and unchanged, it is the skin of a living thing and may vary greatly in colour and content according to the circumstances and time in which it is used.”他这段话很好地说明了什么叫“意从境生”。很多词汇的意思都需要根据上下文，在语境中才能确定，因此，我们才会经常说，口译员翻译的是意思，不是词。在口译实务工作中，我们一定要判断词汇和术语在特定领域、特定情境下的具体含义，而不能仅凭词典式对应进行口译。

1. 什么是“情境义”？

我们知道在词典中出现的词条，一般有本义和引申义之分。例如，run 这个词的本义是“跑步”，但它可以引申为“运行”“操作”“测试”等义项。而我们这里所要强调的“情境义”，则更进一步超越了词典上的词条义项，因此要考虑一个词用在特定语境中的特定含义。译员工作的主要目标是协助当事双方实现有效沟通，因此译员应不拘泥于词条在词典上的义项，而是时时关注词汇在特定情境中的意义，从而给出灵活但又能实现有效沟通的译文。

国际会议口译员协会（AIIC）对口译的定义是：“口译并非字对字的翻译，口译是运用目的语词汇、句法和风格将原语语义、隐含意义和美学内涵转移到目的语的活动。”由此可见，发言人与听众之间的沟通应该在信息沟通的层面展开，字词层面的“对等”并不能确保信息的有效传递。

例如，commitment 是英文中常用的一个词，在词典中的常见义项是“承诺”“投入”等，但是，在具体的情境中，根据发言人讲话所要实现的交际意图，commitment 却可以有多种灵活的译法，这些译法其实就构成了 commitment 一词在特定语境下的“情境义”。如在以下两例中：

例 1：Our investment here demonstrates our strong commitment to China, and to creating jobs here in China.

例 2：To emphasize our commitment, we have declared 2012 our Year of Green Mobility.

以上两例都出现在同一篇发言中，这篇发言的主要目的是说明发言人所代表公司对中国市场的承诺，发言中多次使用了 commitment 或 committed 两个词。如果译文中全都译为“承诺”或“投入”，不仅显得用词单调，而且不能准确地体现发言人的交际意图。所以，我们应该根据上下文，译出该词在特定语境中的含义，如将例 1 中的 commitment 译为“非常看好”，例 2 译为“诚意”，两句译文分别为：

例 1 译文：我们在中国的投资说明我们非常看好中国，要为中国创造更多就业机会。

例 2 译文：为了表明我们的诚意，我们宣布 2012 年为绿色移动年。

从译文可以看出，如果我们不拘泥于词汇的常见义项，而根据上下文给出符合语境、恰到好处的译文，往往能更好地实现发言人的交际意图。

2. 变化多端的“情境义”

如果说一个词条的本义和引申义是相对固定的话，那么它的“情境义”则是灵活多变的。由于“情境义”是在特定的语境中产生的特定意义，因此它虽然在大多数情况下都与词条的本义有一定的关联，但是这种关联性却可能有多种表现形式，褒词贬用或贬词褒用的情况并不少见。口译员必须根据上下文的内容，在现场做出迅速、准确且符合情境的判断。

在 2015 年两会期间召开的全国政协新闻发布会上，新闻发言人吕新华在回答记者有关反腐的问题时回答说：“党和政府和我们人民群众在反腐这个问题上，我们的态度是一致的，我套用一个网络热词，就叫‘大家都很任性’，所以在这一点上没有分歧。”此话一出，引起现场一片小声议论，坐在发言人身边的现场译员立即抬头向发言人询问：“您说大家很任性？ 大家什么任性？”吕新华再次重复说：“态度很任性。”此时译员在重复了一遍“大家很任性”后，说了一句“OK！”准备开始翻译。而此时现场记者也大声询问：“大家很任性是什么意思啊？”他又进一步解释说：“就是大家都支持，有老虎就把他挖出来，在态度上大家都很任性，对不对？”听完发言人的解释，译员才正式开始翻译，她给出的译文是：I would say the party, the government and the general public actually adopted the same attitude when it comes to anti-corruption, **so we can be said to be capricious in fighting against corruption, and we are entitled to be so.** And there's no difference in our attitude.

这段译文中人们关注的焦点正是译员主动与发言人沟通的“任性”一词。“任性”一词在中文里的本义是“听凭秉性行事；放纵不约束自己”的意思，在多数情况下是带有贬义色彩的，而其在汉英词典中的对应译法如 capricious、self-willed、wayward、unrestrained 等也多为带有贬义色彩的词语。因此，发言人使用“任性”时脱离了该词常见的语境，给译员的现场判断造成了一定的挑战。译员为了保险起见，还是采用了“任性”一词最常见的英文译法——capricious，但是很明显，在这个特定语境中，capricious 不是最佳译法。发言人说对处理腐败分子很“任性”，实际上是贬词褒用，想表达的不是“任性”一词“反复无常”的本义，而是中国政府和人民在反腐问题上绝不留情的决心。所以在此语境中，如果选用 determined 一词更能体现发言人的交际意图。全句可译为：

"The Chinese government and the general public are determined to be relentless in combating corruption."

3. 如何把握"情境义"?

口译员的工作是现场进行的，没有时间去查阅或搜索材料，以有助于判断词汇或术语的"情境义"。因此，译员有必要在译前准备中对所要服务的会议主题领域的相关知识和词汇、术语等做充分的准备（参见第5讲和第6讲）。在一个特定领域中，可能很多普通词汇都被赋予了特定的意义，而译员必须提前了解这些特定意义。译员姚斌曾经服务过一家专门从事机床生产的公司。在译前准备的过程中，译员这才发现，在机床领域，许多普通的词汇都被赋予了全新的意义，而且已经形成了在该领域的固定说法。例如，机床的英语就是machine，如果在机床的会议上，译员把machine翻译成机器，那就大错特错了。又如，tool不是"工具"，而是机床专用的"刀具"；tool library也不是"工具图书馆"，而是"刀具库"；而fixture也不是词典上的"固定设施"，而是专门的"夹具"。试想，如果译员没有在译前准备中了解这些普通词汇在机床领域的特定含义，一定是无法为客户提供满意服务的。

尽管译员在译前做了词汇和术语的准备，在口译现场仍有可能遇到靠译前准备解决不了的问题。此时就需要译员充分调动自身的知识储备，利用发言的上下文语境，尽可能地做出正确的判断。特别要提到的是，其实越是简单的词，其意义随情境而变化的可能性就越大。比如"你们""it"这样的代词在不同的情境中的所指都不相同，必须根据上下文语境做出准确判断。在一次会议上，一家欧洲公司代表提道："We have 200 partners around the globe."当时因为没有对该公司的提前了解，因此译员姚斌在翻译 partners 的时候就遇到了困难。Partner 一词在商业领域，至少有两个可能的意思：一是"合作伙伴"；二是"合伙人"。前者是公司外部的，而后者则是公司内部的。在对该公司不够了解的情况下，译员在同传时只能根据上下文做出自己的判断。译员在瞬间进行了思考与判断：一家公司虽然可能有很多合伙人，但是 200 多个，而且是遍布世界各地的可能性还是小于全球有 200 多个合作伙伴，所以，决定将 partners 翻译为合作伙伴。根据后文内容，翻译成合作伙伴是正确的，但是从这个案例可以看出，要在现场判断出"情境义"不仅有一定的挑战，有时还要冒着一定的错判风险。

4. 应对"情境义"挑战的小技巧

如前所述，"情境义"是变化多端的，有的时候，译员在口译时无法准确判断特定意义时，可以采取以下两种方法。

（1）模糊处理

"模糊处理"是指在无法确定某个词或概念的特定含义时，对其做模糊化的处理。举个简单的例子，在一次关于生物医药方面的会议上，发言人提道："中美双方已经开展了卓有成效的局长级交流。"同传译员在听到"局长级"时犯了难，因为在中文的语境中，小到一个县城里的卫生局局长，大到国家知识产权局的局长，级别相差悬殊，但都是“局长”，而且在英文里的局长的译法也不一定就是director，如国家知识产权局的局长应该用commissioner，甚至可以直接说vice-minister。译员在瞬间做出了自己的策略选择。从上文中判断，中美两国对生物医药方面的合作非常重视，因此交流的层面也应该是比较高层的，但具体是哪个层面并不能准确判断，因此译员最终选择将“局长级交流”译为“senior-level exchanges”，体现了交流的高级别，但又对“局长”进行了模糊化的处理，可以说是较好地应对了“情境义”带来的挑战。

(2) 询问发言人

在交传的时候，译员是有权利询问发言人，或与之确认其发言内容的，特别是在遇到“情境义”不明时。例如，在上文中提到的政协新闻发布会上的那位译员，就在听到“任性”一词的时候主动与发言人沟通和询问。一般情况下，对译员的合理提问，发言人会给予回复或澄清。译员可以采用如“您刚才说的XX是YY意思吗？”这样的句式提问，而少用“您刚才说的XX是什么意思？”这样的句式。因为前者更能体现译员的自信及思考的结果，而后者则可能造成译员知识储备不够、水平有限的印象。当然，需要提醒的是，在口译时，译员偶尔发问是完全可以的，也不会引起任何“反感”，但不能频繁发问，那样的话，会使在场代表质疑译员的能力。

在商言商[①]

译员雷中华陪同一家澳大利亚金融机构负责人，拜访国内某银行总行的副总裁，担任交传译员。双方在交流的过程中，中方就问外方："您觉得，这次美国大选将会对全球金融行业和银行业产生什么样的影响？"国外总裁回答说："It's a very political question. But we know that in November, the American people are going to make a very important decision."当时，译员按照原文的字面意思进行了翻译："你问的是一个政治性很强的问题，美国人将在 11 月做出一个很重要的决定。"国外总裁在说完这句话之后，就没有再继续这个话题，而是转向了其他的话题。译员在这次活动结束后，回想当时国外总裁的那句回答，觉得他其实是不想回答这个问题或者说心里也没有确定的答案，因此选择了带有一定模糊性的语言，淡化这个问题。译员认为，考虑到国外总裁的意图和当时的情境，其实还可以有更符合当时情境的译法。比如，可以译为："我们就在商言商吧，11 月的时候美国人会做出他们的重要决定。"

① 案例来源：译员雷中华的口译实战经历。

案例分析

本案例中，中方提出了一个对方不太愿意涉及的话题，因此外方在回答时也采用了模糊化的语言。译员在现场并没有思考外方的回答在特定情境下的意义，将“a very political question”按照字面译为“一个政治性很强的问题”。但在译后反思时，译员考虑到，当时国外总裁的真实意图其实是想避重就轻，避免就这个话题展开讨论，因此根据现场情况，可以有更好的译法，将这句话的“情境义”翻译出来，那就是“在商言商”。

从这个案例可以看出，一词、一句，乃至一段话，在不同的情境里都可以有不一样的解读，因此可以有不一样的译文。因此，译员在口译活动中应该时刻关注现场情境的发展变化，在充分了解沟通双方真实意图的前提下，提供符合情境的最佳译法。

思考与讨论

在一场关于“无人便利店”的会议讨论中，有位发言人讲到一些零售企业正在“探索”无人便利店。如果你是现场的译员，在这个语境下，你会怎样翻译“探索”一词？

拓展阅读

1. AIIC对口译的定义：https://aiic.org/index.html。

·本章小结·

1. 译员在口译工作中要关注词汇和术语的“情境义”。翻译好“情境义”才能更准确地传递发言人的交际意图。
2. 词汇的“情境义”因境而生，随境而变，译员必须充分利用上下文语境对其做出准确判断。
3. 译员应在译前准备中了解词汇和术语在特定领域的特定含义。
4. 在无法准确判断“情境义”时，译员可以采取模糊处理策略，或在条件允许的情况下向发言人询问。

第19讲 语气不同，效果迥异

在人们的日常交际中，语气发挥了非常重要的作用，同样一个词，同样一句话，用不同的语气说出来会代表完全不同的意思，产生迥异的效果。接受过专门播音训练的人至少可以用几十种语气说出“你好”一词。在口译工作中，译员听到的发言人语气多种多样，作为沟通的媒介，译员应该如何传递原文的语气呢？在特定情况下，译员有没有可能需要改变原文的语气呢？这些是我们在本讲所要介绍的内容。

1. 发言人的语气

由于语气往往体现了发言人的态度，对译员把握发言的主旨有很重要的提示作用，因此在从事口译工作的过程中，译员不但要关注讲话人所说的内容，还必须注意讲话人的语气。在一般情况下，译员应该在传达原文信息的同时，也原原本本地将原文的语气传达给听众。

我们在形容外交部发言人的讲话风格时，经常会用“慷慨激昂”和“义正词严”这样的字眼，它们体现的其实正是发言人在讲话时的语气。可以试想，如果发言人在表达“严正抗议”“强烈谴责”等态度时没有使用相应的语气，那么说出来的内容一定是达不到应有效果的。有时，讲话人甚至在使用特定语气的同时再加上身势、手势等来加强自己所要传递的信息。

在这方面，一个流传甚广的例子就是，在 1960 年 10 月联合国大会会议期间，当菲律宾代表发言抨击苏联在东欧国家搞殖民主义的时候，苏联时任领导人赫鲁晓夫在反驳时，认为再强硬的语气也不足以表达自己的愤怒不满，于是他脱下皮鞋敲打桌子。而此时，他的译员在同传箱里为了达到同样的效果，竟然也随之脱下皮鞋敲打桌子。在这个案例中，译员为了充分、准确地体现发言人的语气和意思，采取了完全模仿发言人行为的做法，这种行为是否体现了 100% 的“忠实”，我们将在第 25 讲中具体讨论。这里想要说明的是，从准确传达发言人的语气和态度的角度来看，案例中的译员可以说是做到了“尽职尽责”。

可见，讲话人要想让自己的意思更加准确、有力地传达给听众，就需要有意识地利用语气、手势、身势等手段来强化信息传递的效果。而译员也有必要根据场合的要求，尽可能贴近讲话人的语气。例如，我国外交部部长在 2016 年中加两国外长记者会上，面对一名加拿大记者对中国的指责，他连发六问给予怒斥，现场译员的表现虽然不能说是完美，但在译出外长讲话内容的同时，还是努力体现出了外长充满正义的质问语气。

2. 译员对语气的调节

上文我们介绍了发言人语气的重要性，并且强调在一般情况下，译员应该原原本本地将发言人的语气和讲话内容一起传达给听众。

但是，在有些情况下，译员却因为受到各种因素的影响，而不得不改变原文的语气。通常，改变语气是为了更好地实现当事双方的顺畅沟通。这种改变可能是由于客户提出的特别要求，也有可能是译员自己为促进沟通而采取的特定策略。

在笔者的口译经历中，就曾遇到过这样的例子。在一次口译任务中，笔者随一家美国的知名商务咨询公司去国内一家药厂参加双方的合作项目沟通会。这家咨询公司的中国公司为药厂提供商务咨询。但参会的还有该咨询公司亚太区的高管。在双方的交流过程中，由于药厂对于咨询公司团队在项目推进方面的表现不是非常满意，从多个角度提出了各种意见。

咨询方的高管因为没有参加具体的项目实施，因此听到这些抱怨后，明显感到不悦。他在回应药厂代表的意见时，用了一些比较激烈的措辞，而且语气也相当强硬。笔者当时并没有多想，只是考虑应该准确地将他的意见和语气传达给对方。眼看着双方的交流就要陷入僵局。

就在此时，坐在笔者身边的搭档趁口译的间歇，把手机递到了笔者面前，笔者定睛一看，手机微信聊天界面上赫然写着一条来自咨询公司具体参与项目人员的信息："请译员的tone soft一点。"译员看到这条信息后，立即领会到项目人员的意思，其言下之意是：老板的言辞比较激烈，但项目合作还得继续，因此希望译员在翻译过程中将原文语气弱化，以免双方真的谈崩，从而导致合作终止。译员在看到信息后，立刻对自己的译文语气进行了调整。虽然美方高管的言辞仍然比较强硬，但笔者通过语气的软化，说出来的译文对听众来说不再那么"刺耳"，从而使得双方的交流得以继续进行。

在这个案例中，译员根据客户方的要求在传译时对发言人的语气进行了软化处理，从而保证了当事双方沟通进程的持续。但在有些情况下，译员却有必要在译文中加强原文的语气，其目的同样是为了达到更好的沟通效果。

例如，译员白秋梅在《口译实战技能与译员职业发展》一书中就提到过这样一个案例：一家全球百强企业的CEO来拜访中国能源行业百强企业集团总裁，共同探讨两大集团控股的合资公司的未来发展。白秋梅担任外方的译员。会谈中中方总裁谈到两大公司"门当户对，优势互补"，并且形象地将合资企业比喻成"两家的孩子"，要让他们"自己过日子，还要过好"。之后又谈到外方企业将近200年的发展历史，并且用"意大利足球"来比喻中国在有些方面还是学生，需要向意大利学习等。中方译员水平非常好，但自始至终都很严肃，一直低头看着笔记，语调平稳。译员准确地将中文译成英文，但很多话的效果都出不来。

于是白秋梅在翻译外方总裁讲话时就特意与刚刚中方讲话相呼应，特别是精彩之处一一回应，以表明外方完全听懂了中方讲话的含义，而且翻译过去的中文更加优美。例如，外方总裁讲道：

“I totally agree with you about your observations on the relationship between China and Italy. We are countries with long history and tradition. I also like the way you describe our joint ventures, like they are our children. We, as parents, need to help them grow, get married and lead their own lives independently and successfully.”白秋梅处理为：“我非常同意您刚刚谈到的中意两国有许多共同之处，我们两国都有**悠久的历史和灿烂的文明**，同时我也特别喜欢您刚刚对我们合资公司的比喻，**没错**，他们就像我们的孩子，作为父母，我们有义务帮助他们成长，但是我们不能一直扶着他们走，我们最终是要让他们自己**顶门立户过自己的日子**，而且还要过好！”她在翻译这段话时，还尽量用手势等身体语言来辅助表达，在翻译过程中，外方CEO也一直看着中方总裁，这时候译员和讲者是一体的。中方总裁听到译文后很开心地笑了。现场气氛特别融洽。（白秋梅，2015: 172-174）

在这个案例中，译员采用了加强语气，乃至借助手势、身势等方式，以促使当事双方之间的沟通更加顺畅，实现更好的沟通效果。

由此可见，由于口译实务中的情况千变万化，译员不能“墨守成规”，而必须根据现场条件，结合客户要求，对口译的方式和内容做出及时调整。在口译工作过程中，译员应始终牢记促进当事双方实现有效沟通这一目的。具体到语气的问题，为了促进当事双方的沟通，译员有时可能需要减弱或加强语气。

好听的话不嫌多[①]

美国某电影公司前总裁 D. C. 先生退休后自创了一家电影制片公司，中国某金融集团公司出资数亿美元，支持 D. C. 先生的新事业。双方达成协议后，D. C. 先生将与该金融集团总裁会面。会面前，金融集团总裁助理向中方雇佣的译员朱维钧表示，中方给 D. C. 先生提供了很大支持，希望译员能够鼓励 D. C. 先生多说点“好听的话”，让中方总裁感觉到对方懂得感恩，投资物有所值。但译员认为自己并无权利向 D. C. 先生提出要求，让他按照中方助理的意思说话，因此他没有向 D. C. 先生转告中方助理交代的事，而是采取了另一种方式满足了中方的要求。

在会见现场，译员坐在 D. C. 先生和中方总裁之间，只要 D. C. 先生向中方表达谢意，译员就采用加强语气的方式进行翻译。例如，D. C. 先生说：“Thank you for trusting me and making investment in my newly established studio!”译员就会译成：“非常感谢您给予我的强烈信任，对贵集团向我新创立公司的慷慨投资本人感激不尽。”中方领导听后频频点头，对此次会面时 D. C. 先生的表态非常满意。活动结束后，中方为表示对译员的感谢，还赠送了一些公司礼品。

① 案例来源：译员朱维钧的口译实战经历。

案例分析

译员在从事口译工作时，常常会收到客户提出的各种要求，因为客户是译员的服务对象，所以译员在可能的条件下需要尽量满足客户的合理要求。在本案例中，译员在接到客户方提出的要求时，对自己应该采取的行为进行了思考。在他看来，如果直接将中方要求转告给 D. C. 先生，可能会导致 D. C. 先生的不理解和不悦。这是由于中外文化差异造成的。中国文化讲究和谐，双方合作以建立和谐关系为目标，而美国文化重视个性和独立性，不愿意受到别人的左右。译员深谙此理，因此没有直接满足中方助理提出的要求，而是采取了另外一种迂回方法。我们都知道，由于文化差异，中美人士在表达感谢时可能存在不同方式。中国人在表达感谢时往往会采用一些强调性的说法，让对方感到高兴。而美国人在表达感谢时言辞可能比较平实。在本案例中，译员巧妙地利用了中美两国文化的差异，通过在口译时对英语原文的强化语气处理，化被动为主动，既不造成 D. C. 先生的反感，又于无形中达到了推进双方和谐关系的目的。

思考与讨论

如果你在为中外双方的商务谈判担任译员，由于双方分歧较大，谈了一整天仍没有谈拢，谈判人员都比较疲劳。此时，双方因为合同中的一个小条款，产生了争执，中方代表对外方说：“你们简直是不可理喻！”你将如何翻译此句？

拓展阅读

1. 白秋梅：《口译实战技能与译员职业发展》，清华大学出版社，2015 年，172-174。

2. 外交部部长驳斥外方记者：

https://haokan.baidu.com/v?vid=2431763707757776995&pd=bjh&fr=bjhauthor&type=video。

·本章小结·

1. 发言人的语气和发言内容一样是传递信息的重要手段。在传译时，译文语气应尽量贴近原文。
2. 在特定的场合，由于客户要求或场合需要，译员也可能要采取强化或弱化语气的方式，以促进当事双方的有效沟通。

第20讲 “变则通”：口译表达中的变通

口译工作具有现场性和即时性的特征。译员必须在较短的时间里，甚至是瞬间做出抉择和判断。由于没有足够的时间思考和斟酌，译文难免有不尽如人意之处，然而，正是因为口译场合的各种限制，反倒促使译员需要掌握“变通”的技巧。无论是在正式的外交场合，还是在普通的沟通交流中，“变通”技巧常常能“化难为易”，既救了场，又确保了对话双方沟通顺畅。但不可否认的是，口译中的“变通”技巧也会受到现场情境的一定限制，需要译员一定的经验积累与智慧才能用好它。

1. 口译表达中的变通

有过一些口译经历的译员在工作中或多或少都遇到过需要灵活变通的场合。例如，遇到生词，背景知识储备不足，文化差异或原文“不可译”，这就需要采用变通技巧。需要译员变通的场合一般都会对译员有一定的挑战性的场合，因此特别需要译员“急中生智”。

我们在“译前准备”部分已经充分强调了译员在会议前的准备中储备充足、系统的“背景知识”的重要性，也提到了译员应该对自己服务对象的职业背景有所了解。但即便是译员做了很充分的准备，也不可能做到“无所不知”，因此总有可能遇见自己不理解，或者不知道如何翻译的内容。在这种时候，译员的“变通”意识就显得尤为重要。例如，在我国一位前国家领导人访问澳大利亚时，澳大利亚总理向他推销澳洲矿石，介绍了澳洲出产的多种矿石。听罢介绍，我国领导人说：“我是学地质的，我很清楚在地质学上远古代、中生代、新生代能够产生什么样的矿产。但是对你们有这么多的矿产，我很惊奇。”领导人讲话中的“远古代”“中生代”“新生代”，这些地质学术语专业性很强，超出了随行译员的知识储备范围，于是译员在现场做出了一个变通的决定，将此句译为：“I know all the geological ages. ”（我了解各个地质年代的情况。）这一做法很好地化解了不知道具体地质学术语如何翻译可能导致的尴尬，同时也使宾主双方能够继续顺畅地交流下去。（施燕华，2008：139-140）我们认为，在以上的场合中，译员所采用的简化和变通技巧是适当的，因为这次会谈并不是一次地质勘探学的专业会议，在场的绝大多数听众对于这些术语也是陌生的，因此译员可以采取简化的手段。当然，如果这个会谈的主题就是地质年代或地质勘探，译员就有责任在译前准备中提前了解和记忆相关的专业术语。由此可见，变通技巧的使用一定要根据场合来决定，同一种变通方法不一定适合不同的场合。

由于文化的差异，译员有时会遇到"不可译"的现象。虽然从口译的"释意"学派理论视角来看，译员是译意不译词的，因此不应该存在绝对不可译的信息。但是在某种程度上"不可译"，换句话说，即使译出来也无法达到原文同等效果的现象还是存在的。在这种情况下，译员就应以有效沟通为其工作的指归，有时需要在翻译时采用变通的技巧。

例如，施燕华大使曾经在自己的回忆录中提到过这样一次"变通"的经历。她随我国一位前领导人访问美国时，担任随行译员。在与美国前总统里根在白宫椭圆形办公室会面时，里根作为主人，对中国客人表示欢迎，他说："欢迎你们来到我这小小的办公室。"我国领导人立即引用刘禹锡的"陋室铭"予以回答："山不在高，有仙则名。水不在深，有龙则灵。斯是陋室，惟吾德馨。"施燕华听后，进行了一番深思熟虑，她回忆说："我上小学、中学时，语文课本以当代作家的文章为主，古文比例较小，所以我的古文底子较差。对我来说，即席翻译中国的古诗词是最难的，好在这段话不是冷门，照意思翻译还不算太难，但是最后一句'惟吾德馨'，我踌躇起来：是否照原意'品德高尚的人'翻译？似乎有些不妥，于是我大胆地把它翻译成'你的办公室虽然小，但它是做出重要决定的场所'。我觉得这么翻译，对方可能更容易理解，而且也没有过分恭维之虞。"（施燕华，2013：227）作为译员，施燕华大使面对的也是一个文化差异的问题，《陋室铭》中的名句中国人耳熟能详，但如果直译为英文，则其中出现的“仙”“龙”等带有浓烈中国文化特色的概念都很难在一句话中解释清楚，甚至可能造成误解。特别是“惟吾德馨”一句，如果要把“德”字翻译出来，恐怕还得对中国文化中的“德”与西方文化中的“virtue”做一番差异对比，听众才能真正理解讲话人想要说的。所以，施燕华大使所采取的变通方式显然非常高明，不仅避免了造成不必要的理解困难，而且还让宾主双方都很高兴。

在由于文化差异而导致译员不得不采用变通策略的方面，还有更加极端的案例。著名剧作家英若诚先生常为访华的国外演艺界人士担任口译。有一次，美国脱口秀主持人 Bob Hope 来北京访问，在与观众见面时，英若诚担任口译。Bob 非常喜欢讲笑话，英若诚也翻译了很多笑话，现场效果还不错。可是后来 Bob 讲的一个笑话让他觉得没法翻译，这时他决定不翻译这个笑话，而是对观众说：“他刚说了个笑话，很精彩，大家笑吧！”结果现场观众一听，哄堂大笑。对此次“变通”翻译的效果，英若诚很得意，说：“我达到我的目的了。你不要管我用什么方法，反正观众非常满意。Bob Hope 也很满意。”其实，法国释意学派的创始人塞莱斯科维奇在她的书中也曾提到过类似的做法。

“笑话”的跨文化翻译一直是口译中的难点之一。译员姚斌有一次在英国爱丁堡的一次孔子学院会议晚宴上为一位苏格兰的教育部长做致辞口译。苏格兰人的幽默感是举世闻名的。这位部长也不例外，他试图用非常幽默的语言来烘托晚宴的气氛。而且，为了加强效果，他说一句，停一下，让译员翻译，企图让笑点一点一点地显现出来，可是，这对译员来说挑战非常之大。因为有文化的差异，他讲的内容有些译为中文后并不那么好笑，而且由于他一句一停顿，译员听到的都是零散的句子，心里又不像讲话人那样知道整个故事的来龙去脉，所以虽然现场的气氛还不错，但译员自己觉得可能最多译出了原文50%的效果。因此，口译员，特别是同传译员常常得到这样的建议，如果发言人说要讲一个笑话，不妨先译为一个故事，如果翻译出来的确产生了好的效果，可以补充一句：“发言人刚才讲的其实是一个笑话。”

在口译实务中，“变通”是常用的手段，译员可以根据现场的情况采取适合的“变通”策略。但是，“变通”必须在一定的范围内进行，如果超出特定范围，就可能导致胡译、乱译。

2. 口译表达中“变通”的限度

虽然“变通”是译员在口译工作中的好帮手，但这并不意味着，译员的变通是没有限度的。“变通”不等于“胡译”和“乱译”，不是对讲话人的原语随意处理，或者在翻译的过程中加入自己的想法。

在一次以加强同事之间人际互动为主题的培训课上，国外专家讲解了加强同事之间关系的一些方法。译员在翻译了专家讲解的方法后，专家惊奇地看到学员们纷纷离开座位，并结对相互拥抱了起来。专家感到非常诧异，因为在她所授课程中，结对拥抱是在加强亲人之间亲密关系时才会建议采用的方式。专家连忙问译员是怎么回事，译员解释说，她曾经担任过家庭关系工作坊的翻译，觉得相互拥抱是增进感情的最佳方式，于是就在翻译专家讲解的内容后，提出让学员们结对拥抱。对此，专家感到非常不悦，认为译员的行为歪曲了她的授课内容，不仅没有加强授课效果，还有可能对授课效果产生不利影响。在这个案例中，译员对专家讲解的内容进行了

“变通”，但是“变通”的方式却是将自己的想法加入了翻译的过程，这种“变通”就超越了限制范围，属于越界行为。

由此可见，译员在口译工作过程中采用“变通”方法时，必须在一定的范围内进行，要有一定的限度，要“变通”得恰到好处。如果译员“变通”的行为越了界，不仅不能产生良好效果，反而会造成负面后果。

韩语译员的现场变通[①]

韩语译员李民为某市市长和副市长担任午宴口译。在午宴上，韩国客人品尝了中国花卷，称赞味道真好。市长借机向来宾介绍了花卷的做法。市长说：“这种花卷从和面、发酵到蒸好，前后需要一天的时间。所以大家现在吃的这个花卷就是昨天晚上和的面。”这时坐在一旁的女副市长接话道：“这个面昨天晚上是市长亲自做的。”韩国客人听后打趣地问道：“副市长怎么知道得这么清楚？ 二位是不是夫妻啊？”译员觉得这句话如果直接翻译给市长和副市长听，有可能造成双方误会，于是决定改译为：“看来二位对饮食也很精通啊！”

① 案例来源：李民：《中韩口译中译员伦理规范的审视》，《解放军外国语学院学报》，2013 年第 36 卷第 2 期，101-105。

案例分析

本案例中的翻译难题是译员在口译实务中时常遇到的，讲话人开的玩笑有可能导致听众的不快，进而影响双方的顺畅沟通。从现场情况来看，韩国客人在听到副市长的讲话后想开个玩笑，但是译员听到后认为这句玩笑话如果直接翻译给市长和副市长听，他们可能会感到不悦。因此，译员在翻译韩国客人的原话时采用了“变通”的方法。按照她的译文，相信市长和副市长不会有任何不好的感觉，反而会很高兴。但是，她这样的变通也可能存在一定的风险。由于译员给出的译文与原文完全不同，假如市长和副市长在听到译文后微笑着点头，是否有可能导致韩国客人进一步就“两人是不是夫妻”的问题展开追问，进而给译员的翻译带来更大的挑战呢？为此，循着译员的处理思路，如果要既准确传达韩国客人的原话，又尽量避免给中方带来尴尬，译员或许可以考虑另外一种常用的变通方法，也就是加入解释性语言的方法。译员可以考虑将韩国客人打趣这一目的说明清楚，对中方说：“韩国客人听副市长详细介绍了市长和面的过程，就开玩笑地问你们两位是不是夫妻关系。”译文明确提示中方，韩国客人是因为刚才副市长的讲话内容，出于打趣目的而进行的提问，那么中方就可以同样用开玩笑的方式或者其他适当的方式轻松回答，译员也不必为改变原意而提心吊胆了。

思考与讨论

在一次投资洽谈会上的自由交流环节，你作为译员陪同中方公司领导会见外方客户。中方领导带了一名女秘书。双方一见面，中方领导就说：“我的这位女秘书很漂亮，但是她今天皮肤过敏了，所以戴了口罩，不然可以让你看看。”你如实翻译后，中方领导接着又来了一句：“她们都很喜欢外国男人。”此时，你会怎样做呢？

拓展阅读

1. Danica Seleskovitch:《口译技艺：即席口译与同声传译经验谈》，黄为忻、钱慧杰译，上海翻译出版公司，1991 年。

2. 李民:《中韩口译中译员伦理规范的审视》，《解放军外国语学院学报》，2013 年第 36 卷第 2 期，101-105.

3. 塞莱斯科维奇、勒代雷:《口译训练指南》，闫素伟、邵炜译，中译出版社，2011 年。

4. 施燕华:《我的外交翻译生涯》，中国青年出版社，2013 年。

5. 王欣:《纵横：翻译与文化之间》，外文出版社，2008 年，138-155。

6. 姚斌:《口译表达中的"变通"及其限度》，《中国科技翻译》，2016 年第 2 期，19-22。

·本章小结·

1. "变通"技巧是译员化解口译现场挑战的利器。
2. 译员可以在允许的范围内，采取灵活的变通手段，保障当事双方的顺畅沟通。
3. 译员需要采取变通技巧的场合很多，包括遇到生词、背景知识缺乏、文化差异、原文"不可译"等。
4. 译员使用变通技巧时要有一定的限度，不能越界。

第21讲 针对不同对象的传译之道

译员在口译工作中要面对各种各样的听众，有时候是经验丰富的专业人士，有时候也有可能是对发言人所讲话题并无深入了解的普通人。译员还有可能面对来自不同国家、有着不同文化背景的听众，面对这些背景迥异的听众群体，译员应充分考虑不同类型听众的需求，适时调整自己的翻译策略。

1. 功能学派的“翻译目的论”

德国功能学派翻译理论的核心理念是：依据翻译目的确定翻译策略。也就是说，对同一份原文，根据翻译目的的不同，会产生多种面貌迥异的译文。举个简单的例子，一份对城市规划的介绍，如果译文的读者是专门从事城市规划的专家，那么译者就应该将城市规划的细节原原本本地翻译出来，以便专家们了解更多的细节。但是，如果译文是给普通国外公众看的，那么译文就可以简单一点，有些具体的技术细节可以省略。如果译文的目的是通过介绍这个城市的规划，将自己打造成有吸引力的旅游目的地，那么译文就应该采用更加鲜活，更有吸引力的语言。若译文是为了让异国的小朋友了解这个城市，那么译者又需要根据小朋友的理解能力和兴趣对译文语言进行调整，如使用较低语域，较简单的词汇，乃至配上一些活泼的图片等。根据功能学派的理论，在“翻译目的”的指引下，译者有权利对原文进行不同程度的改写。

功能学派提出的翻译目的论，对口译工作是有启示的。因为译员在工作中也会有不同的翻译目的。翻译目的的差异有时是因为听众的差异，有时是因为客户或主办方提出的要求，也有时候是与译员自身的因素相关。

译员王炎强曾受邀在一场新技术展会上负责 3D 打印技术展台的多场翻译。来参观该展台的人员中既有熟悉 3D 打印技术的专业人士，也有科技行业报社的记者，还有本市小学组织前来集体参观的小学生。负责展台讲解的技术人员在讲解时，使用的是同一套幻灯片和同样的介绍方式，但是译员却觉得，由于听众的背景不同，他应该针对听众的特点采用不同的翻译策略。最终，他采取的策略是，在面对专业听众或专业媒体记者时，尽可能地将原文中的技术特点和细节毫无遗漏地翻译出来。然而，在面对小学生参观团时，他考虑到学生听众的接受能力，不仅省略了一些技术的细节，而且还刻意降低了译文的语域，使用小学生能听得懂的语言。他的翻译策略取得了良好的效果，不同类型的听众对该展台的展示和解说都深表满意。

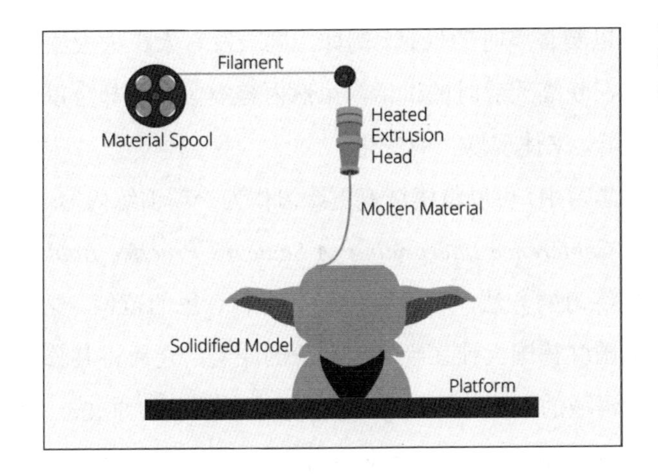

3D 打印技术展示幻灯片中的一页。

2. 口译中的“语域”问题

根据听众的不同接受能力，译员应采取不同的翻译策略，以达到最佳的接受效果。这些策略之一就是调整译文的语域（Register）。所谓“语域”，是指在特定场合使用特定的语言形式。例如，一般在会议开始前，主持人都会说一句：“请来宾们就位。”这样一句简单的话，在不同场合就可能出现两种不同语域的译文。如果是在重要的国际会议开幕式上，就应该采用非常正式的语域，译为：Distinguished guests, you are kindly requested to take your seats. 而如果在不那么正式的场合，比如说晚宴前，就可以采用正式程度较低的译法：Our guests, would you please find your seats and sit down.（任小平，2000: 40）任何语言中都有不同的语域，正式到非正式的语言系统之间的差异体现在用词、句式、语篇结构等多个层面。译员可以充分利用语域的变化，满足不同场合、不同传译对象的需要。即便是在同一场会议期间，在翻译相似的内容时，译员也需要根据场合适时调整译文的语域，以契合当时的气氛。例如，同一发言人在大会主旨发言时的讲话和在晚宴致辞时的讲话，虽然内容类似，但却可以利用译文语域的差异，来体现场合的变化。

译员在平时的学习中，可以将语域变更练习作为一项训练内容。Andrew Gillies 在 *Conference Interpreting: A Student's Practice Book* 一书中提出了这种练习的方法，并且提供了一个有意思的范例。他首先提供了一段英国驻德国大使在晚宴上致辞的原文，之后将其分别改为高语域和低语域的变体。我们先来看一下这段致辞的原文：

Ladies and Gentlemen, a very warm welcome to the British embassy this evening. Many thanks to you all for coming. And many thanks to the Deutsch-Britische Gesellschaft for organising this evening.

The Gesellschaft hardly needs an introduction. Only four years after the war, in 1949, a group of Düsseldorf citizens decided that they needed to help reconstruct the relationship between Germany and Britain. They started a series of conferences in Konigsweinter to bring together German and British parliamentarians, academics and opinion-formers...

再来看他改编的更加正式语域的版本：

Good evening, Ladies and Gentlemen. Let me express my great pleasure at being able to welcome you here tonight. Let me also express my gratitude to the Deutsch-Britische Gesellschaft for hosting us this evening.

The Deutsch-Britische Gesellschaft hardly requires introduction. A mere four years after World War II, in 1949, a league of gentlemen hailing from Düsseldorf determined to reforge the relationship between Germany and the United Kingdom.

They convened a series of symposia in Konigsweinter which would reunite German and British parliamentarians, men of letters and opinion-formers.

以及改编的非正式语域版本：

Hi folks, welcome to the British Embassy tonight. Thanks to everyone for coming along. And a big ‘thank you’ to the Deutsch-Britische Gesellschaft for putting on this bash.

You all know, in ’49, just 4 years after the war, some guys from Düsseldorf sat down and came up with the idea of rebuilding the ties between Blighty and Germany. They kicked off with a set of talks in Konigsweinter, the idea being to get German and British MPs, intellectuals and media folk to sit down together at one table...（Andrew Gillies, 2013: 237）

以上三个版本的演讲词虽然传达的意思是相同的，但却可以说从用词到句式，到语篇结构，乃至篇幅都发生了较大的变化。它们适用于不同的场合和不同的听众。其实，译员在日常的训练中可以经常刻意地进行一些这类语域变化的练习，以便在实际工作中遇到不同听众或不同场合时可以更加自如地在不同语域之间切换。对于以中文为母语的译员来说，可能对中文里的语域变化更加敏感，所掌握的不同语域的表达方式也更加丰富，但对于外语中的语域及其表达方式可能就不是那么敏感，因此应着重加强在中译外时的语域变更训练。以下中文演讲段落选自教育部副部长田学军在国际大体联世界杯新闻发布会上的致辞。我们将以高低不同的两种语域译之。

非常高兴参加今天的新闻发布会。在未来八年里，国际大体联世界杯这项世界大学生最高级别的足球赛事将在晋江连续举办四届。这是继2020年第十八届世界中学生运动会举办权花落中国晋江后，中国学校体育事业取得的又一喜人成果。首先，我谨代表教育部及中国大体协向国际大体联奥列格·马迪钦主席表示热烈的欢迎，向国际大体联将此项重要赛事的举办权授予中国表示衷心的感谢，向长期以来关心、参与、支持中国学校体育运动的各位同仁及媒体朋友们表示诚挚的谢意。

我们来对比一下不同语域的版本：

正式语域	非正式语域
It is my great pleasure to gather with you all at today's press conference. Over the next eight years, Jinjiang will host four FISU University World Cups. As you know, FISU University World Cup is the highest-level football competition for university students. This is another piece of heartening news after Jinjiang won the honor of hosting 2020 Gymnasiade. On behalf of MoE and FUSC, I would like to extend a warm welcome to President Matytsin, and my sincere gratitude to FISU for entrusting China with the right to host such monumental events. I would also like to thank all my colleagues, fellow football aficionados, and friends from the media for your unswerving involvement and commitment to university sports development in China.	I'm happy to be here with all of you for today's press conference. Jinjiang is going to host four FISU University Cups over the next eight years. This is quite an honor, since FISU University World Cup is the highest-level football competition for university students. This is another bit of good news, after Jinjiang got to host the 2020 Gymnasiade. I'd like to send a special welcome to President Matytsin from the MoE and FUSC. Thanks so much to FISU for letting China host such important events. Also, a bit shout-out to all of you football-lovers, and our friends from the media. Thanks for being so involved and committed to university sports here in China.

以上两个版本在用词、句式和语篇结构方面都有一些差异，正式语域的版本适用于大会的主旨发言，而非正式版本则可以在晚宴等较为轻松的场合采用。

译员如果在不同的场合能够采取与之相适应的语域，一般来说都会取得良好的翻译效果，反之则会导致翻译效果不佳，甚至遭到听众的抱怨。笔者曾为某网络娱乐公司的节目拍摄担任同传，该节目主要是关于美食的，请来的国外嘉宾是两位南欧的大厨，而整个拍摄团队都来自韩国。因此在这次拍摄中，既有英语同传，也有韩语同传。译员的任务就是把中方嘉宾们的各种对话翻译给大厨和拍摄团队听。有一位韩语同传是非常资深的韩语教授，有丰富的国际会议口译经验。但是，在节目开拍后不久，就有中方的工作人员过来反映说，这位韩语教授的译文太正式了，韩国导演和拍摄团队成员都不满意，觉得听起来很费劲，希望他调整说话的方式。但是长期形成的习惯很难让他当场就能调整到导演满意的程度。因此，导演决定临时换将，换上了一位正在韩语系读大四的女生。该女生一直是给拍摄团队做陪同口译的，因为她缺少同传经验，开始并没有考虑让她担任同传，但她一直跟着拍摄团队，很熟悉他们的话语，而且说出来的语言也是比较口语化的，结果反而得到了韩国团队的一致好评。从这个案例可以看出，能否在特定的场合采用适合该场合的语域，直接关系到翻译的效果和听众对译员的印象。

3. 了解听众的背景很重要

译员虽不是发言人，但与发言人一样需要对参会听众的背景有较为深入的了解。我们在第 7 讲中曾谈过译员了解发言人背景的重要性。这里我们要强调译员了解听众背景的重要性。只有对听众的背景有较为深入的了解，译员才能在工作时更准确地确定自己的翻译目的，采取更精准的翻译策略。不同类型听众的需求是不一样的，对译员的期待和要求也不一样。

例如，译员经常会在口译过程中遇到生词或不理解的技术性词汇。出现这种情况时，译员就面临着选择，是当场请教发言人或在场听众，还是不打断沟通进程，采取策略“绕过去”。我们认为，译员选择何种策略要看他所在的场合，特别是他所面对的听众。如果译员正在翻译的是一个专业领域的会议，服务对象是有专业背景的业内人士，讨论的是专业领域的技术问题，那么译员是绝对不可以选择“绕过去”的策略的，因为译员一旦漏译一个词或概念，很可能导致沟通过程偏离正轨，甚至会导致无法进行下去的后果。此时，对译员来说较好的选择应该是虚心请教发言人或在场听众。一般情况下，译员都会得到耐心的回应或讲解。但是，如果译员翻译的会议并非技术性会议，听众也非技术背景的人士，而只是对某种产品感兴趣的公众，那么在技术解说的过程中，如果出现个别译员并不熟悉的生词或概念，译员是可以选择“绕过去”的。当然，选择“绕过去”的策略，也就是暂时搁置或不翻译时，译员总是冒着一定风险的。因此，无论在什么场合下，译员在作出这一决定前一定要经过慎重的考量。

译员了解听众的构成与背景的方式，也随会议的不同而有所差异。有些比较“译员友好型”的会议，译员会在开会前从主办方那里拿到参会代表及其头衔、机构的列表名单。有了这份名单，译员对听众背景的调查和了解就有据可依了。

但不是每次会议，译员都可以拿到参会代表的名单，特别是一些大型国际会议。如行业年会，参会人数多、背景复杂，即便有名单，译员也不可能对其背景一一进行了解。在这种情况下，译员的一般策略是对听众所来自的行业、机构、国家有宏观的了解，这可以帮助译员预期在现场传译时可能需要使用的语域、技术语言的程度，乃至现场听众可能对发言做出的反应和提出的问题。

译员有时还可以采用以下方式了解现场参会人员的背景，即利用会议开始前或会议茶歇的时间有意识地与一些代表攀谈，亮明自己的译员身份，有目的地对他们的背景、想法做进一步的了解。译员对听众的构成与背景越了解，翻译的时候就会越有的放矢，翻译的效果也自然会更好。

4. 照顾听众的社会文化规范

翻译学家图里（Toury, G., 2001）认为，翻译是受社会文化规范制约的活动。

每个社会、每种文化都有其公认的普遍价值观和观念，彼此之间在语言、文化和篇章方面的传统并不兼容，翻译就是在不同传统之间取舍的产物，其中包括遵循译语的语言及文学传统，选择用合适的译语语料来代替原语语料，或实现与原语语料的对等。为了让大家有更直观的认识，我们来看下面几个案例。

(1)“谈性色变”

2016 年 4 月，北京某国际小学聘请英国苏格兰场的刑警为本校教师普及有关预防儿童虐待的知识，译员朱玉犇受邀为该活动担任交替传译。当天抵达会场后，译员发现前来参加培训的多为师范专业背景的年轻女性教师，对儿童虐待知识并不了解。培训开始后，演讲人对涉及儿童虐待的种种情形逐一进行解释，在谈到对儿童的性虐待时，身为职业刑警的演讲人出于职业习惯，对各类形式的性虐待行为进行了直白的讲解，并未考虑中西文化在谈论性话题方面的差异。但笔者从听众的面部表情可以看出，这部分内容让女性教师感到有些难为情。考虑到现场大屏幕已经展示了双语 PPT，译员决定照顾听众的文化背景，对具体的性虐待行为采取归纳策略，选择了“种种性虐待行为”“大家可以从屏幕上看到”等较为委婉的译语，成功化解了因文化和背景差异而导致的尴尬。

需要说明的是，即便在同一社会当中，也存在不同的子文化（sub-culture），例如，中国的小学女教师和性病医学专家在谈论性话题时的文化规范显然不同，译员需要根据听众群体的不同文化背景灵活调整翻译策略。

同样是在 2016 年 4 月，某医药公司在武汉举办了“2016 万艾可海峡两岸男科论坛”，口译员蔡琬滢女士受邀为大会提供同传。由于参会听众全部是来自中国大陆及台湾的男科专家，蔡琬滢选择了直译的翻译策略，对演讲中涉及的所有男性性器官及性病名称做了较为完整的转述。为了节约时间，她和搭档在翻译部分中文名词时采用了英文缩写。据蔡琬滢事后回忆，用字母缩写也在很大程度减少了并非医学出身的女口译员翻译男科话题时的尴尬。同时，国内嘉宾在演讲材料中也会直接使用“ED”这样的英文缩写，因此译员在英译中时，可以直接说 ED 即可，这属于口译中的“不必译”现象。由此可见，口译员的口译策略并非一味“忠实”于讲者，而是受到了多重外在因素的影响，包括自身因素（参见第25讲）。

（2）“书记”“校长”和“副校长”

由于中外在体制机制上的差异，一些专有名词在目标语体制下并不存在对应表达，这给译员带来了一些挑战。2020年8月7日，两位笔者受邀为教育部留学服务中心举办的“2020中国留学论坛”提供同传。会前，主办方提供了较为详细的会议资料。在会前准备阶段，两位译员在梅西大学副校长特雷·麦克戈纳格尔－戴利的发言中发现，他的职务是新西兰梅西大学的Deputy Vice-Chancellor，而他将在演讲一开始播放梅西大学Vice-Chancellor的视频讲话。对此，两位译员展开了讨论。我们较为熟知的Chancellor一般是指校长，那么Vice-Chancellor就是副校长，可是Deputy Vice-Chancellor难不成是副副校长吗？逻辑上显然讲不通。译员姚斌通过检索发现，在英国、澳大利亚和新西兰等国，Chancellor一词实际指的是校监，有时也译为名誉校长，是学校校务会议主席，相当于企业董事长（Chairman）的角色，位阶在校长之上。职责包括负责主持校董会（校务会议）和毕业大典，以及决定学校长远发展愿景，而Vice-Chancellor对应的才是中文语境中的“校长”。由此，两位译员才确定Deputy Vice-Chancellor正确的译法为“副校长”。

中译英时同样存在称谓不对等的问题。2020年8月5日，世界品牌实验室在中国大饭店召开世界品牌大会，译员朱玉犇受邀为大会提供同传。在收到主办方发来的互动环节会议材料时，译员发现，主办方在对某集团党委副书记的介绍后添加了括号，附上了“英文翻译时，是副总裁”的提示文字，这一细节体现了主办方良好的沟通意识。由于体制上的差异，许多外国听众对党委书记的具体职务

Da jia hao, and greetings from Aotearoa, New Zealand and from Massey University.

My name is Tere McGonagle-Daly, and I'm the Deputy Vice-Chancellor for Students, Alumni and Global Engagement at Massey University. It's my pleasure to be invited here today to talk about the New Zealand Tertiary Education sector, Massey University, our response to the global pandemic and future innovations. Can I also acknowledge our long standing partnership with the CSCSE.

To start, the Vice-Chancellor of Massey University has a few words she would like to share.

<play video – approx. 3mins>

◀ 梅西大学副校长特雷·麦克戈纳格尔-戴利的发言稿。

和性质可能并不熟悉，如果直译，信息传递的效率可能下降，如果翻译成对方更为熟悉的“副总裁”，贴近西方公司治理的常用概念，不失为一种可取之举。在一些国内高校的对外宣传中，将校党委书记介绍为“校务委员会主席 /President of University Council”，实现了良好的交际效果。

(3) 杀猪宰羊

除了体制、文化等方面的差异，宗教和社会禁忌也需要译员留心，帮助交际双方避免误解与尴尬。2008 年，译员朱玉犇陪同一位印度工程师访问河北省唐山市某私营煤炭装备企业。为了向对方表现中国人的热情好客，企业主在会后专门设宴款待这位远道而来的印度客人，并在酒席间频繁邀请对方品尝不同菜肴，其中有道菜便是西红柿炖牛腩。企业主向印度客人热情地介绍道：“这虽然只是一道家常菜，但是却不普通，因为这家店在当地做牛肉可谓一绝，因此来这里吃饭一定不能错过。”由于译员知道印度有相当一部分人口信奉印度教，且将牛封为神物，于是翻译道：“This is stewed beef brisket with tomatoes, the most popular dish at this restaurant. I guess he is not aware that many Indians don't eat beaf. He is just trying to be a good host." 工程师听后报以礼貌的微笑。为了避免主人尴尬，他并未指出自己不吃牛肉的事实，而是婉言道自己最近肠胃虚弱，所以不能吃牛肉。等到宴请结束后，译员才把这一习俗告知了对方秘书，对方表示将在未来的活动中更加注意这方面的差异。

再如，穆斯林民族宰牛羊及家禽，只说“宰”，不能说“杀”，这是因为宰指的是念太斯米（凭真主之名）而宰杀，否则属于非法，不能食用。译员要充分留意不同民族及宗教的社会禁忌，根据传译对象的不同，灵活调整翻译策略。

对象不同，译文不同[①]

国际会议口译员协会（AIIC）会员 Amanda Galsworthy 在北京外国语大学讲座时谈到她针对不同听众的传译之道时，介绍了她在2009 年 12 月召开的“哥本哈根气候变化大会”期间，作为法国前总理萨科齐的译员，随萨科齐出席了三场会面，分别会见时任印度总理辛格、南非总统祖马和英国首相布朗。萨科齐在会见时讲话的主要内容是向对方介绍法国政府对气候变化谈判的立场。萨科齐在分别会见三人时讲话的内容类似，很多措辞几乎完全一样。但译员考虑到三个国家在英语的用法上存在的差异，在翻译同样的法语原文时特意采用了符合各国特点的英文措辞和表达方式，使得三场外交会谈都取得了良好的交流效果。译员通过此次翻译经历更加强烈地意识到，口译

① 案例来源：译员 Amanda Galsworthy 的口译实战经历。

不仅是语言的转换，而且是跨文化的沟通，应该根据听众的背景和场合灵活地给出译文。她后来还创办了一家专门以促进跨文化沟通为宗旨的咨询公司。

案例分析

本案例来源于口译实务。译员长期服务于法国总统与其他国家元首的会谈口译。在本案例中，译员针对不同的对象对相同内容给出了不同译法，充分体现了口译的根本目标是实现有效沟通。为了达到有效沟通的目标，译员有权利对同一内容采取不同的处理方式。具体到本案例，尽管英语是一种世界性的语言，而且在英国、印度和南非都是官方语言，但英国首相、印度总理和南非总统所说的英语是不同的，不同的英语变体中存在着词汇、句式、口音、文化等诸多方面的差异，译员敏锐地意识到这种差异，进而在口译时针对不同对象采用了有差别的翻译策略，实现了良好的沟通效果。由本案例可见，正如笔译中存在大量一本多译的情况，该现象在口译中同样存在，译员应该根据不同的沟通对象选择合适的翻译策略，而不应不分场合、不分对象地给出千篇一律的译文。

思考与讨论

在国际大体联世界杯新闻发布会上，田学军副部长说道：“足球在中国有着悠久的历史，‘蹴鞠’是有史料记载的最早足球活动，距今已经有 2300 年的历史。‘蹴鞠’的起源地——山东淄博，也是我的家乡，2004 年被国际足联正式确认为‘足球起源地’。”请你思考并给出高低不同两种语域的译文。

拓展阅读

1. Andrew Gillies: *Conference Interpreting: A Students' Practice Book*, Routledge, 2013, 236-237.

2. 任小平：《外交口译的灵活度》，《中国翻译》，2000 年第 5 期，40-44.

3.《大学生自己的盛会：国际大体联世界杯新闻发布会晋江召开！》，https://haokan.baidu.com/v?pd=wisenatural&vid=8675744019059883668。

4.《国际大体联世界杯新闻发布会在京举行 连续 4 届“国际大体联世界杯”花落晋江》，https://www.sohu.com/a/220589681_449366。

5.《口译名师堂：跨文化交际视野下学习与实践》，https://www.beiwaiclass.com/products/detail-1093.html。

6. 图里：《描写翻译学及其他》，上海外语教育出版社，2001 年。

· 本章小结 ·

1. 功能学派翻译理论主张根据翻译目的确定翻译策略。据此，口译员也应该根据不同对象和场合给出不同的译文。
2. 采用合适的语域可以改进翻译效果，译员应在平时多进行语域变更训练，特别是中译外时的语域变更训练。
3. 译员应充分了解听众的背景，并据此采取适合的翻译策略。

第22讲 译者尊严不可失

在国际会议口译员协会（AIIC）的会议口译员《职业伦理准则》（Code of Professional Ethics）中，专门有一条是有关维护口译职业尊严的："Integrity: Do not accept any job or situation that might detract from the dignity of the profession, and refrain from any act that might bring the profession into disrepute." 诚然，任何职业都会面临来自外部的偏见，口译亦不例外。在中国历史上，"象胥"曾被士大夫阶级鄙为"小辩"，认为口译技能是不值得专门学习的，口译工作是由小人物担任的。而如今，口译职业越发壮大，译员的社会地位也较过去有了很大提升。在口译工作中，译员会接触到形形色色的人，多数情况下人们对口译员都是持友好和肯定态度的，但偶尔也会有人轻视甚至贬低口译员的工作。遇到这种情况时，译员应该有勇气捍卫职业尊严，争取有利的工作条件。除了来自外界的偏见，个别译员也缺乏对自身职业的敬畏，间接造成社会对口译职业的不尊重。在本讲内容中，我们将结合几个具体案例来介绍实战中译员可能遇到的几种有损职业尊严的情形，为应对这些问题提供一些可供借鉴的思路。

1. 客户轻视口译工作

在口译实战中，我们偶尔会遇到一些质疑口译工作价值的人，他们一方面依赖口译员的服务，另一方面又认识不到口译工作创造的价值。对此，译员应适时开展客户教育，维护职业尊严。

资深法语译员刘和平一次参加中法双方关于某电站的合作谈判，虽然口译中有大量数字和术语（工作现场的白板上一页页写的全是数字，包括“资产负债表”的相关内容和投产目标等），整个上午的口译还算顺利。午餐时间到，谈判临时终止。法国某公司 CEO 在安排大家分别乘车时让译员上他的车，这让译员感觉很荣幸，于是不加思考就上了车。

在从公司去餐厅的路上，CEO 与译员相谈甚欢，译员觉得对方对自己的工作应该是满意的。但后来不知道谈到了什么，他突然话风急转：“刘女士，我觉得您如果去做别的工作肯定能做好，为什么要当翻译呢？！”他的话音未落，译员的脸色已发生变化，心里想：“什么意思啊？ 我翻译得不好吗？ 我不适合做翻译吗？”于是，译员问他：“您的意思是……？”可还没等他说话，译员立刻表示：“如果是这样，我可以立即下车，您看看没有翻译你们怎么办！”CEO 显然被译员的话惊呆了，一时不知该如何回应。还没等他开口，译员又说："请停车，我要下去！" CEO 这时才反应过来，连忙说："我不是这个意思，不是说您的工作不好，也不是说口译没有意义，只是想说您有能力做别的工作，如果您做别的，也能做得很好！"

虽然是一场误会，但译员从心里还是觉得这个法国人有点看不起翻译这份工作，虽然工作中需要翻译，但他不认为这是一种真正的职业。

在许多人眼中，口译是一份光鲜亮丽的工作。但不可否认，也有人觉得口译只是鹦鹉学舌般的虫篆之技，称不上是一种体面的职业。这种想法也许和口译工作的"隐身性"有关。译员希望通过自己精湛的口译技能，让用户跨越语言障碍，尽享流畅的沟通体验，以至于忘记了译员的存在。因此当沟通过程一切顺利时，交际双方往往不会意识到翻译的重要性和不可或缺性。在本案例中，法国 CEO 一方面享受着口译服务的便利，一方面又流露出对口译职业的轻视。只有当他失去口译服务的时候，才会意识到译员的重要性。面对外界的偏见，译员果断地站出来捍卫个人及职业的尊严，这种做法是值得推崇的。

2. 演讲人不尊重译者的专业意见

在口译实战中，一些人不仅认识不到口译工作的价值，甚至还喜欢非议口译员的译文，质疑译者的专业意见，特别是一些略通外语的人士，喜欢通过"纠正"译员来展示自己的水平，这样的做法直接损害了译者的尊严和公信力。面对此种行径，译者在必要时可以通过一定的形式还击。

2019 年，某译员陪所在公司的副总裁接见一位外宾，在正式会谈结束后，大家开始闲聊。副总裁在谈话里说道：“特朗普总统太善变了。”“善变”如何翻译？成了本句的关键。碰巧的是，译员正好在前不久看到一个英文表达叫“flip-flop”，觉得非常贴切生动，于是翻译道：“President Trump is flip-flopping so much。”公司副总裁是名校毕业生，以前曾在海外工作多年，对自己的英文非常自信，他听到这一句，非常不礼貌地打断译员说：“不是flip-flop，是change。”并接着指出译员“要多用些常用的词”。这让译员感到十分委屈，因为在这样的上下文中，flip-flop对于英语母语者而言就是常用词，而且更加贴切，只是这些词国内领导可能平时接触少，并不完全理解该词的内涵。

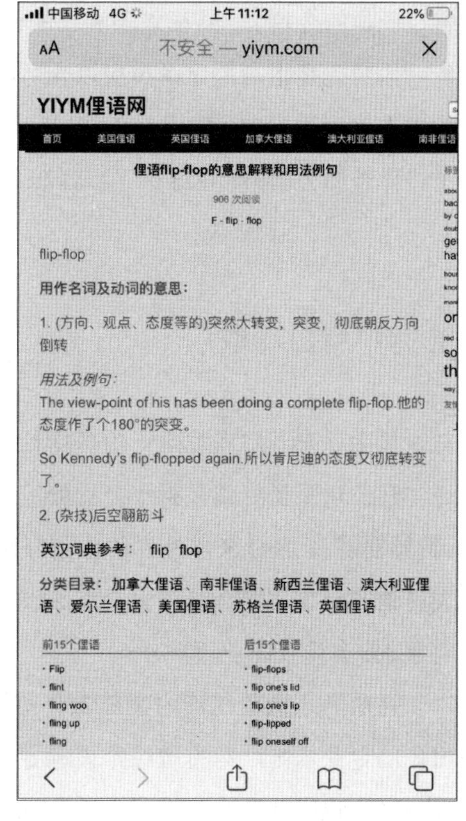

▲ flip-flop 的网络释义，非常贴近会谈中的“善变”，译员对该词的使用并无不妥之处。

“公信力”（credibility）是口译员的重要资产，也是易损资产。随着任务的结束，听众解散，公信力也随之消失。面对新的任务，口译员首先要做的就是快速在新的听众心中树立公信力，让听众“乖乖听话”。经验丰富的口译员会通过仪态、语言、声音等方面来提升公信力。丧失公信力的译员即便语言精准，也可能因为听众的无故猜疑导致交际效果变差。换句话说，即便翻译得没问题，听众也会怀疑翻译得有问题。双方变成了对立关系，任务注定会失败。

口译员虽然受雇于客户，担任发言人的“传话筒”，但双方是平等协作的关系，共同目标是促成双方的无障碍沟通，任何违背该目标的行为都是缺乏协作意识的表现。在该案例中，发言人是公司领导，而口译员是服务领导的助手，权力、地位并不对等。发言人“居高临下”对口译工作妄加评判，或通过“纠正”翻译来抬高自己，损害口译员的公信力，是损人不利己的行为。

面对无端指责，口译员应以合适的方式及时回应，否则接下来的工作将受到影响。据理力争能够让译员获得听众的尊重，既维护了口译员的公信力，也维护了口译职业的尊严，是非常必要的。

3. 客户拿口译取乐

长期以来，口译都是一份备受社会关注的职业，特别是同声传译，在公众眼里更是显得十分神秘，甚至被一些外界人士视为一项“特异功能”。面对来自外界的强烈好奇心，口译很容易成为参会代表讨论的对象，但有时讨论会变成调侃，口译就会成为众人取乐的对象，便会伤及职业尊严。

译员马雪敏曾在国内某能源公司担任翻译兼任领导助理。凭借出色的专业水平，马雪敏经常被领导“钦点”在公司重大会议上担任口译，也因此赢得了公司和合作伙伴的赞许。在某年年底的一个非会议场合，由于公司项目取得了重大节点胜利，公司作为管理方宴请项目承包商领导。马雪敏作为领导助理，陪同参加。

酒过三巡，项目副总开始把焦点往译员身上带："我们小马可是北外高翻的高才生，同传特别厉害。来来来，给各位领导来一段！"说着，他便抄起桌上放着的节点喜报，拿腔拿调地宣读起来，并示意译员开始"表演"。

这让马雪敏感到十分不悦，因为现场根本不具备同传的工作条件，而且即便有条件，口译的职责也是协助中外沟通，并不是为了在人前卖弄。她选择拒绝，场面一度变得有些尴尬。在场的承包商领导见状急忙出来打圆场，说今天译员已经很辛苦了，咱就不要再让小马加班了，大家这才一笑了之。

口译是一份职业，并不是哗众取宠的表演，更不是随时随地可以拿出来活跃气氛的把戏。职业译者常常引发外界好奇心，不少人想要找机会一睹同传风采，这是正常的。但如果好奇心变成了调侃，损害了职业尊严，译员应果断拒绝配合。

4. 客户把口译当作点缀

一次，译员朱玉犇为一场高级别国际会议提供同传。会议期间，一位来自某培训机构的负责人来到翻译间，索要了译员的联系方式。不久后，该负责人给朱玉犇打来电话，称自己公司要举办国际培训，希望朱玉犇能够担任大会同传。然而，在双方谈及待遇标准时，该负责人称自己公司的培训活动不像此前的国际会议级别那么高，他对口译质量也没有太高的要求，译员只需翻译出个大概意思就行，只要听众拿起来耳机，听到里面有声音就可以，并问译员是否可以降低待遇标准。

对此，朱玉犇的回复是，译员翻译得好不好是个人能力问题，跟待遇无关。任何对口译职业心存敬畏的译员都会竭尽所能服务好每一场会议，每一个客户，不会因为客户对质量没有要求，自己就胡乱翻译，或者故意降低质量，这是不负责任的行为，也会影响社会公众对口译的认知和看法。如果客户对口译的定位仅仅是一种摆设，这样的会议译员宁可不接。一番协商之后，该负责人只好作罢，同意按照译员提出的待遇标准聘请译员。

在实战中，我们偶尔会遇到把口译当作“花瓶”的客户，有些人甚至只是为了彰显会议的“高端性”“国际性”才聘请了同传，至于口译质量如何却并不在意，并希望以此为由压缩预算。译员应始终以最高标准要求自己，维护职业尊严，不可因为客户无所谓，便也把自己的工作当摆设。倘若如此，势必会让更多人对口译职业产生负面印象，降低对口译工作者的尊重。

口吐白沫的口译员[①]

2016 年 10 月，一则题为《广州同传累到晕倒口吐白沫》的帖子在众多口译员的微信朋友圈流传，文章的大概内容是，一名自由译者在没有同事配合的情况下，孤身一人承担会议同传，在连续工作了 7 天之后，终于因为体力不支，晕倒在了翻译间，口吐白沫，被紧急送医。

看到该译员的遭遇，许多外界人士调侃，同传果然是世界上最烧脑

① 案例来源：网络媒体报道。

的工作，以至于译员会口吐白沫，也有人认为雇主太不厚道，把译员累成这样。但业内人士则认为这位译员应该对此结果承担主要责任，因为他的做法违背了行业惯例，即同传至少要由两人或两人以上共同配合完成，以保证译员的身心健康和口译质量。不少人猜测这背后可能是因为雇主想要控制预算，而译员又选择了接受不合理的工作条件，最终酿成了口吐白沫的悲剧。

案例分析

在实战中，除了有的客户想要削减预算，我们有时还会遇到对口译工作一无所知的用户。例如，一些人认为同传只需要一名译员就可以独立完成，不需要多人参与，特别是时间持续较短的会议，主办方可能认为邀请两名译员属于资源浪费。但我们在有关译员工作条件的部分提到过，多人配合不仅是为了减轻译员的大脑负担，保证口译质量，还为了译员之间彼此配合，如帮助查阅词汇，对接临时材料，排除突发技术问题等，这些对口译工作的顺利开展至关重要。口译职业的待遇及工作条件标准是许多前辈通过与用户的多轮协商和谈判才确定下来的，不仅能够保障口译工作带来的福祉，还有助于维护职业尊严。面对不合理的安排，如果译员自己不坚守原则，到头来只会“作茧自缚”。

2019 年 10 月，口译界的前辈施晓菁老师在参加北京外国语大学高级翻译学院 40 周年院庆时收到一位口译学习者的提问，该学习者提到现在的口译市场有些混乱，不少新手译员搞低价竞争，接受不合理的工作安排，请教她对此如何看待。施晓菁语重心长地告诉提问者，现在的许多用户不重视口译，跟一些译员自己不尊重自己的工作有很大关系。作为职业译员，要有所为有所不为，如果你自己都不把自己当回事，怎么能指望别人把你当回事呢?

思考与讨论

假如一家翻译公司邀请你为某会议做同传，并告知会议仅有一位外宾发言时需要翻译，全长不超过 20 分钟。你到达现场发现，翻译公司只请了你一位译员，你打算如何应对这一情况？如果你答应赴会，而后来外宾发言超时了，你又会怎么办？

拓展阅读

1.《AIIC 会议口译员职业伦理规范》，https://aiic.org/document/4195/Code_of_professional_ethics_ENG.pdf。

2. 刘和平微信公众号"译坊"，文章名称《口译工作：记与 CEO 的"冲突"VS 一袋法国樱桃》。

·本章小结·

1. AIIC 的职业伦理规范中专门针对职业尊严做了规定。
2. 实战中，译员要有维护职业尊严的意识。
3. 面对市场乱象，译员要坚持原则，有所为有所不为。

第三部分

职业伦理篇

第23讲 “不越位、不缺位”：译员角色的边界

译员在口译实践中，时常碰到的一个问题就是译员角色的问题。关于译员的角色有形形色色的比喻，比如说“镜子”“桥梁”“传声筒”“守门员”等等。那么，口译员到底在当事双方的沟通过程中应该扮演何种角色？译员的角色是否有边界？如果有，边界又在哪里？我们将在本讲中对这些问题展开探讨。

1. 译员应该隐身还是显身？

自古以来，译员对于跨文化、跨语言的交流做出了不可磨灭的贡献。但是，由于译员的工作性质，他们虽然是无数重大历史事件

的见证者和参与者，但在历史记载中他们往往被“隐身”了。在国际译联推动下出版的《历史上的译者》（*Translators through History*）一书从字母的发明、民族语言的形成、民族文学的发展、知识传播、权力关系、宗教传播、价值观念传播、词典编纂及口译员的历史贡献等角度，描述并探讨了历史上重要译者对人类文明发展的贡献，激发了人们对译员角色问题的关注。

有关译员角色的理论探讨不少，很多研究者的讨论都是围绕“译员在沟通过程中应该隐身还是显身”这个话题而展开的。著名的翻译史研究学者劳伦斯·韦努蒂（Lawrence Venutti）在《译者的隐身——一部翻译史》（*The Translator's Invisibility: A History of Translation*）一书中用历史事实说明翻译史上长期存在的“译者隐身”现象。韦努蒂在该书的开篇就引用了诺曼·夏皮罗（Norman Shapiro）对翻译的看法：“我认为，翻译的目标就在于产生透明的译文，最好就像没有翻译过的译语原文一样。好的翻译就像一块玻璃。只有玻璃上出现一些小小的瑕疵——擦痕和气泡的时候，你才会注意到它的存在。”（Venutti, 1995: 1）

而且，在一般人们的观念中，都认为口译员只有保持“隐身”，才是扮演好了自己的角色。韦努蒂所关注的主要是在历史上笔译译者的“隐身”现象，但其实口译译者的“隐身”现象比笔译译者更加突出。尽管口译员对当事双方的交流沟通起着至关重要的桥梁作用，但无论是在文字记录中，还是在影像中，译员都是现场最容易被“屏蔽”的一员。有时，在摄影师拍照时，甚至会特意喊一声：“请翻译让开一下！”口译员还经常会遭遇的情况是，主办方的工作人员在布置会场和安排位置时有意识地让译员“隐身”。例如，同传译员工作箱的位置应该是在会场内，而且必须具有良好的视野，可以清晰地看到会场的总体情况，以及放映幻灯片的大屏幕(参见第3讲)。但有时工作人员觉得译员应该“隐身”，不应该出现在会议现场，“有碍观瞻”，就把同传箱安排在不为人注意的角落，乃至以某种方式将译员箱“隐藏”起来。这样导致的结果往往是，虽然现场观众看不到译员和译员箱了，但译员失去了良好的视野，无法观察到现场的情况，进而影响到翻译的质量。

在笔者担任口译的一次活动中，因为到场的重要嘉宾较多，主办方觉得译员只要做好口译就行了，最好不要出现在现场。但译员要进行交替传译，又不可被安排在会场以外的其他地方。主办方领导环顾会场之后，看到主席台旁边的角落里有一盆高大的绿植，当时灵机一动，告诉译员：“你就站在那棵树后面吧！”说到底，这位领导就是觉得译员就应该“隐身”。

常有人说，只有让现场听众感受不到自己存在的译员才是最好的译员，一旦译员吸引了人们的注意力，往往都是因为犯了错误，就像是夏皮罗所说的玻璃上出现了划痕和气泡。这种观点认为译员

一次会议活动中，同传箱被置于大屏幕后，译员在箱中看不见现场，箱内也没有增设显示屏。

越“隐身”越好。但是在我们的职业实践中，译员能否真正做到“隐身”呢？很难。需要译员“显身”的场合很多，有时是出于译员自身的选择，有时则是“形势所迫”。例如，根据我们的了解和自身的实践，在当事双方陷入僵局时，译员往往能发挥斡旋作用。译员承担语言转换以外的职能，并不罕见，也并不一定违背职业规则。译员或多或少地会参与交际活动，而非纯粹的旁观者。

译员朱维钧就曾有过这样的斡旋经历。有一次，一家国内家具设计公司的德国设计师找到他，请他为设计师和公司总裁的谈判担任译员。朱维钧了解到，德国设计师与总裁之间有一些矛盾，他已经做好了离职回国的打算。他们前几次谈判请了一位译员，但谈判的过程很不顺利。设计师本人并不想离开公司，他总感觉谈判中出现的问题可能与译员的翻译有关，于是就决定换一位试试。朱维钧了解到设计师的想法后，在现场的翻译过程中，就有意识地用更加清晰的语言表达了设计师的想法，经过他的“加工”，设计师的真实想法得到了有效传达，同时也得到了公司总裁的理解，结果双方出乎意料地在这次谈判中达成了愉快的共识：设计师继续留在公司工作。事后设计师对译员的工作赞不绝口。在这个案例中，译员在对当事人的想法有充分把握后，调整了自己的工作方式，对谈判的过程发挥了斡旋的作用，最终“撮合”了本不想闹崩的当事双方，可以说是译员“显身”的典型案例。这里需要说明一点，译员发挥斡旋作用必须是在充分了解当事双方意图的情况下进行的，如果双方的确有合作的意愿，译员可以有意识地“推波助澜”，但如果双方原本就不可能达成共识，译员也不能从中一味撮合，进而招致当事人的反感甚至指责。

在一些重要的历史事件中，译员甚至成为推动双边谈判进展的重要斡旋人。师哲是中华人民共和国成立后党和国家领导人的俄语翻译，曾陪同我国领导人赴莫斯科与赫鲁晓夫进行谈判。谈话进行到一半时，服务人员报告，饭准备好了。我方邀赫鲁晓夫一同进餐，赫鲁晓夫让中方人员自己吃饭，他先走。我方领导人说："还有话说。"赫还是要走。我方领导人说："那好吧，以后再说。"师哲把我方领导人这句话翻译完后，又加上一句自己的话："你莫慌嘛！先听听我方领导人的意见！"赫鲁晓夫听后便留了下来。我方领导人向赫鲁晓夫阐述了我方立场，表示希望有机会在适当的场合同他交换意见，并具体提出，要在他们的政治局会议上发言。赫鲁晓夫表示全部同意。（师哲：2005: 246-247）在这个案例中，译员处在一个重大的外交场合，但却与中方代表形成了有益的互补，除了担当语言的翻译外，还促成了双方更多的交流。不过，需要提醒的是，译员在扮演斡旋人角色时，一定要把握好"度"，应该在恰当的时候以恰当的形式参与沟通，而非"拉郎配"，或者为参与而参与，导致"喧宾夺主"的后果。

2. 不越位，不缺位

通过上文的介绍，我们可以感觉到，译员在当事双方的沟通过程中既非完全"隐身"，但又不能"显身"越界，可以说是处在"显"与"隐"之间。杨玮斌（2015）将这种状态概括为"不越位，不缺位"。那么，译员在口译工作中，怎样才算做到"不越位，不缺位"呢？

首先，译员要牢记自己的基本职业定位，那就是作为协助当事双方沟通的服务提供者。因此，在当事双方的沟通过程中，译员的翻译必须根据发言人所讲的内容，不能根据自己的想法添油加醋，任意篡改原文，更不能在没有得到明确准许的情况下，越俎代庖，把当事的一方抛在一边，而直接与另一方“相聊甚欢”。例如，在一次“组织发展系列工作坊”期间，有一名译员因为翻译得准确、流畅，得到了专家和学员的信任。但随着翻译过程的深入，译员本人对授课内容逐渐产生了强烈兴趣。在专家讲到某个译员本人特别感兴趣的话题时，译员忽然直接就专家刚刚讲到的问题与其进行对话。而此时其他学员却因为语言问题，在一旁等着他与专家沟通结束，再听他的翻译。

在这个案例中，译员本人对专家讲授的内容产生了浓厚兴趣，这本来应该是有利于提高翻译质量的。一般而言，译员是可以在口译过程中与讲话人进行一定交流的，但交流内容应为译员需要讲话人澄清或直接有助于提高翻译质量的。而本案例中的译员却在授课过程中就专家授课的内容提出了自己的见解，并且抛开服务对象与专家直接进行交流，其行为可以说是一种“越位”的行为。在案例发生的现场情境中，当授课专家意识到译员与之交流的想法其实是译员本人的想法，而非学员的想法时，立即对译员做出提醒，提醒他应该只管翻译专家和学员说的话，而不应该在翻译工作的现场与专家交流自己的想法。

其次，译员在做到“不越位”的同时，也要做到“不缺位”。所谓“不缺位”，是指译员应参与当事双方沟通的全过程，不能因为自己的缘故造成沟通的障碍或中断。在第 7 讲中，曾提到译员姚斌为某中方领导与美国银行家会面担任早餐会交传的案例。就在那场早餐会结束后，我方领导与美国客人肩并肩一同走向大会会场，然而，在他们起身的瞬间，旁边的其他参会者，还有工作人员等几乎是“一拥而上”，将他们团团围在中间，译员赶忙收拾好手里的纸和笔记本，三步并作两步打算跟上去。可是，等追到门口的时候发现领导和客人已经走出了好几米远，而且此时我方领导正回头观望，想必一定是在找译员，因为路上她还需要继续与嘉宾沟通，姚斌见状赶紧穿过人群，追了上去，一直陪同他们到了会议现场，路上随时为他们提供口译服务。在这个案例中，译员其实犯了“缺位”的错误，尽管犯错有一定的客观原因，例如，领导周围的人比较多、译员觉得早餐会谈已经结束了心情有些放松等，但造成的结果是领导找译员，在一定程度上影响了当事双方的沟通进程。由此可见，在口译工作的过程中，译员必须时时刻刻都绷紧神经，密切观察当事双方和现场的各种变化，片刻的懈怠或自以为是都会导致自己的“缺位”。

施工现场化解矛盾[①]

在一次施工现场谈判中，由于中外双方的观点产生了矛盾，气氛十分紧张，一位中方技术员一气之下对外方施工监理说：“你根本什么都不懂，只会瞎指挥。”长期服务于该施工项目的译员听到此话，感到事态严重。他知道，双方出现矛盾在一定程度上是由于沟通的问题，如果能够加强沟通，矛盾是可以解决的。因此，译员想，如果按照原话翻译，只会激化矛盾。施工监理是把控现场施工情况的重要项目成员，如果矛盾激化，结果不仅不利于问题的解决，而且还会影响到施工的进行。但是译员又觉得，不能在现场技术人员对外方监理明显表示不满的时候，一味照顾监理情绪，而不顾中方的不满。经过考虑，译员最后决定将此句处理成：“他说他还是不能苟同您的意见，我们应进一步讨论。”译员认为，这样一来既让施工监理了解到中方技术人员的观点，同时又为双方保留了面子，有利于通过进一步讨论加强沟通，解决问题。

① 案例来源：陈晓华：《涉外工程翻译的口译技巧》，《西部探矿工程》，2002 年增刊，538-539。

案例分析

本案例中的译员扮演了多重角色，不仅是双方话语的传话人，而且是双方沟通的斡旋人。在中外合作项目中，由于文化、背景和思维方式的差异而导致双方沟通不畅的情形很常见。译员应该根据现场情况采取恰当的翻译策略。例如，在本案例中，译员长期跟随项目组，了解双方矛盾的根源所在，在中方技术人员以很重的语气向外方监理表示不满时，采取了旨在弱化译文语气、推进双方进一步沟通的翻译策略。可以说，译员的做法缓和了双方的矛盾，在一定程度上起到了保障项目继续实施的作用。我们认为，该译员的行为在案例中的特定情境下是适宜的。但这并不意味着，在任何双方当事人出现矛盾时，译员都要从中转圜，调解矛盾。译员作出决策的基础应该是对双方立场的把握和对合作未来的判断。如果译员明知道双方的确存在不可调和的根本性矛盾，而且也几乎不可能有良好的合作前景，就没有必要总是“越位”思考或“拉郎配”。

思考与讨论

在一次中外商务谈判中，外方提出了一个条件，中方不愿答应，于是几名中方代表私下里进行了讨论。在茶歇时，外方询问译员刚才中方讨论时对他们的条件、态度如何。如果你是译员，你会怎样回答外方的询问？请结合本讲主题开展思考与讨论。

拓展阅读

1. Lawrence Venutti: *The Translator's Invisibility: A History of Translation*, Routledge, 1995.

2. 陈晓华：《涉外工程翻译的口译技巧》，《西部探矿工程》，2002

年增刊，538-539。

3. 让 • 德利尔、朱迪斯 • 伍兹沃斯主编：《历史上的译者》，管兴忠等译，中译出版社，2018 年。

4. 师哲口述，施秋朗整理：《毛泽东的翻译：师哲眼中的高层人物》，九州出版社，2015 年。

5. 杨玮斌：《外事英语口译教程》，郑州大学出版社，2015 年，54-63。

· 本章小结 ·

1. 译员在工作过程中“隐身”或“显身”需要根据实际的工作情境而决定。
2. 译员在工作过程中常常会在某种程度上发挥“斡旋”的角色。
3. 译员在当事双方的沟通过程中应该做到“不越位，不缺位”。

第24讲 能力胜任是根本

TAC
中国语言服务行业规范
Specifications for the Language Service Industry in China
ZYF 012—2019

译员职业道德准则与行为规范
Code of professional ethics for translators and interpreters

2019-11-09 发布　　2020-01-01 实施
中国翻译协会　发布
Issued by Translators Association of China

在中国翻译协会2019年11月发布的《译员职业道德准则与行为规范》中，对译员的“胜任能力”给出了这样的解释：“译员应具备职业翻译能力，只从事自己有能力胜任的工作。接受翻译任务时，应保证能满足合同约定的所有合理要求。”的确，译员在接受一份工作之前，首先应该考虑的是自己是否具有相应的“胜任能力”，如果译员接受的任务超出了自己的能力范围，不仅会影响当事双方的沟通进程，而且会对译员自身的声誉产生负面影响。

1. 译员“胜任能力”的构成

口译员能力的构成，有各式各样的模型。我们认为，迄今比较全面的一种模型是两位既是译员又是教员的研究者提出来的，他们两人就是 Robin Setton（司徒罗斌）和 Andrew Dawrant（杜蕴德）。有意思的是，他们两人都曾长期在中国的高校任教，因此对中国口译界的情况也非常熟悉。

2016 年，他们出版了《会议口译：课程全书》和《会议口译：教师指南》，这两本书加起来有一千页，内容非常丰富，可以说是会议口译教与学领域的集大成者。

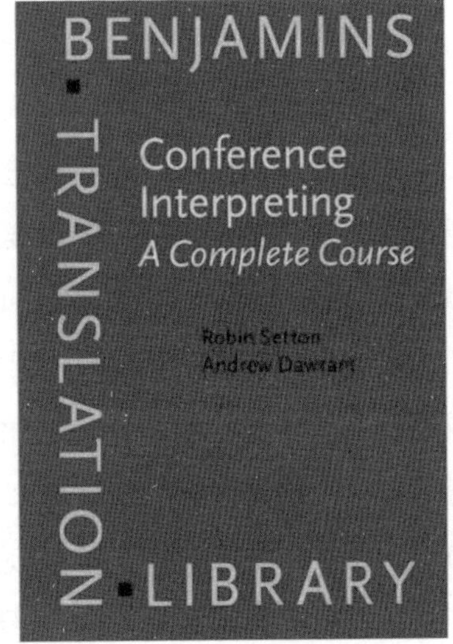

在书中，他们提出了一个关于译员胜任能力构成的新模型，公式为：Expertise = ∫(language + knowledge + skills + professionalism)，即译员的职业能力等于语言、知识、口译技能和职业道德方面能力的融合。根据笔者从事口译实践和教学经验，这个公式可以说囊括了译员能力的主要构成要素。

（1）语言

语言能力是学好口译最基本的前提条件。一些研究表明，口译学生对于自己能否学好口译的期待与其对自己语言能力的信心有正相关的关系，也就是说，对自己的双语能力越有信心的学生，就越有信心学好口译。我们在第 12 讲中也提到过，巴黎和会上最早的那一批交传译员虽然没有接受过任何正规的口译专业训练，但他们的翻译质量却可能比现在很多接受过训练的人更好。这背后的核心要素就是他们强大的双语能力。因此，要想成为高水平的译员，一定要具备坚实的双语能力基础。

（2）知识

知识对译员的重要性我们已经在第 6 讲中做了说明。这里我们要再次强调译员知识储备的重要性。仅有双语能力，而不具备相关领域的知识，是不可能成为合格译员的。从小就具备双（多）语能力的人要成为译员可能有一些先天的优势，可是她并不能自然而然地成为合格的译员。因为译员的工作涉及大量的领域知识，仅有语言能力，是无法做到正确理解原文和流畅产出译文的。例如，如果译员的任务是为联合国裁军方面的会议提供同传，那么她就必须对裁军领域的历史背景和相关知识有较多的了解，同时还要对相关的技术术语，如弹道导弹、中程导弹、射程等了然于胸，否则很有可能出现每个词都听到，却一句话也听不懂的现象，所以我们必须强调不断增加知识储备对译员能力提升的重要性。

（3）口译技能

作为一种高度职业化和专门化的工作，口译是需要掌握娴熟的专业技能的。口译技能是一种“程序性知识”，而非“陈述性知识”。这就意味着，口译技能的习得必须通过学习者持续不断的练习才能掌握。因此，口译技能就是区分口译职业与其他职业的显著特征。有时候，我们在工作中会遇到这样的人，他们是会议的参与者，有较好的双语能力和丰富的领域知识，有时会出于某种原因站出来尝试扮演译员的角色，然而，他们的尝试往往是不合格的。比如，在没有掌握口译笔记技巧的情况下，一般人很难记住较长段落的发言内容；又如，临时充当译员者常常会在翻译的过程中“夹带”自己的观点，甚至直接改变讲话人的观点。笔者不止一次遇到这样的尝试者，他们中有的听完一段话后站在那里一时不知该说什么，有的在尝试了几段之后摇头感叹还是专业译员水平高。这种现象说明，口译技能是译员特有的职业技能，是构成译员能力的核心要素。

（4）职业道德

职业道德意识是在口译实践中很重要，但却常常被译员忽视的要素。任何职业都有其道德规范，口译行业也不例外。良好的职业道德意识有利于译员充分发挥自己的作用，能更好地为沟通中的当事双方服务。Setton 和 Dawrant 强调，职业道德意识和语言、知识、口译技能是融合为一体的，译员在增强语言能力、扩大知识储备和提高口译技能的同时也必须持续提升职业道德意识。

2. 译员“胜任能力”方面的问题

我们在上文中介绍了译员能力构成的四方面要素，即语言、知识、口译技能和职业道德意识。在现实的口译工作中，译员出现胜任能力方面的问题，往往也是可以从这四个方面找到原因的。

(1) 语言

随着市场竞争的加剧，目前能够继续从事口译工作的译员绝大多数都具有较好的语言基础。特别是在中国的口译市场，译员必须要同时从事外语到母语和母语到外语的传译工作，如果不具备较好的外语语音、语调和语言表达能力，是很难在市场上生存的。但是，这里我们要特别提醒的是，译员不能企图用流利的语言掩盖自己在其他方面的欠缺。有的译员在同传时明明没有听懂原文，却凭借自己的“三寸不烂之舌”瞒天过海，编得头头是道，这种滥竽充数的“南郭先生”迟早是会被发现并遭到投诉的。

(2) 知识

由于知识方面的欠缺而导致译员翻译质量下降的案例数不胜数。有些译员为了经济利益，强行接受一些自己明知道不具备相应知识储备的会议，结果导致会议中沟通不畅，乃至沟通中断。不少译员在工作了一段时间后，会逐渐形成自己专攻的一个或几个领域，在这几个领域中，译员会不断累积知识，向业内人士看齐，而她所接的口译任务也大多会在这几个领域内。一旦超出这些领域，译员就要仔细掂量自己在有限的译前准备时间内是否可以掌握足够的知识，以提供高质量的口译服务。记得有一次，一家制药公司打来电话，邀请笔者为其将要举办的一次制药研讨会担任两天的交传，而且给出了不菲的翻译报价，但是笔者在稍加思索之后，还是婉拒了这个邀约，并且向对方推荐了一名长期从事医学领域口译的同事。笔者作出这样的决定，是因为自知对医药领域的知识储备不足，若是硬着头皮上，可能无法提供高质量的口译服务。如果只看到“诱人”的翻译费用，而不考虑自己的能力是否匹配，造成的后果可能是费用削减，遭到投诉，乃至声誉受损。

(3) 口译技能

如前所述，口译技能是要通过一段时间的集中、刻意练习才能掌握的。如果没有接受过正规的专业训练，要想进入口译行业其实并不容易。口译工作对译员的要求是相当高的。译员在工作的过程中会遇到各种各样预料不到的挑战。就以长篇发言（参见第 12 讲）带来的挑战为例，对于接受过专业训练的译员来说，10—15 分钟的连续发言并不会影响译员交传的质量。只要译员通过大量练习掌握了口译笔记的技巧，能够较好地结合“脑记”与“笔记”，再加上沉着冷静的心态就完全可以应付长篇发言。但是，这对没有接受过训练的“素人”来讲，难度是比较大的。口译笔记是一种特殊的记录系统，是口译技能的一部分。通过记录关键词或关键信息，口译笔记能起到提示作用，但决定翻译质量的仍然是译员对逻辑的把握能力和对细节的复现能力（参见第 11 讲）。这些能力都必须通过长期的训练才能“内化”。

(4) 职业道德

译员在口译工作中遇到的问题，有不少是由于职业道德意识缺乏导致的。我们曾听说过一些传闻，说某译员对搭档说，他只负责中到英的同传，英到中就交给搭档。这种行为可以说是完全违背了译员的职业伦理。依据职业伦理，口译搭档之间可以根据会议材料的难易程度和具体情况做合理的分工，但绝不可以一方将自己的意志强加于另一方。上述译员的做法一定会招致搭档的“唾弃”，其声誉也会因此受到损害。译员在口译工作的全过程中，都必须时刻绷紧职业伦理意识这根弦，因为有时稍微懈怠，就会酿成不可预料的后果。我们在后几讲中还会围绕译员职业伦理中的具体问题展开讨论。

是译员害了孙杨吗？[①]

2019 年 11 月 15 日下午四点，举世瞩目的游泳名将孙杨涉嫌“暴力抗检”听证会在瑞士召开。这场听证会的结果直接关系到他的运动职业生涯。然而，人们没有想到的是，现场的翻译服务成了媒体报道的“焦点”。首先，听证会开始时，现场同传设备出现问题，调试了十分钟左右才正式开始。继而，在听证会开始后，现场的同传译员在翻译过程中多次出现专业知识翻译错误或者漏译的情况。孙杨几次提出，请翻译老师翻译清楚一点，自己听不太清楚。他多次表示难以理解，反复确认翻译内容是否属实。而 WADA 方官员也表示“The translation was so bad”，孙杨常常答非所问。媒体也报道了现场译员犯下的不少严重翻译错误，如将“200 次采样”翻译成“200 毫升血”，“六年”翻译成“四年”。结果，

① 案例来源：综合“中国体育微博”和“新浪新闻微博”和搜狐网相关报道。

孙杨团队在午休时和仲裁法庭达成一致，临时更换翻译团队，整个听证过程才得以正常进行。

案例分析

孙杨听证会的口译在国内外媒体和网络上都引发了热议。对此案例的分析，我们不妨从本讲中介绍的译员胜任能力四要素入手。从媒体的报道中，我们无法判定在场的同传译员的语言能力和口译技能是否合格。但我们可以肯定的是，译员在知识和职业道德意识方面有较大的问题。首先，在知识方面，孙杨虽然是游泳运动员，但这场听证会却是在世界反兴奋剂机构（WADA）进行的，而议题是尿检。案例中的译员在会议议题所涉及知识方面显然是有欠缺的。对此，我们暂且归之于在译前准备中对背景知识的准备不足。那么，进一步分析，从职业规范的角度来看，在缺乏相应的知识储备时，译员是不应该接受此次翻译任务的。退一步讲，若是译员明知道自己缺乏相关领域的知识，但又出于某些方面的考虑已经接下了翻译任务，那么就应该通过充足的译前准备和与当事人的充分沟通，补足自己的知识空缺。译前准备的充分程度对口译表现有决定性的影响，所谓“看再多的资料，不如睡个好觉”的说法是万万不可取的。本案例中的译员在不具备胜任能力的情况下仍选择接受了此次口译任务，她在现场的表现对她个人的职业声誉和信心都可能造成了较大的负面影响。

同时还值得一提的是，听证会已经开始时，同传设备出了问题，现场又花费了十分钟进行调试。现场同传设备出问题是常见现象。同传设备的质量是由设备提供商负责的，但是从译员的职业道德意识角度来看，现场译员也有责任提前到达会场，提前与技术人员沟通调试设备，避免出现会议已经开始后才发现设备问题，此时调试设备对现场的参会人员心理上会产生负面的影响。

思考与讨论

假设你接到一个来自“国际双相不锈钢大会”组委会的电话，邀请你担任大会的同传，且委托你再找一名搭档与你一起赴会。面对组委会的邀请，你会考虑哪些因素，又会怎样回应呢？

拓展阅读

1. European Master's in Translation, *Competence Framework 2017*, https://ec.europa.eu/info/sites/info/files/emt_competence_fwk_2017_en_web.pdf.

2. Robin Setton and Andrew Dawrant: *Conference Interpreting: A Complete Course*, John Benjamins, 2016, 42-55.

3. 百度百科“程序性知识”：

https://baike.baidu.com/item/%E7%A8%8B%E5%BA%8F%E6%80%A7%E7%9F%A5%E8%AF%86/9696896?fr=aladdin。

4. 福原爱接受英国记者采访：

https://www.iqiyi.com/w_19ruhvvv 61.html。

·本章小结·

1. 译员在接受口译任务时应确保自己具有“胜任能力”。
2. 译员的“胜任能力”由语言、知识、口译技能和职业道德等方面的能力融合而成。译员应从以上四个方面全面提升自己的“胜任能力”。

第25讲 多维度的“忠实（诚）观”

在口译工作中，“忠实性”（faithfulness/fidelity）是一个绕不开的话题。在对口译质量的评价中，人们往往也会将是否忠实于原话作为一个重要的判定标准。然而，我们在口译实务中发现，传统的“忠实观”并不能解释实际工作中译员的所有行为选择，我们需要拓宽“忠实”的对象范围。

1. 口译中“忠实性”问题的复杂性

传统的“忠实观”是从语言学视角出发的，强调译员应忠实于原语的语言本身，不能改变原语，也就是我们常听到主办方对译员所提出的要求：“发言人说什么，你就说什么。”然而，在实际的口译工作过程中，译员会发现，主办方的这条要求看似简单，但其实是很难做到的，因为口译不是跟读，也不是简单的语言转换。而且，如果译员拘泥于语言层面的对等，说出来的译文往往是无法理解的，甚至会产生相反效果。这种现象的背后有文化差异、权力结构等多种可能的因素。在 2019 年 11 月中国翻译协会发布的《译员职业道德准则与行为规范》中，“忠实传译”被定义为“译员应准确理解并忠实于传译原语信息，不宜根据自己的意愿或观点进行修饰或增删等更改”。这条定义中强调的是译员对原语信息而非原语本身的忠实，可以说在一定程度上体现了整个行业对于“忠实”问题态度的变化。既然是对“原语信息”的忠实，也就意味着译员可以不用拘泥于原语的语言本身，而可以为了实现当事双方有效沟通的目的而对原语进行一定的改造或“变通”（参见第 20 讲）。

但是，即便如此，职业规范中的“忠实”原则有时仍然会给译员在行为选择时带来困惑，似乎该原则并不能解决他们在现实工作中所遇到的“困境”。究其原因，口译工作是高度社会性和情境化的行为，译员在工作的过程中，身处于由多个利益相关方共同构成的“生态系统”中。这个生态系统至少包括口译活动的发起方（主办方 / 客户）、译员服务的对象（发言人和听众）、译员本人、相关的辅助人员（技术人员等），系统中的每一方都可能对译文的“忠实性”产生影响，换句话说，译员在工作中所要考虑的因素远不止发言人说出的话或所要传达的信息，他还必须应对来自口译生态系统各方面的要求。

2. 从“忠实观”到“忠诚观”

在本节，我们要再次引入在第 21 讲中已经简要介绍过的功能学派的理论。我们知道，功能学派提出了“翻译目的论”，强调同一篇原文的译文可以根据翻译的目的不同而不同。目的论的提出，其实在很大程度上正是对传统翻译忠实观的挑战。虽然功能学派提出的翻译目的论改变了人们对传统忠实观的认识，但也遭到一些质疑。质疑者认为，功能学派的理论给予了译者过度的自由，可能导致原文的作用被完全忽视，可以说是矫枉过正了。面对这样的质疑，功能学派的代表人物之一 Christian Nord 又提出了“功能 + 忠诚（loyalty）”的原则，意图是强调译者在决定所采用的翻译策略时，除了要考虑翻译目的之外，还应考虑其他相关的因素。

“功能 + 忠诚”翻译观的提出在理论上实现了从“忠实观”向“忠诚观”的拓展，研究者所关注的对象也由原语文本本身拓展到整个翻译生态系统。对于口译员来说，这就意味着译员不仅要考虑译文是否忠实原语的问题，而且还要全面考虑生态系统中的其他因素，如发言人的真实意图、听众的背景、需求、主办方的要求、沟通过程中的文化差异、权力结构乃至译员本人的职业信誉等。

我们在这里举例来说明主办方的要求对译员的影响。在口译活动中，译员收到主办方对口译工作的特殊要求是很常见的。主办方向译员提出要求有时是为了促进参会各方之间的沟通；有时是为了避免尴尬或冲突；也有可能是出于其他各种目的。有时，主办方提出的要求可能需要译员对发言人讲话的内容做一定程度的更改，此时译员就不得不在忠实于发言人内容还是忠诚于主办方的要求之间做出选择了。在一次东北亚地区的贸易博览会上，提供了英、俄、日、蒙、韩等多语种同传。会议开始前，主办方拿到了朝鲜代表的讲话稿，发现里面有不少抨击美国是“帝国主义侵略者”的激烈措辞。考虑到在场有不少来参会的美国商贾，主办方工作人员提前找到韩语译员，要求他们在翻译时不要出现“美帝国主义侵略者”的字眼，同时还要在译文中尽量让语调缓和一些。在接到要求后，韩语译员经过思考和商议，在现场传译时将原文中所有的“美帝国主义侵略者”全部改译为“某超级大国”，同时缓和了语气，而其他语言的译员也根据他们的译文传译给全场听众，会议现场没有出现代表抗议或争执的现象。在这个案例中，译员对原文语言本身进行了一定的修改，同时由于语气的缓和甚至在一定程度上改变了原文所要传达的信息。但是，这些修改都是在主办方的明确要求下进行的，而且达到了主办方避免活动中产生矛盾和冲突的办会目的。由此可见，在评判译员的“忠实（诚）度”时，不能局限于原语和译语在语言层面的对比，而要全面考量影响译员行为选择的多方面因素。

3. 言语外行为对“忠实（诚）性”的影响

在考虑译员的“忠实（诚）度”时，还有一个不应忽视的维度，即发言人的非言语行为，如手势、表情、身姿等，对信息传达的影响。对译员来说，问题就在于，如果发言人在讲话时配合了非言语行为，译员是否也要采用相当的行为以体现对原语信息的忠实呢？我们在第 19 讲中提到了苏联领导人赫鲁晓夫的译员在讲话人掏出皮鞋敲打桌面时也在翻译箱里做出了同样的动作。他这样的行为应被视为绝对忠实于原语信息的典范呢，还是拙劣模仿的闹剧？

我们先来看一看译员王炎强的经历。他在为某科技公司媒体发布会担任交传译员期间，该公司的美方副总裁肢体语言非常丰富。在他讲到“Our commitment to the customers in Asia-Pacific is as solid as this table”（我们对亚太地区客户的承诺就像这张桌子一样坚定不移）时，用双拳重重地敲击了一下桌面。译员在翻译时觉得现场观众都看到了副总裁敲击桌面的行为，因此就仅用手指了一下面前的桌子。可没有想到的是，副总裁当即转向译员，告诉他一定要仿照自己重重敲击一下桌面，译员只能照做。

从这个案例中，我们看到，发言人使用了非言语的行为来强调自己想要传达的信息，但译员根据自己对现场的判断，认为观众们已经看到了发言人的行为，因此不需要模仿其动作。但发言人却提出了明确的要求，译员只能照办。由此可见，有时为了在更大程度上忠实（诚）于原语信息，译员不仅需要提供译文，还要如实地模仿发言人的手势和表情。但是值得一提的是，并不是在所有情况下，译员都能做到对发言人的言语和非言语内容的完美复制。例如，译员姚斌在同传工作中就曾遇到过一位公司总裁，在介绍公司的过程中忽然高唱起他自己编写的公司之歌，译员一是提前没有准备，二是也没有能力在瞬间将他的歌词转换成英文并唱出来，因此只能选择将听到的歌词大意说出来，希望现场的听众能结合他高歌时的激昂情绪和歌词大意，理解他对公司和业务的热爱。

忠实（诚）对象的多样性[①]

案例一：

译员朱玉犇随国家扶贫中心的外国考察团赴四川贫困县考察。扶

① 案例来源：译员朱玉犇、朱维钧等人的口译实战经历。

贫中心带队领导告诉译员，该扶贫县的特色产品是“葵花鸡”和“牛奶猪”，即用葵花籽喂鸡和用牛奶喂猪，从而饲养出质量优秀的畜牧产品。但是为了避免国外考察人员产生误解，请译员在翻译时避免讲用牛奶喂猪的事情。到会谈时，县领导果然大谈“葵花鸡”和“牛奶猪”，而译员则在翻译时对后者都做了技术性处理，“牛奶猪”均译为 organic pigs，而喂牛奶也都译为 organic feeds。

案例二：

某译员一次为来访的南非代表与中国地方政府代表提供口译服务。在上午会见一名南非代表时，中国代表闲聊时问对方：“听说你们国家有很多野生动物，哪里打猎比较好？”译员照直翻译后，对方显得有些不高兴，回答说：“我国保护野生动物，不允许打猎！”下午的另一场会见中，另一位中方代表又问到类似问题，译员担心南非代表听了不高兴，就对译文进行了调整，译为：“听说你们国家有很多高尔夫球场，哪里打高尔夫比较好呢？”

案例三：

译员朱维钧在一次交传活动中，被安排在长条会议桌距离外方主讲人最远的一端，在向活动组织方工作人员争取更有利位置时，竟被告知，译员没有资格坐在主讲人身边的 VIP 位置。于是他自己拿了一把椅子坐到了主讲人的身边。会谈开始后，主讲人意识到译员需要记笔记，便让出自己身旁的空间，让译员坐在桌边紧挨着自己的一侧。这样，译员既能方便地利用会议桌记笔记，又能轻松地听清楚外方主讲人的每个字句，会谈进行得很顺利。会谈结束后，先前对译员行为感到不满的中方工作人员专程走到译员跟前，对他今天的口译表现表示祝贺与感谢。

案例分析

以上三个案例都涉及译员的忠实（诚）问题。但如果我们仔细分析案例，就会发现，三位译员心中的忠实（诚）对象是不同的。

案例一中，译员改变原文的原因是为了满足客户的要求。译员将“牛奶猪”译为 organic pigs，显然有不得已而为之的成分，但这样的改动有一定的依据，用有机食品替代牛奶，并不算离题太远。

案例二中，译员对原文的改动冒了很大的风险，我们在第 20 讲中分析韩语译员的案例时曾讨论过类似情况，即译员对原文进行较大修改后，可能将对话双方导向不曾预料的方向，如果带来沟通不畅甚至失败的结果，译员是难辞其咎的。案例二中的译员在作出修改原文的决定时，也有自身的考虑，译员觉得上午中方代表的问题已经引起了对方的不满，导致外方对中方素质的质疑，因此在遇到同一问题时，决定通过改动来避免再次伤害对方感情，同时也有维护中方面子的考虑因素。可以说，译员想要“忠实（诚）”的对象既有听众的感情，也有中方的面子。但可以想象的是，用高尔夫运动替代打猎，译员完全改变了讲话人的原意，很可能带来双方沟通的障碍。译员如果能以适当方式提示中方领导该问题可能伤害对方感情，或许效果更好。如果中方领导经提示认为问题不妥，换一个问题，自然就无须译员再费心思，但如果中方领导仍坚持要问，那么作为译员，仍应忠实原文，将维护沟通顺畅的任务交还给当事双方。

在案例三中，译员为争取有利的工作位置，据理力争，最终高质量地完成了口译任务，得到了赞赏。从表面上看，译员是为了保证双方沟通效果，确保会议顺畅进行，但在更深刻的层面上，译员的“忠诚”对象其实是作为职业工作者的自我。因为有经验的译员都知道，位置不利会影响口译质量，进而损害自身的职业声誉。所谓“忠诚”于译员自身，主要是指译员为维护职业声誉而采取的自保行为。意大利学者 Claudia Monacelli 在《同声传译中的自我保全》（*Self-preservation in Simultaneous*

案例分析

Interpreting: Surviving the Role）一书中，通过对现场口译语料的研究，敏锐地抓住了译员对自身“忠诚”的证据。译员虽然是沟通过程的参与者，但对该过程的控制力“微弱”，因此在现场情况可能出现“失控”时，有经验的译员就会采取自保策略。较常见的情况是在电视直播同传中，由于信号的问题，有时会出现现场声音来源断断续续或模糊不清的现象，此时，有经验的译员会在口译的间歇不断提醒听众，是信号有问题，从而避免听众误以为是译员的能力不足。

通过对以上案例的分析，我们可以看出，“忠实（诚）”在口译实务中的确是一个多维度的概念。“忠实（诚）”的对象不一定就是讲话人的原文，也可能是讲话人的真实意图、客户的要求、听众，甚至译员自身。口译活动发生在一个复杂的生态系统中，译员必须依据实际情况适时调整自己的忠实对象，以实现最大限度地协助和促进沟通的效果。

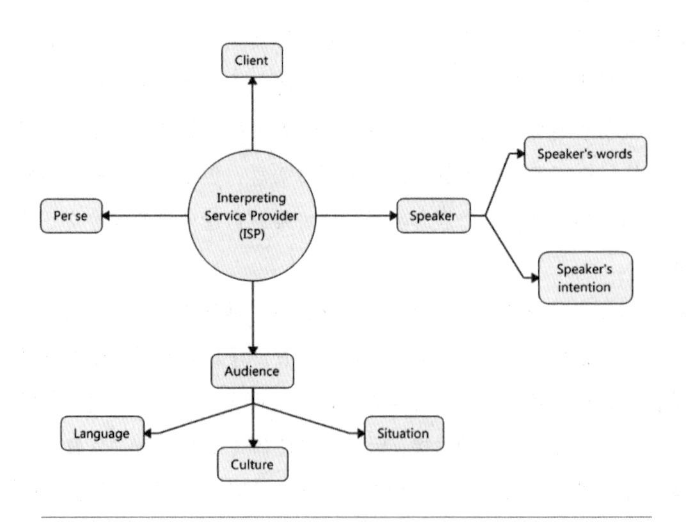

口译员现场工作时忠实（诚）对象示意图

思考与讨论

你为一场在英国举办的晚宴活动担任交传。中方致辞嘉宾忽然掏出了《友谊地久天长》的中文歌词，并对全场的英国听众说："《友谊地久天长》是中国人耳熟能详的一首英国歌曲，我现在想用这一首歌的歌词来表达我此时此刻的心情，请译员帮我翻译一下。"而你之前对此毫无准备。从"忠实（诚）性"的角度讨论，你会如何应对？

拓展阅读

1. Christiane Nord:《目的性行为——析功能翻译理论》，上海外语教育出版社，2001 年。

2. 姚斌:《口译实务中的"多维忠实 / 诚观"》，《中国科技翻译》，2018 年第 1 期，21-24。

3. 姚斌:《将案例法引入口译课堂 —— 以"口译忠实（诚）观"教学为例》，《中国外语教育》，2018 年第 2 期，20-25。

· 本章小结 ·

1. 在口译工作中，译员的忠实（诚）对象是多维的。
2. 译员在工作中不仅要考虑是否忠实原语的问题，而且还要全面考虑发言人的真实意图、听众的背景、需求、主办方的要求、沟通过程中的文化差异、权力结构乃至译员本人的职业信誉等因素。
3. 言语外的行为也会对译员的忠实（诚）度产生影响。

第26讲 真的有百分之百的"中立性"吗?

"中立性"原则也是在不少译员职业规范中被明确列出的一条伦理原则。但在口译实务中，不少译员都感觉到，所谓"中立"，其实是一个相对概念，几乎不存在绝对的"中立"立场。由于译员自身或口译生态系统中的各种因素的影响，译员有时会不自觉地出现特定偏向，但有经验的译员能把握好"尺度"，不会"越界"。

1. 职业准则和译员实践中的"中立性"原则

传统的"中立观"的核心理念是，译员应避免介入当事双方的沟通过程，不带个人的态度，在翻译过程中保持公平公正、不偏不倚。任文（2011）曾就此问题专门对市场上的译员进行了问卷调查，她发现，大多数的译员对于口笔译职业机构在宣传中所做的“严守中立”的规定性要求并不十分认同，在127份有效问卷中，只有32人（25.2%）认为自己在口译过程中“会始终保持客观、中立、不带任何倾向”，有79人（62.2%）认为绝对的中立很难做到，“有时会有个人感情流露”，还有16人（12.6%）觉得“说不清”。而对于“在翻译时始终一视同仁，不多顾及任何一方”这一观点做出回应时，有93人（73.2%）表示“否定”或“说不清”，其中有42人表示自觉不自觉地在情感上会偏向雇主，29人表示会偏向观点与自己一致的一方，还有13人会偏向弱势的一方。

从以上问卷调查的结果来看，从事口译实践的译员大多数对“中立性”原则是不完全认可的，而且他们在工作过程中，会多多少少有所偏倚。对此，国外的译员也有类似的说法，Penny Karanasiou说：“‘中立’本身就是一个有问题的概念。一个人能真正保持中立吗？ 我个人认为不能。我们是人，我们有自己的偏好和偏见。即使我们努力保持中立，我们接受和传达的所有信息都必定会经过这些偏好和偏见的过滤。”（Jonathan Downie, 2016: 11）

举一个小例子。在第二次世界大战结束后，盟军在德国纽伦堡对德国法西斯战犯进行了长达一年的审判。为审判提供同传服务的译员中有一些译员的家人和朋友曾被关入纳粹集中营，乃至失去了生命。因此，在传译过程中，当听到战犯们供认他们在集中营所犯下的暴行时，有些译员联想到自己的家人和朋友的惨痛经历，不禁潸然泪下，不能自已，无法继续工作，不得已由旁边的其他译员临时替代。这个案例中译员的表现显然是受到了自身经历和态度的影响，虽然案例中的情况现在一般的译员不会遇见，但是译员自身的背景和态度却是始终存在的，而且对译员在工作时中立性的影响也是客观存在的。

为了解释职业伦理准则与职业实践之间存在的差距，任文（2011）用两个图区分了传统意义上的中立观和更加符合口译工作实际的中立观。

传统中立观（左）和口译员的中立观（右）。

由上图可以看出，传统中立观认为，译员应与当事双方保持同等的距离，以做到不偏不倚。而后一种中立观则认为译员是参与当事双方沟通过程的，译员与双方之间有着千丝万缕的联系和互动，因此其与双方的距离是动态变化着的。对此，任文指出："译员很难在跨语际交际事件中保持始终如一、完全中立的立场"（任文，2011：41）。因为"他们有时还要扮演谈话共同参与者、交际过程的共同建构者和协调者的角色"（同上：39）。

正是基于"中立"原则在口译实践中的体现，中国翻译协会在 2019 年 11 月发布的《译员职业道德准则与行为规范》中对译员的"行为中立"原则做出了更符合口译工作实践的解释："口译员及手语译员在翻译过程中，除了对可能造成误会的文化障碍进行必要解释外，不应对任何人和事发表意见或给予建议。除必要的信息确认，译员不应打断或介入谈话。"（任文等，2019:4）在这条解释中，虽然规定译员不应"打断或介入谈话"，但同时也指出在遇到可能产生误会的文化障碍或讲话中的某些信息不够明确时，译员是有权利进行必要解释和信息确认的。

2. 把握分寸不越界

正如上文所述，在口译实践中，译员很难做到绝对的中立，他们在不同程度上介入当事双方的沟通过程是常见的现象，既可能是译员主动为之，也有可能是受到系统中的其他因素影响不得已而为之。关键在于，译员介入的方式和程度不同，产生的效果也可能大相径庭。我们特别要提醒的是，译员虽然不可避免地会“介入”当事双方的沟通过程，但是，“介入”一定要有合理的边界。合理边界内的介入，可以消除文化障碍、缓解对立情绪，对沟通起到促进作用。可是，若译员的“介入”超越了合理的边界，则反而会对沟通过程产生不利的影响。我们举两个相反的例子来说明。

某公司举办“组织发展（Organizational Development, OD）系列工作坊”，该工作坊致力于培养“高管教练”，以提升学员的人际沟通能力与亲和力为主要内容。工作坊采取的主要形式是专家授课和学员在专家指导下进行人际沟通技能训练，专家与学员之间的互动非常频繁和密切。在关于中西组织文化差异的一堂课上，学员分组讨论后，进入分享环节。有一位学员提出，在中国的传统文化中有“和而不同”的概念。译员姚斌根据自身的理解和前人的译法将“和而不同”译为：We focus on harmony instead of uniformity。美国专家听后，露出不解的表情，思考片刻后随即向该名学员提出问题，让他说一说 harmonising、harmony 和 non-uniformity 这几个词有什么差异。译员便把这几个词依次译为“使和谐”“和谐”及“不完全一样”，并告知学员专家的问题。这时，现场学员纷纷表示不理解专家的问题，有位学员甚至直接向译员发问：“你刚才是怎么翻译‘和而不同’的？”

此时，译员意识到专家和学员之间的沟通可能受到了文化差异的影响，这个问题需要更深入的探讨才能确保双方此后的沟通得以顺畅继续。于是译员在征得同意后，将刚才提到的三个词汇的英汉对照版写在了教室里的白板上，并且更为详细地向学员解释了这三个英文单词的意义。于是，学员们各抒己见，就这些词的深层含义与专家展开了更为充分和深入的讨论，直到双方觉得把问题说清楚了才罢休。

在上面的案例中，译员在口译过程中敏锐地感知到双方在沟通中遇到了文化障碍，于是主动选择在口头翻译的基础上通过白板展示，促使双方就授课中具有模糊性的概念展开更加充分的讨论，以便在此基础上保持沟通顺畅。从表象上看，译员介入了双方的沟通过程，似乎有悖于不偏不倚的“中立性”原则。因为他也可以有另外一种行为选择，即不介入沟通过程，在遇到沟通障碍时“和稀泥”，任由双方带着疑惑甚至误解继续上课，从而做到绝对的置身事外。然而，如果从译员所采取行为的效果看，在当时的情境下，他主动提出将几个词汇的英汉对照版写在白板上，并且详细解释了这些概念在中英文里的含义，这种做法在客观上确实有助于双方澄清概念，消除沟通中的文化障碍，进而展开更加深入的交流。

我们再来看一个相反的案例，这个案例发生在一次中美论坛期间。论坛开始后，先是由四名美国专家轮流发言，专家们各显其能，演讲非常精彩，而译员也由于做了充分的译前准备，表现上佳，受到现场听众的一致好评。然而，到了问答环节，主持人邀请大家提问时，却没有听众主动向专家提问，现场沉默了好长一段时间。此时，译员感觉气氛有些尴尬，同时因为自己对专家介绍的主题已经比较熟悉，因此想要帮助大家“破冰”，于是，译员张口先提出了第一个问题。

在本案例中，译员为了打破现场的沉默，选择通过向专家提问的方式介入双方的沟通过程，认为自己的介入可以起到“破冰”的效果，但是，他的行为带有较大的风险，因为译员在这种场合，是服务的提供方，他的这种行为可能会被服务的购买方认为是滥用自己的角色，同时挤占了正式参会者的学习机会。从服务购买方工作人员的角度来看，这些专家资源不远万里来到中国是非常值得珍惜的，应该尽量回答该领域从业人员的相关问题。在这种情况下，邀请和鼓励听众提问是主持人的工作。对译员来说，如果一定要发挥一点促进沟通的作用的话，可以考虑简单重复一下刚才四位专家发言中的观点和重点内容，给听众提供一些思考的时间与空间。译员这次直接介入到当事双方之间的沟通过程中，其行为带有不可预知的风险，可以说是一种“越界”行为。

对比以上两个案例中的译员行为，他们都“介入”了沟通的过程，但效果相差甚远，根本差异就在于译员的“介入”行为是否在合理的边界范围以内。

3. 注意不同场合下“中立性”的滑移

以上我们谈到，译员在工作过程中不可能做到绝对中立，而是可能会基于自身和现场的各种因素而调整自己的立场。在这里，我们想要特别说明的是，在讨论译员是否保持中立时，一定要考虑译员所服务的活动类型，因为在不同类型的活动中，译员的“介入”幅度会有一定的差异。例如，在法庭口译和医疗口译中，译员的“中立性”被置于非常重要的地位，因为译员的一句话可能会使审判或治疗向着完全不同的方向进展。在会议口译中，译员的“介入”程度会比前两种活动形式高，而在联络口译、社区口译等场合，译员的“介

口译场合	内容性质	灵活度
会见，会谈	正　式	低　度
演讲，讲话	正　式	低　度
记者招待会	正　式	低　度
接受媒体采访	正　式	低　度
新闻发布会	正　式	低　度
谈　判	正　式	低　度
参观访问，游览	正式—非正式	中　度
娱乐，购物	非 正 式	高　度
日常生活等		

◀ 不同场合外交口译的灵活度（任小平，2001:43）。

入”程度会更高。所以，在从事口译工作的过程中，译员一方面要注意控制自己的情绪，避免过度偏向某方，另一方面也要对译员的立场问题有正确的认识，无须追求绝对的中立。

即便是在同一类型的口译活动中，译员也需根据不同场合的要求适时调整自己的“中立性”。任小平专门研究了外交口译中的“灵活度”问题，她指出：“外交口译作为一重大口译类别，其性质决定了灵活性受到较大的限制。”（任小平，2001: 40）但即便如此，不同场合的外交口译工作在灵活性方面仍有所区别，译员须在实际工作中把握好灵活度。

译员的“小心思”[①]

德阿（语）译员 Andre Dörte 在担任德国劳动部译员期间，有一次

① 案例来源：译员 Andre Dörte 的口译实战经历。

随德国劳动部代表团去非洲国家摩洛哥，与对方国家劳动部就摩洛哥劳工在德国的劳动待遇标准问题展开谈判。由于摩洛哥方没有提供译员，因此她是现场谈判的唯一译员，负责双向翻译。她在翻译德方的讲话内容时，有时候感觉到德方提出的条件太苛刻，苛刻到她觉得自己都于心不忍。她很同情摩洛哥劳工的处境，因此一旦翻译到不利于摩洛哥方面的条件或者她认为是摩洛哥方应该加强警惕和注意的内容时，她就会低着头故意摆弄手中的笔记本，声音也会稍微提高，以示提醒。谈判结束时，摩洛哥代表团的人找到译员，询问她是否在翻译过程中有意识地给他们暗示，并且表示说他们意识到了她给出的暗示。

案例分析

在本案例中，虽然译员受雇于德国劳动部，但却出于对摩洛哥方劳工的同情，在翻译过程中偏向了摩洛哥方。如果从传统的“中立观”视角来解读，译员的行为是不合格的，因为她借助各种方式向摩洛哥方做出提示，未能在翻译过程中保持中立。但是，从本节的内容来看，在实际工作中，译员其实是很难做到绝对中立的，译员自身的背景、态度和立场不可避免地会影响到她对沟通过程的“介入”。

可以说，认为译员应保持“中立”立场的观点是源自译员是“局外人”的观念。因为，既然译员是沟通过程的局外人，那么她唯一的责任就是像“鹦鹉学舌”一样将双方所讲内容翻译出来。不过，从实际的口译工作角度来看，译员对沟通过程中某种程度的介入是不可避免的，关键就在于译员能否将“介入”控制在合理的边界之内，不越界。本案例的一个有趣之处在于，译员是德国人，同时也受雇于德国劳动部，一般情况下，她应该是偏向于自己的雇主方，然而由于她对摩洛哥劳工遭遇的同情，因此她在实际的工作中偏向了对方。从中可以看出口译行为和译员态度的复杂性。

思考与讨论

在一次会议上，中方代表与国际组织代表讨论中国的文化遗产保护问题，你受邀担任口译员。双方在是否应该将中国政府提供给该组织的基金用于中国文化遗产项目的修缮问题上有一些分歧。中方代表私下里交流说这样做是无可厚非的，不应该被说三道四。此时，外方代表希望你把中方说的每一句话都翻译给他们听，而中方则要求你不要翻译这些话。作为译员，你会怎样做？

拓展阅读

1. Jonathan Downie: "From Neutral Conduits to Committed Partners", *Being a Successful Interpreter*, Routledge, 2016, 1-14.

2. 任小平：《外交口译的灵活度》，《中国翻译》，2000 年第 5 期，40-44。

3. 任文等：《译员职业道德准则与行为规范》，中国翻译协会，2019 年 11 月。

4. 任文：《试论口译过程中译员的“中立性”问题》，《中国翻译》，2011 年第 6 期，36-41。

5. 姚斌：《“口译职业与伦理”课程教学设计与实践》，《山东外语教学》，2020 年第 3 期，32-38。

· 本章小结 ·

1. 传统“中立观”与口译实践之间有错位。
2. 译员可以在一定程度上参与当事双方的沟通，但是一定要把握分寸，不越界。
3. 译员应注意在不同类型的口译场合灵活调整自己的“中立性”。在法律、医疗和外交口译中，灵活度较低，会议口译次之，联络口译和社区口译的灵活度最高。

第27讲 时时绷紧“保密”这根弦

如果说“忠实”“中立”等传统的译员守则都因译员在实际口译工作中遇到的困境而渐渐被不少职业伦理规范删去的话，那么“保密”这条原则却无论是在国内还是国外的职业伦理规范中都被置于显眼的位置，可见“保密”原则对译员职业伦理的重要性。

1. 职业伦理规范中的“保密原则”

在中国翻译协会发布的《职业译员道德准则与行为规范》中，规定了译员有“保守秘密”的责任，即：“无论是否与翻译活动各参与方签订保密协议，译员都应严格遵守保密原则。未经许可，不应披露因翻译工作所接触到的相关信息或资料。”而国际会议口译员协会（AIIC）的《职业伦理准则》（*Code of Professional Ethics*）的第二条也明确将保密准则作为第一重要的职业伦理准则，指出："所有会员都应受最严格的保密准则约束。对在为任何不向公众开放的会议提供口译服务过程中获得的任何信息都不得向任何人透露。所有人均需对口译过程中披露的所有信息严格保密。所有会员均不得利用他们作为会议口译员提供服务过程中所获取的信息谋取任何个人利益。" AIIC 前主席 Benoît Kremer 在国内的一次讲座上，曾特别强调，AIIC 坚守保密的原则，如果有会员违反该原则，协会将毫不留情地将其除名。由此可见，"保密"原则是译员职业伦理的重要基石。

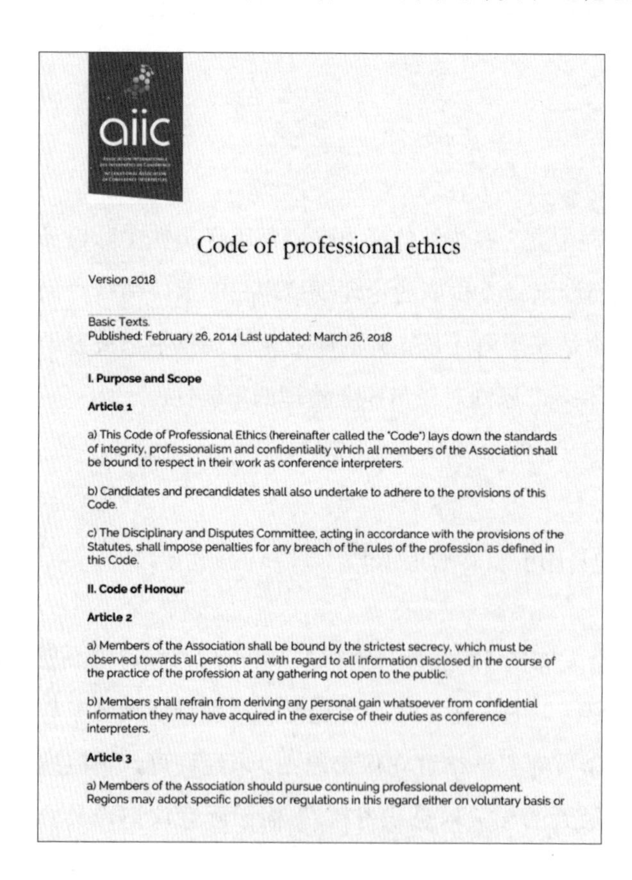

Code of professional ethics

Version 2018

Basic Texts.
Published: February 26, 2014 Last updated: March 26, 2018

I. Purpose and Scope

Article 1

a) This Code of Professional Ethics (hereinafter called the "Code") lays down the standards of integrity, professionalism and confidentiality which all members of the Association shall be bound to respect in their work as conference interpreters.

b) Candidates and precandidates shall also undertake to adhere to the provisions of this Code.

c) The Disciplinary and Disputes Committee, acting in accordance with the provisions of the Statutes, shall impose penalties for any breach of the rules of the profession as defined in this Code.

II. Code of Honour

Article 2

a) Members of the Association shall be bound by the strictest secrecy, which must be observed towards all persons and with regard to all information disclosed in the course of the practice of the profession at any gathering not open to the public.

b) Members shall refrain from deriving any personal gain whatsoever from confidential information they may have acquired in the exercise of their duties as conference interpreters.

Article 3

a) Members of the Association should pursue continuing professional development. Regions may adopt specific policies or regulations in this regard either on voluntary basis or

◀ 国际会议口译员协会（AIIC）的《职业伦理准则》。

由于译员工作的特殊性，他们在工作过程中常常能接触到涉密的信息，如商业机密，甚至国家机密等，一旦泄密会造成巨大的经济损失乃至不可收拾的政治后果。大家一定还记得电影《翻译风波》（*The Interpreter*）里的那名译员，由于在联合国大会期间做同传时偶然间听到了一个不为人知的政治秘密，而成了被追杀的对象。

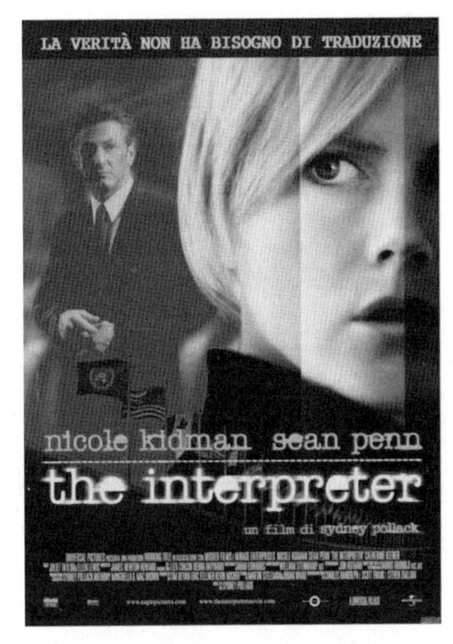

▲《翻译风波》（*The Interpreter*）电影海报。

这样的惊险经历也不一定只是电影中才有，现实中的译员也有可能陷入保密风波中。例如，2003 年，在伊拉克战争前夕，英国国家通信情报局的译员 Katharine Gun 注意到一封标注着“绝密”的邮件，其内容有关美国国家安全局要求英国窃听联合国安理会成员国对伊拉克问题投票意向。Katharine 认为美国的这种行为令人不齿，她将这封邮件透露给了媒体，试图阻止美英发动伊拉克战争。结果她因泄密而被拘捕，2004 年被释放。她的经历引起了很大的轰动，2008 年，被改编为纪实文学作品《试图阻止战争的间谍》（*The Spy Who Tried to Stop a War*），2019 年又被拍成电影《官方机密》（*Official Secrets*）。Katharine 的身份是英国情报部门的译员，从职业道德规范视角来看，她的行为的确构成了泄密，但正如她自己所解释的那样，她认为美英企图发动侵略战争的行为违背了她的人生价值观。在这个案例中，职业原则与译

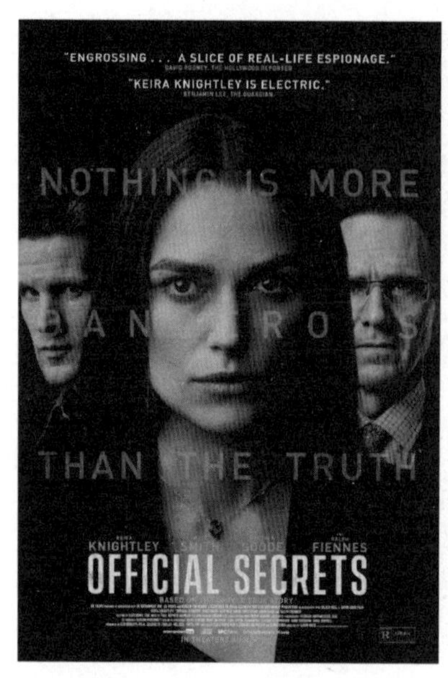

▲《官方机密》（*Official Secrets*）电影海报。

员个人的价值观发生冲突时，译员最终选择了后者，这恰恰体现了译员在实际工作中面对的复杂性。

在普通译员的日常工作中，可能没有那么多戏剧化的遭遇，但译员同样可能接触到具有重大价值的秘密。例如，某译员曾长期为一家大型国际饮料公司担任内部高层会议的同传，高层会议经常讨论的话题之一就是推出新产品的规划，如半年后要推出含某种特定成分的新型饮料等。该公司在国内市场有好几家竞争对手。试想，如果该译员将自己听到的信息泄露给该公司的竞争对手，导致竞争对手早于该公司推出类似产品，对该公司造成的经济损失将是巨大的。而且，如果译员被发现泄露了重大商业机密，也会受到民事甚至刑事制裁。因此，译员必须对自己由于口译工作而了解到的涉密信息“守口如瓶”。

2. 对“保密”原则的挑战

上文我们从职业伦理规范到译员的工作实践，强调了“保密”原则对译员的重要意义。然而，在一些场合，“保密”的原则会受到口译活动以外因素的挑战。

I'm calling for a hearing with the U.S. interpreter who was present during President Trump's meeting with Putin to uncover what they discussed privately. This interpreter can help determine what @POTUS shared/promised Putin on our behalf.

— Sen. Jeanne Shaheen (@SenatorShaheen) July 17, 2018

◀ 民主党参议员 Jeanne Shaheen 要求译员作证。

2018年6月，美俄两国领导人在芬兰赫尔辛基举行了闭门会议，在场的除了两位总统外，只有两名译员，其中包括美方译员 Marina Gross。由于美国国会中有人质疑美国总统在与俄罗斯领导人的会谈中涉及损害美国国家安全的言论，因此要求 Gross 在国会公开做证，说出她所听到的细节。

这一消息震惊了美国和全球翻译界，曾担任7任美国总统口译员的 Harry Obst 评论说："这种事在美国的历史上从来没有发生过。如果200年来都从未有过此事，那么提出要求者必须得有合理的依据。" AIIC 也专门在网站上发出了公告，援引其职业伦理准则第二条，强调遵守"保密"原则是译员的基本伦理底线。从这个案例中，我们看到，当事的译员其实面临着巨大的压力，一方面是职业伦理的底线原则；另一方面则是国会有人祭出的国家安全的大旗，作为一名个体译员，难免陷入伦理抉择的困境。由此可见，译员遵守保密原则并不是像看上去的那么简单，当保密原则和其他的利益发生冲突时，译员有时须做出艰难的选择。

有时，译员没有遵循保密原则，并不是因为外界的压力，而是由于自己的疏忽大意。笔者为一家国外的维生素公司在国内举办的投资者见面会担任同传。公司给译员和搭档提供了一份包含公司介绍和财务业绩资料的幻灯片。出于保密的考虑，公司并没有提供电子版本，而是将两份打印版本放在了同传箱里。在第一天的工作结束后，因为一大本幻灯片资料很重，笔者与搭档像往常习惯的那样，

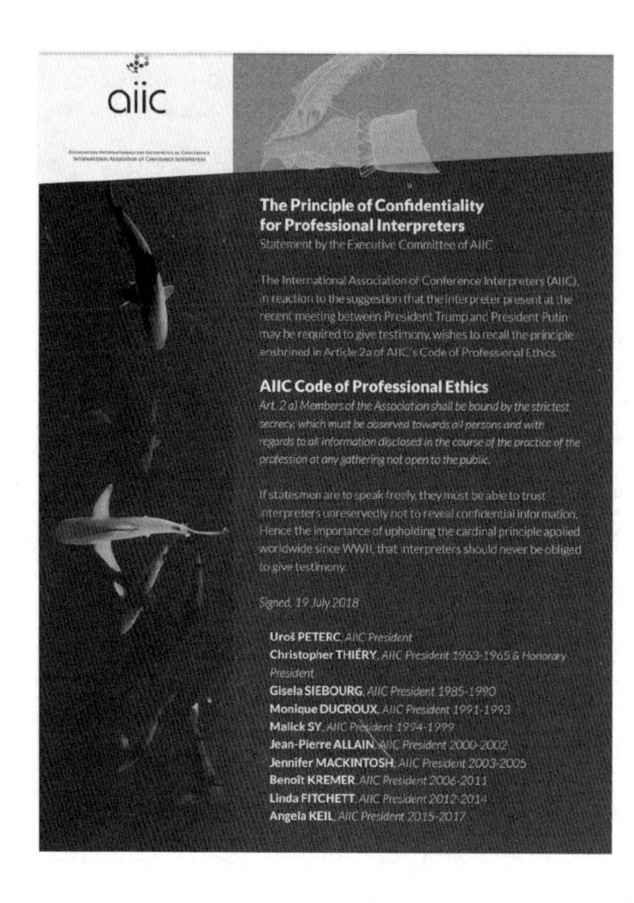

aiic

ASSOCIATION INTERNATIONALE DES INTERPRÈTES DE CONFÉRENCE
INTERNATIONAL ASSOCIATION OF CONFERENCE INTERPRETERS

The Principle of Confidentiality for Professional Interpreters

Statement by the Executive Committee of AIIC

The International Association of Conference Interpreters (AIIC), in reaction to the suggestion that the interpreter present at the recent meeting between President Trump and President Putin may be required to give testimony, wishes to recall the principle enshrined in Article 2a of AIIC's Code of Professional Ethics.

AIIC Code of Professional Ethics

Art. 2 a) Members of the Association shall be bound by the strictest secrecy, which must be observed towards all persons and with regards to all information disclosed in the course of the practice of the profession at any gathering not open to the public.

If statesmen are to speak freely, they must be able to trust interpreters unreservedly not to reveal confidential information. Hence the importance of upholding the cardinal principle applied worldwide since WWII, that interpreters should never be obliged to give testimony.

Signed, 19 July 2018

Uroš PETERC, *AIIC President*
Christopher THIÉRY, *AIIC President 1963-1965 & Honorary President*
Gisela SIEBOURG, *AIIC President 1985-1990*
Monique DUCROUX, *AIIC President 1991-1993*
Malick SY, *AIIC President 1994-1999*
Jean-Pierre ALLAIN, *AIIC President 2000-2002*
Jennifer MACKINTOSH, *AIIC President 2003-2005*
Benoît KREMER, *AIIC President 2006-2011*
Linda FITCHETT, *AIIC President 2012-2014*
Angela KEIL, *AIIC President 2015-2017*

◀ AIIC 对 Marina Gross 事件发表的立场文件，附有 AIIC 现任和多名历任主席的签名，足见 AIIC 对“保密”原则的重视程度。

把它们留在了同传箱里，认为不会有人拿走，第二天上午来了可以继续使用。可是，笔者刚走到半路，就收到组织方工作人员打来的电话，电话那头语气非常急促地追问：“你怎么把这么重要的资料就留在同传箱里了？”就在笔者一愣神的工夫，那头的工作人员又说了：“这份资料里面的信息只供投资者参考，还没有向公众公开，如果被人拿走了泄了密怎么办？”笔者立刻明白了其中的道理，连忙表示道歉，工作人员告知她已经将两份材料都收好了，让笔者和搭档第二天千万要保存好资料。这次的疏忽可以说是有惊无险，但从中可以看出，译员要遵循“保密”原则，就需要时时刻刻绷紧这根弦，不能有丝毫的懈怠。译员工作的环境是复杂的，诱惑是众多的，稍有不慎就可能出问题。

3. 译员怎样做好“保密”工作

在邀请译员为涉密的会议提供口译服务时，有些客户会主动要求译员签订保密协议。保密协议对译员是一种明确的约束，一般而言，签订了保密协议后，译员的保密意识会更强。

但译员的保密意识不应仅局限在签署了保密协议的会议中。通

You may use Confidential Information only to provide the Services and, except as otherwise provided in this section, You may not disclose Confidential Information to any third party without the Foundation's prior written approval. "*Confidential Information*," whether written, oral, or observed, means: (a) information relating to the Foundation's trustees, strategies, finances, investments, grants, contracts, program-related investments, property, guests, or events; and (b) any other information identified as "confidential or proprietary" in this Agreement or that the Foundation labels or indicates should be treated as confidential or proprietary.

The provisions of this section will not apply to information or material that: (a) was generally and publicly available prior to Your receipt of such information, or becomes so available through no fault of Yours; (b) is independently developed by You without reference to any Confidential Information; or (c) is received by You from a third party (with no breach of any duty owed by the third party to the Foundation) independent of performing the Services.

You may disclose Confidential Information: (a) on a "need-to-know-basis" to Your Personnel who are bound by nondisclosure terms consistent with the terms of this section; or (b) to the extent required by law, regulation, or court order, provided that, in such event, You make reasonable efforts to provide the Foundation with as much advance notice as is feasible to allow the Foundation to seek a protective order or seek confidential treatment of such information. You will protect the Confidential Information by using the same degree of care, but no less than a reasonable degree of care, as You use to protect Your own confidential or proprietary information.

You acknowledge that the unauthorized disclosure of Confidential Information may result in irreparable harm to the Foundation. In the event of a breach or threatened breach of this section, the Foundation may seek equitable relief, without the need of posting a bond, prohibiting the breaek in addition to any other appropriate or equitable relief.

Your nondisclosure obligations under this section will survive expiration or termination of this Agreement.

◀ 一家基金会与译员签订的工作合同中的“保密”条款。

常来说，译员也会服务于许多不需要签署保密协议的会议。但是，在这样的会议上也有可能会遇到需要保密的信息。例如，一次向公众开放的大会，已开放部分的内容译员自然可以谈论，但译员在领导与嘉宾单独会见时的谈话却不宜透露。

在当今的信息时代，有些译员非常喜欢发微信朋友圈，每次会议都会拍拍发发，但是译员毕竟不是各个领域的专家，对于相关信息的涉密程度也没有那么敏感。因此在拍照和发朋友圈的过程中，有可能会在无意识中泄露某个具有知识产权的技术细节或者某项尚未公开发布的商业计划。虽然译员本人不是刻意公开这些信息的，而且也没有利用这些信息谋取个人的利益，但这些内容一旦在朋友圈公开，就有可能被别有用心的人利用。如果造成了不良的后果，译员也免不了承担连带责任。因此，我们的建议是，译员在发布有关会议现场的各种照片时，最好还是先自我审查一遍，要绝对避免出现泄密的情况。

C 罗翻译泄密事件[①]

2018 年 7 月，一则以《C 罗翻译泄密》为题的新闻，传遍了各大门户网站和微信朋友圈。葡萄牙球星 C 罗在访华期间，应赞助商的要求，接受了中国媒体人高晓松的现场采访，参与《晓说》栏目的录制。赞助商为他聘请了专门的葡语译员。在访谈后，译员在自己的微博中发布了一条消息，内容涉及他在现场看到的情况，并且发表了一些对高晓松带有批

① 案例来源：《C 罗的翻译闯祸泄密，作为专业译者如何执行保密条款？》，https://www.sohu.com/a/242773642_660761。

判性和嘲弄性的评论。根据他所发的信息，他在现场只是作为备用翻译，并没有用上，因为访谈全程高晓松与C罗之间的对话都是直接用英语进行的。但是，他指出，C罗对高晓松的提问失去了耐心，还在快结束的时候说了句葡语国骂。而且，他还认为，高晓松不是合适的主持人，不仅问的问题不够得体，而且长相也不讨人喜欢。他说，如果换成一位美女主持人，可能C罗会更有耐心一点。他的消息截图上了热搜，引起来非常热烈的反响。高晓松也专门发微博驳斥老赵的说法。他特别指出："这位对方赞助商请的翻译虽然全场一句话没说，但也应该遵守翻译职业的基本操守，就是为客户保密。我不知道今后谁还敢请他做翻译。"

案例分析

本案例涉及口译实务中的"保密"原则。"保密"一直是口译职业伦理中的核心基石，几乎从未受到质疑。但在口译实务中，译员却并不一定能时刻绷紧"保密"这根弦。在本案例中，译员的行为就是缺乏保密意识所致，但这种现象在现实中又并非罕见。不少译员会有意或无意间泄露自己从会议现场获取的各种信息。这些信息可能在译员眼中，不过是又一个在口译工作中碰到的有趣的"逸事"。在网络时代到来之前，译员分享的"逸事"可能只是成为三五好友口中的谈资，而在今天的信息时代，译员发在公网上的信息会迅速传播，且造成其本人完全无法控制的结果。在本案例中，译员的行为导致自己几乎成了网络公敌。有大量的网友指责他缺乏译员的基本操守，犯下了"低级错误"。

口译职业是个常常能接触到各种"机密"的工作，政要、商贾、学者在闭门会议中常会有意或无意地带出很多不能公开的"秘密"，因此译员一定要时时牢记"保密"原则。比较谨慎的客户一般会在开会前要求译员签署保密协议。但这并不意味着没有签保密协议，译员就没有保密的义务。保密作为译员职业伦理的底线之一，容不得丝毫和片刻懈怠。

思考与讨论

译员担任一家风投公司的随行翻译。这家公司打算投资于中国某个行业。上午、下午各拜访该行业一家中国公司。因投资人中午另有安排，上午拜访结束后，译员需自行前往下午的公司，译员原计划自费打车去，但此时上午拜访的公司提出可以派公司的车送译员前往下一家公司。如果你是译员，你会坐这个公司的车吗？为什么？

拓展阅读

1. Harry Obst: *White House Interpreter: The Art of Interpretation*, Authorhouse, 2010.

2. 国际会议口译员协会（AIIC）官网：http://www.aiic.org。

3. 百度百科词条“凯瑟琳·甘”：

https://baike.baidu.com/item/%E5%87%AF%E7%91%9F%E7%90%B3%C2%B7%E7%94%98/12577446?fr=aladdin。

·本章小结·

1. “保密”是译员职业道德规范中的根本性原则之一。
2. “保密”原则可能受到口译以外的因素影响，译员应尽量避免因违背“保密”原则而产生不良后果。
3. 无论是否签署保密协议，译员都应绷紧“保密”这根弦。

第28讲 口译职业也有风险

口译员是历史的见证者。许多学习者当初之所以选择口译，正是因为看到职业译员能经常站在镁光灯下，伴随在“大人物”身边，看上去十分光鲜亮丽，从而想要努力成为一名译者，拥有这份职业的光环。但任何一种职业都存在职业风险（occupational hazard），口译也不例外。通过本讲内容，我们希望帮助口译学习者了解口译职业风险的主要类型及来源，对口译职业形成更加完整、全面的认识，有朝一日迈入职场后，能够不断鞭策自我，精进技术，降低人为失误，同时学会识别工作中的风险，更好地保护自己。

1. 祸从口出

“外交无小事”，而作为跨文化交流的重要一环，“翻译更无小事”。许多译员都有过翻译错的经历，一些错误无关痛痒，交流双方可以对此一笑了之，但在有些场合下，不经意间的翻译错误可能带来意想不到的后果，给他人及译者自身造成重大影响。例如，在美国的医疗口译界就有一个流传甚广的案例。1980 年，18 岁的古巴裔美国人 Willie Ramirez 与家人相约到家附近新开业的 Wendy's 快餐店就餐。餐后不久，Willie 因突发颅内出血陷入昏迷，被救护车送往南佛罗里达州医院。但 Willie 的家人此时并不清楚他的健康状况，仅仅怀疑他是食物中毒。由于英语水平有限，Willie 的家人在与急救人员的沟通中借助了医院里的一位口译。他的家人在向医生描述病情时用了“intoxicado”一词。在古巴西语中，该词的意思是“因饮食导致的过敏或恶心等”症状，但口译员错把“intoxicado”等同于英文里的“intoxicated”(服药过量)，结果误导了医生的判断。Willie 的颅内出血直到两天后才被发现。最终，Willie 因错过了最佳治疗时机而导致四肢瘫痪，涉事医院被判赔偿了 7100 万美元。

这个医疗口译的故事告诉我们，译员责任重大，面对没有绝对把握的概念，千万不能想当然，否则稍不留神可能酿成严重后果。类似这样的易混淆概念在日常生活中也十分常见。一次，国内某译员在和国泰航空高层的同传电话会上，听到对方提及 Air Hong Kong，就按照字面意思译成了香港航空，但其实发言人指的是香港华民航空，这是一家全货运航空公司，目前是国泰航空的子公司，以香港国际机场作为基地。香港航空的正确英文是 Hong Kong Airlines。该译员表示，自己以前也碰到过外方使馆的工作人员把国航（Air China）说成是 China Airlines（中华航空公司），造成误解的情况。

如果是外界关注度较高的场合，译员的失误还可能酿成媒体事件，给当事人甚至国家形象造成负面影响。例如，1977 年，美国总统卡特访问波兰，当时的美国国务院并未储备专职的波兰语翻译。情急之下，他们以 150 美元 / 天的薪酬，聘请了曾经为美国国务院做过兼职波兰语口译的史蒂文 • 西摩（Steven Seymour），西摩出生在苏联，曾在波兰短暂求学，但波兰语并非他的母语，在此次任务之前，他仅承担过一次低级别官员的波兰语口译。

卡特到达波兰的当天，西摩早早来到机场等候，但天公不作美，当地此时下起了雨夹雪，西摩在停机坪附近冻得瑟瑟发抖。更糟糕的是，他迟迟没有拿到总统的讲稿。随着总统专机的抵达，停机坪上的人群渐渐骚动起来，两国记者为了争抢有利位置开始相互推搡，西摩被记者、警卫们推来推去，还没等他站稳，总统已经走下了“空军一号”的舷梯。

卡特在华沙机场对前来欢迎的人群说：“我这次前来是为了了解你们的想法，了解你们对未来的追求（desires for the future）。”西摩明显受到了不利条件的影响，加上自己首次为总统口译，并且是电视直播，他在压力之下把卡特的话“你们对未来的追求（desires for the future）”翻译成了“你们对未来的贪欲”（lusts for the future）；卡特提到自己“出国访问”（when I left America），被西摩翻译成了“永远离开美国”（when I abandoned America）。第二天，波兰媒体对西摩的失误大肆宣传，卡特总统的“讲话”成了波兰民众调侃的佐料。总统的公众形象因译员的失误受损，美国国务院的语言服务处接到来自美国各地打来的投诉电话，西摩在接下来的外事活动中被临时撤换，在回国后也遭到各方责难和质疑。

正所谓“祸从口出”，这些案例时刻警醒着我们，职业译员一方面要不断精进自己的业务水平，同时在口译中要时刻保持警惕，注意力高度集中，监听自己的译文，因为稍不留神我们说出的话就可能“词不达意”，造成误解。

2. 两军交战，专斩来使

口译场景并非总是一片欢乐祥和，许多冲突事件中也有译员的身影。小到普通的民事纠纷，大到国家之间的流血冲突，许多口译员为了促进跨文化沟通，承担了超出本职工作的责任和风险。

翻译学者 Mona Baker（2010）认为，在冲突环境下，公共叙事会将敌我关系划分得泾渭分明，所有利益相关方会变得“非我即敌”，没有丝毫的中间地带可言，即便是奉中立原则为准绳的译员也会在这样的公共叙事环境下“被站队”，与口译用户紧紧捆绑在一起。口译员因此也会承受外界原本指向口译服务对象的敌意和攻击。曾为驻伊拉克美军担任口译员的伊拉克人哈里德•阿哈迈德就是典型的例子。作为驻伊美军的一名陆军上校的翻译，阿哈迈德不论是在工作时，还是工作后，时刻都面临着生命危险。因为仅在摩苏尔，至少有四名他的同行，包括为这名美陆军上校服务的前任翻译，都由于为驻伊美军工作而被暗杀。

工作时，他经常蜷缩在美军的装甲车里，车里很热，但他脸上始终戴着一副厚厚的面具，只露出两只眼睛，还用黑黑的大墨镜遮着。他很不愿意这样，但没有办法，他不能让别人知道他是伊拉克人，而且还在美军中做翻译。他知道，只有这样，他才能保住自己的命。

和数百名为美军服务的伊拉克翻译一样，阿哈迈德过着一种万分痛苦的生活。他们被伊拉克同胞嘲笑、辱骂，还常常收到死亡威胁。不仅如此，在美军里，他也常常被那些美军士兵虐待，遭到他们的种种怀疑。

自从 2003 年 4 月，驻伊美军占领摩苏尔之后，阿哈迈德就开始为美军工作。一开始，绝大多数伊拉克人还是欢迎美军到来的。这时候，阿哈迈德他们这些翻译的工作也还不错。但是，现在，伊拉克人开始憎恨美军，而阿哈迈德也从原先的高兴，转为每天都得为自己的这条命担心。

然而，尽管这份工作是那么痛苦和尴尬，但阿哈迈德他们翻译的工作却十分重要，特别是在美军不断加强与伊拉克军队的联合行动，支持伊拉克新政府稳定伊境内动荡局势的时候。“有时候，我感到非常孤独，这时我会不禁痛哭。”阿哈迈德说道。

阿哈迈德的遭遇说明，即便严格遵从中立原则，口译员作为口译用户的传话筒，仍可能会被外界误认为“魔鬼的代言人”，在冲突关系中被无辜累及。古今中外，曾有许多译者同时扮演着信使的角色，代表雇主向交战的另一方传递信息，一旦收信人恼羞成怒，遭殃的往往是译者。《后汉书·西羌传》中有记载：西羌有部落首领迷吾，因频繁扰边，为陇西太守诱杀。其子迷唐，又累寇陇西。汉和帝永元四年（92 年），“蜀郡太守聂尚代为校尉。尚见前人累征不克，欲以文德服之。乃遣译使招呼迷唐，使还居大小榆谷。迷唐既还，……未设祖道，令译田汜等五人护送至庐落。迷唐因而反叛，遂与诸种共生屠裂汜等，以血盟，诅复寇金城塞。五年（93 年），尚坐征免。居延都尉费友代为校尉，友以迷唐难用怀德，终于叛乱。乃遣译使搆离诸种，诱以财货，由是解散。友乃遣兵出塞攻迷唐”。（黎难秋，2002：12）这段文字记载了译官田汜奉命对迷唐施怀柔政策，却不幸被对方屠害的事实。

曾有心理实验表明，当人们收到坏消息时，潜意识会不自主地分析事情的缘由，以缓解坏消息带给自己的心理创伤。在归因过程中，表面呈现出的因果特征会影响当事人的判断。例如，相比于旁观者，送信人表面上与坏消息的关系更近，收信人因此会对送信人产生各种无根据的判断，包括认为送信人“无能”“不可信”等，但最主要的情绪是“讨厌”。可见，收信人迁怒于送信者是有心理学依据的。在冲突关系中充当“传话筒”的译员，也会承担由此带来的额外风险。特别是在早期，社会对口译中立性的认知度较低，译员缺乏健全的职业保障，自身权益很难获得保障。随着口译职业不断发展壮大，这一情况已经得到很大改观。20 世纪初，国际联盟作出规定，所有为其服务的口译员均享有外交豁免权。1953 年，国际会议口译员协会（AIIC）正式创立，成为代表口译员利益的全球性专业协会。时至今日，许多国家也成立了口译行业协会，在保障口译员权益方面发挥着重要作用。

3. 万能的“背锅侠”

在跨文化交际中，当涉事双方需要借助翻译，而非彼此直接沟通时，一旦事情的发展对自身不利，当事人可能会通过质疑媒介来“丢车保帅”来保全大局。一次，译员朱玉犇参加某个高级别谈判期间，主办方在中场休息时跟译员坦言："其实我们的外语都很好，但这次谈判事关重大，之所以要用翻译，是为了多一个回旋的余地。万一要谈崩，我们还可以把责任推到翻译身上，就说是译员没翻译好。"而译员对此也心领神会。果不其然，在会谈临近结束时，外方代表表示这次谈判过程中中方发言时间较多，留给外方的时间较少，这是不太公平的。而中方领导听后回应道："对于贵方有这样的感受我们深感抱歉，我想这会不会是因为在翻译的过程中出了什么问题，还请贵方多担待。"当天晚上的欢送晚宴上，中方领导找到译员说："这次真的辛苦你啦。我们也都知道怎么回事儿，说是你的问题也是为了给外方一个说法，请你多担待啊。"

但并非所有的"背锅"都是你情我愿，一些情况下，涉事双方为了保全自身利益，也会把"黑锅"扣到译员头上。抗战期间，国民党政府曾与美军在缅甸战场有过亲密合作。为了协助双方沟通，国民党当局成立了外事局，招募了一批翻译。据曾为援华美军担任口译的沈友棣描述，翻译官夹在中美军官之间，在一次作战失利后，中美军官相互推卸责任，指责四名翻译官传译不清，最终导致四名翻译官全部被枪决。在那之后，翻译官对关键时刻的工作模式做了调整。"从此以后我们每当翻译军事机要的时候，总请军官写下来再翻译。"沈友棣说。（肖志兵、孙芳，2008）

译员往往处于权力关系中的弱势地位，不掌握舆论的主导权，在舆论漩涡中"背锅"也是许多资深口译员都曾经有过的经历。

我们只把好奶卖到海外[①]

2019 年 7 月 3 日，在夏季达沃斯论坛期间，蒙牛总裁卢敏放出席了一场名为“全球经济展望：亚洲视角”的专题讨论会。主持人史蒂芬·恩格尔与卢敏放有如下一段对话。

史蒂芬·恩格尔：Have you overcome the perception gap of the quality issues from 2008? When you go abroad, these issues do come up, right?（蒙牛是否已克服 2008 年质量危机后消费者对中国乳品形成的偏见？在开拓海外市场的时候，是否因此受到影响？）

卢敏放：Actually, I would say not really. We are in Indonesia, even in Hong Kong and Singapore, today, in yogurt business, we are growing very strong in Hong Kong and Singapore. *The main reason is that we always want to go there with the best product, the premium product, high quality innovation*, so that changes the perspective.

对于卢敏放的这些话，当时的同传译员是这样翻译的：“在香港、新加坡，我们的酸奶业务发展得非常好。主要原因是我们总是把最好的产品，优质的、高质量的创新产品放到这些市场，这就改变了大家对我们的看法。”

第二天，有媒体对同传译员的译文断章取义，以《蒙牛卢敏放：我们总把最好的产品投放到中国香港、新加坡市场》作标题，暗指蒙牛只把好产品卖到国外，撩拨国人敏感的神经。报道一出，立刻被多家媒体转载，在社交媒体上掀起巨大的舆论风波。事后，蒙牛迅速对这一不实的新闻报道做出正面回应，向公众披露了蒙牛在质量把关上更多的技术细节和严格标准，扭转了由此产生的负面影响。随后，这段话的官方译文也被修

① 案例来源：中国日报双语新闻微信公众号：https://mp.weixin.qq.com/s/hbjvooZnnNobngTjs2Ipzg。

订为："我们总是希望向当地展示最好的、最高端的和高水平创新的产品，由此来改变他们对中国产品的偏见。"之后，网上又陆续出现了多篇指责译员失误的报道，似乎整个舆论事件都是口译员一个人的错。

案例分析

在本案例中，讲话人口中的 go there with 是一个极其模糊的措辞，而最终的官方译文将其处理为"展示"，同样是一个模棱两可的概念，可谓"以毒攻毒"。我们知道，同传是一项时间压力很大的工作。译员需要在听到讲话的刹那间迅速做出判断，组织语言然后将信息同步传递给听众。在当时，译员按照自己对 go there with 的理解，处理成了"放到这些市场"，从同传的技术角度来讲并无不妥。Go there with 的字面意思是"带着某个东西去某个地方"，如果译员当时翻译成"我们总是带着最好的、最高端的和高水平创新的产品去这些市场"，恐怕也会被媒体抓住"小辫子"大做文章。如果要追究该舆论事件的始作俑者，无疑是断章取义的媒体。面对如此事关重大的主题，任何一家负责任的媒体都应该去听一听讲话人的原话，确定讲者的意思，这本是参加国际会议的常识，而不是揪住译员在一刹那间的选词大肆炒作，博眼球赚流量。当蒙牛作出回应后，媒体又集体把矛头指向了译员，以译员失误作为整场闹剧的结束。而作为毫无舆论主导权的译员，只能眼睁睁地看着自己卷入一场新闻事件，背负不该有的骂名。

Disclamers may apply:
The interpretation of proceedings serves to facilitate communication and does not constitute an authentic or verbatim record of the proceedings. Only the original speech is authentic.
L'interprétation des interventions est destinée à faciliter la communication et ne constitue un compte rendu authentique ou in extenso desdites interventions. Seules les interventions prononcées dans la langue d'origine font foi.
La interpretación de las intervenciones sirve para facilitar la comunicación, pero en modo alguno constituye una grabación auténtica o literal de las mismas. Sólo las intervenciones originales son autenticas.
Устный перевод на заседаниях служит для того, чтобы содействовать коммуникации, и не является аутентичной или стенографической записью заседаний. Аутентичным является только исходное выступление.
在会议进行中提供翻译是为方便交流，不能将其视为会议实况记录或逐字记录。应以发言原文为准。
الترجمة الشفوية في المداولات الغرض منها تسهيل التواصل ولا تشكل أي محضر ذي حجية أو محضر حرفي للمداولات. ويتمتع الخطاب الأصلي وحده بالحجية.

In case of problem please contact : webcast@itu.int

▲ 国际电信联盟在其官方网站提供附现场同传的会议录播服务。图为国际电联使用联合国 6 种官方语言对现场同传所做的免责声明，其中特别指出现场翻译是为了方便交流，不能等同于会议实况记录，听众应以发言原文为准。同样的免责声明还可以在 FAO、WHO、联合国日内瓦总部、各国议会联盟以及 AIIC 等国际组织的网站上看到。

思考与讨论

一次，某国内商业银行副总裁与外资银行代表会谈，外方代表提出计划在中国搞一次大型活动，希望得到中方支持。副总裁当即答应赞助这次活动，译员如实传达。可没想到该提议最终未能获得公司董事会的支持。面对外资银行后期的追问，副总裁表示当时双方沟通时存在误解，可能是本公司的译员犯了错误。如果你是这名译员，你会如何处理这种情况？

拓展阅读

1. John, Leslie, Hayley Blunden and Heidi Liu: "Shooting the Messenger", *Journal of Experimental Psychology*, General 148, no. 4, April 2019, 644-666.

2. Mona Baker: "Interpreters and Translators in the War Zone", *The Translator*, Volume 16, Number 2, 2010, 197-222.

3. 有关伊拉克口译员困境的媒体报道：

http://www.chinanews.com/news/2004/2004-09-15/26/484232.shtml。

4. FAO 对现场同传的免责声明：

http://www.fao.org/webcast/home/zh/item/5211/icode/。

5. WHO 对现场同传的免责声明：

https://apps.who.int/gb/e/e_wha73. html。

6. 各国议会联盟 (IPU) 对现场同传的免责声明：

https://www.ipu.org/event/cancelled-142nd-assembly-and-related-meetings。

7. 联合国日内瓦总部对现场同传的免责声明：

https://www.ungeneva.org/sites/default/files/2020-07/UNGeneva-Preparation-of-Summary-Records.pdf。

8. AIIC 对现场同传的免责声明：

https://aiic.ch/wp-content/uploads/ 2020/05/aiic-ch-reference-guide-to-rsi.pdf。

9. 黎难秋：《中国口译史》，青岛出版社，2002 年，12。

10. 肖志兵、孙芳：《抗战时期中国翻译官的身份与角色》，《外国语文》，2018 年 9 月第 34 卷第 5 期，124。

· 本章小结 ·

1. 口译除了光鲜亮丽的一面，也存在许多风险。
2. 祸从口出，译员的失误可能引发严重后果。
3. 译员需要在平时不断精进业务，在实战中时刻监听译文产出，降低人为失误。
4. “传话筒”身份可能会给译员招来祸端。
5. 译员不掌握舆论主动权，因此可能在舆论事件中沦为“背锅侠”。

第29讲 口译员的“义利观”

许多人学习口译是因为口译职业的高收入，特别是同声传译，常被大众媒体称为“金领”行业，引发了众多年轻学子的向往。但物质回报并不足以支撑一个人持之以恒地做一件事情，并最终将它做到极致。杰出的口译员看重的绝不仅是口译带来的高收入，更重要的是自我价值的实现。只有树立正确的义利观，才能让口译之路走得长远，正所谓“君子忧道不忧贫”；反之，过分看重短期经济利益，罔顾道义，势必损害长远的职业发展。本讲为大家介绍译员应当具备的重要品质。

1. 国家利益高于一切

成立于同治元年（1862 年）的京师同文馆是中国最早专门培养翻译人才的教育机构。京师同文馆成立次年，时任江苏巡抚的李鸿章专折上奏，请求在上海、广东两处同时设立外国语言文字学馆，扩大口译人才的培养规模。他在奏折中说道："各国在沪均设立翻译官一二名，遇中外大臣会商之事，皆凭外国翻译官传述，亦难保无偏袒捏假情弊。中国能通洋语者，仅恃通事。凡关局军营交涉事务，无非雇觅通事往来传话，而其人遂为洋务之大害。"李鸿章认为，各口岸通事大多是"商伙子弟"，不是"佻达游闲"就是"染洋泾习气"，心术卑鄙，追逐声色货利。因此，他奏请从上海附近选择"资禀颖悟""根器端静"的少年入学馆学习。与此同时，"通商督抚衙门及海关监督应添设翻译官承办洋务，即于学馆中遴选承充"。这样，关税、军需等洋务即可核实，"无赖通事也就自然敛迹"。（李文杰，2017：340）

在这段论述当中，李鸿章认为"商伙子弟"出身的通译重利轻义，是靠不住的。他希望借学馆培养真正有理想、有抱负的"翻译官"，为民族救亡大业添砖加瓦。可以说，中国的口译人才培养从近代伊始就带着家国情怀的烙印。时至今日，学好外语、报效国家，仍然是每个外语应用人才应当铭记的行事准则。在当代，也不乏在危急关头挺身而出，为保全国家利益而选择牺牲个人安逸的口译员。

2020 年年初，突如其来的新冠疫情牵动着全国人民的神经。在疫情暴发初期，由于对新冠病毒的认识有限，人们几乎谈"冠"色变。为应对这一突发公共健康危机，中国不仅制定了强有力的内部防疫

晚清时期的京师同文馆大门。

措施，同时还开始严防输入性病例。正是在这样的大背景下，口译员沈洲榕承接了一次不平凡的口译任务。

2020 年 2 月 29 日，沈洲榕突然接到来自北京市外办的任务。一架载有 400 多人的航班正飞往北京首都国际机场。与其他航班不同的是，这架航班上出现了几名发热旅客。根据北京市疫情防控隔离规定，同机旅客作为密切接触者，必须在指定地点隔离 14 天。飞机上有着众多外国乘客，迫切需要译员协助，完成隔离手续。

在了解情况后，沈洲榕第一时间赶往了指定隔离地点，在学习了防护要点后，便在医护人员的指导下，穿上了防护服，严阵以待，准备迎接即将来此隔离、办理入住的密切接触旅客。

“确实有译员在听到工作内容后，便决定不来了。但是，我当时没想那么多，只是简单地觉得，这个时候能出点力就出点力。”沈洲榕说。随着第一批旅客的到来，沈洲榕便开始为他们提供口译服务。这群旅客里，有外交官、学生，还有残疾人、老人和幼童。旅客们长途飞行后又被集中隔离，办理入住手续时情绪不稳定，有对现场医护人员发脾气的，也有提出各种要求的。“由于译员们能听懂他们的语言，他们便把所有的情绪都向译员们倾倒。其实我特别能理解他们。这个时候的翻译，需要的不是高难度的专业词汇，也不是高超的口译技能。而是一份人性、一份同理心和一份耐心。翻译应当有‘德’、有‘情’。”沈洲榕表示。

面对疲惫不安的旅客，译员耐心地向他们解释政策，与现场工作人员沟通，极力安抚旅客的情绪，并尽量满足他们的要求。

从下午两点开始，到晚上七点最后一名人员完成入住时，沈洲榕的护目镜上已经布满了水汽。脱下防护服后，他的脸上和身上都出现了深深的勒痕。稍事休息后，他便再次穿上防护服，投身下一个任务。这一次，是前往污染区，协助医务人员对已经入住的旅客做咽拭子采样。

进入污染区时，已是深夜。随着一个个房门的打开，译员为每一位旅客悉心解释医务人员的来意，并协助医务人员沟通，完成咽拭子采样。在采样过程中，一位工作人员由于水汽遮掩了护目镜，在递笔的时候，一个没注意，笔尖对向了沈洲榕。

“当时我只觉得手指被扎了，心里一沉，马上就想到了电影《恐怖地带》里针尖刺破医生手指的场景。由于我们不能碰触清洁车上的物品，我就马上请求医护人员给我挤消毒液。后来在灯光下仔细检查，所幸没有戳破外层防护手套。”

随着最后一名旅客检测完毕，完成严格而漫长的防护服脱离程序后，译员走出了污染区，而这时，已经是次日凌晨 1 点了。

事后，沈洲榕说："我做的只是一件小事罢了。穿着那身防护服的时候，全身上下闷得难受，尤其是护目镜勒得头特别疼。当时我就在想，防护服我只穿了 8 个多小时，而那些在前线直接救治病患的医生护士们，要比我辛苦得多。还有那些在一线工作的志愿者、警察、社区工作者们，他们才是真正的英雄。我只是做了一名译员该做的事情罢了。后续如果需要我，我再来。"

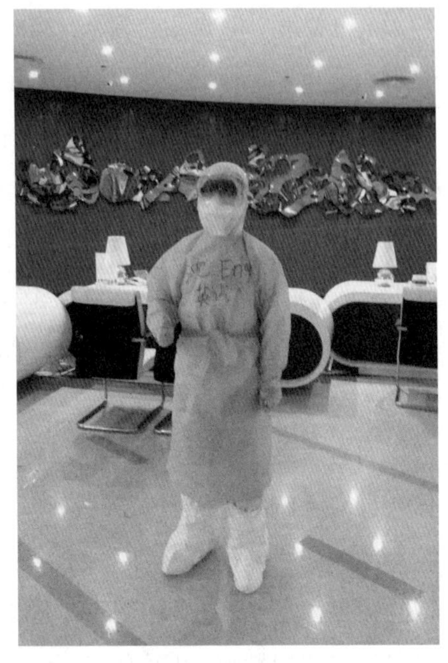

▲ 身着防护服的口译员沈洲榕。（译员本人提供）

像沈洲榕这样在危难时刻挺身而出，冒着健康风险服务国家的译员不止一个，他们身上所体现的是一名译者的职业操守和家国情怀，是所有口译学习者的榜样。

2. 集体利益高于个人

在本书第 26 讲中，我们介绍了译员的中立性原则。中立性原则强调口译员要隐身（maintain invisibility），做局外人（be an outsider），不干预事情的发展（extracting oneself from the situation）。但这并不是倡导译员在任何情况下都要置身事外，事不关己高高挂起，

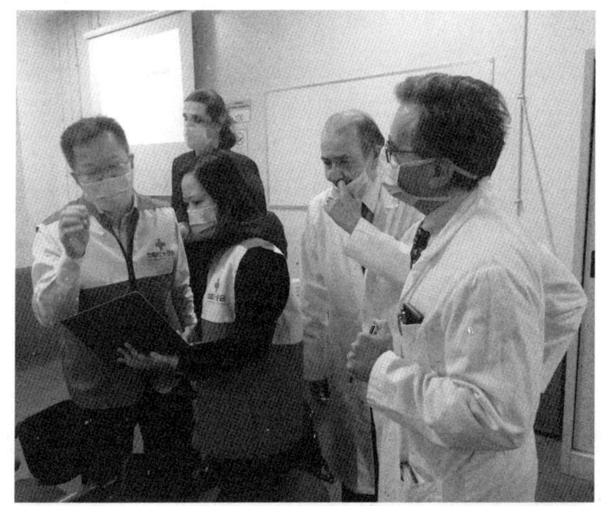

◀ 2020年3月，口译员吉晋（前排左二）陪同我国派出的第一支援助意大利抗疫医疗专家组赶赴当时的意大利疫情重灾区伦巴底大区，协助中意专家沟通。（译员本人提供）

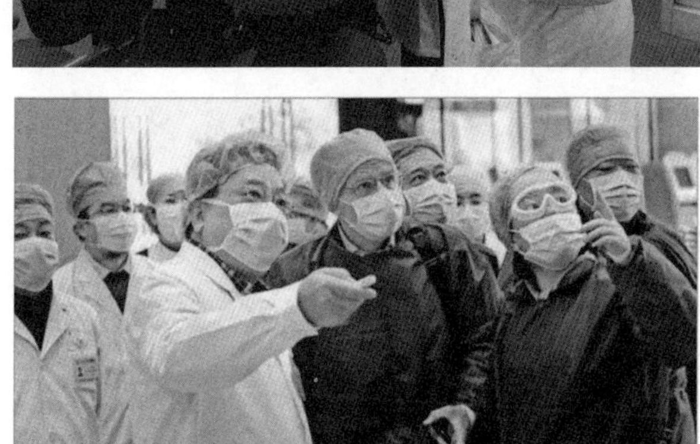

▼ 2020年2月23日，口译员钱芳（右二）陪同世卫专家前往当时仍处于“震中”的武汉考察疫情。（译员本人提供）

或是给多少钱出多少力，只做“分内之事”，对“分外工作”一概不管。特别是随团出访海外时，口译员往往是整个集体中唯一精通当地语言的人，是所有团员依赖的耳目和嘴巴，遇到突发情况，口译员要积极行动起来，发挥作用，即便这些额外工作没有酬劳，也要努力维护整个集体的利益。

口译员王洋曾有过一次不平凡的巴黎口译之旅。2016年1月，王洋受邀陪同国内某代表团赴巴黎参加会议。在此之前，她已经多次赴巴黎执行过口译任务，可谓轻车熟路。出发前，双方按照会议时长协商了报酬。王洋原本以为这是一次普通的旅行，可后来的一连串遭遇却让所有人始料未及。

代表团的第一站是在德国的法兰克福转机。飞机刚刚落地，王洋就在手机新闻里看到了巴黎暴乱的消息。报道称巴黎的出租车公司因不满 Uber 争抢客源，发起了一场和平抗议，但后来冲突逐渐升级，演变成了打、砸、抢。王洋在心里暗想，这次的旅行可能不会像往常那么顺利。

果不其然，等她们早上飞到巴黎的戴高乐机场，已经找不到一辆出租车，机场距离酒店还有很长一段距离，公交地铁又十分不便，怎么去酒店成了难题。王洋决定为大家寻找解决方案。身为中英口译员的她开始用自己的“三脚猫”法语费力地四处打听，积极联络。会议还没开始，译员已经承担起了“分外工作”。功夫不负有心人，一番打听，她终于找到了一辆大巴，但大巴的常规路线并不经过酒店。译员在与司机耐心沟通后，对方最终同意为他们稍微绕行一下，一行人这才顺利抵达位于郊区的酒店。

第二天，参会代表想要熟悉一下酒店周边的情况，由于担心语言障碍，他们请译员一同外出。在折回酒店的途中，她们意外地发现酒店附近已经被戒严，任何人不得靠近。究竟发生了什么事？代表们只得再次委托译员出面弄清楚。经过一番打探，译员得知附近有酒店疑似遭遇恐怖袭击，警察正在排查可疑人员。不知过了多久，警戒终于解除，等她回到房间才知道，疑似被袭的酒店正是她们所入住的巴黎纽约酒店，所幸嫌疑人已被及时控制，未造成人员伤亡。接下来的几天，酒店内部及周边依然维持高度警戒状态，译员就在这样的氛围中完成了会议口译工作。

法国警方在巴黎的纽约酒店外保持警戒。

意外还远未结束。离开巴黎当天，王洋早早赶往了戴高乐机场。她发信息提醒后续离开的代表团成员尽早来机场候机，以防出现其他意外，但最后一次波折就在不经意间发生了。她乘坐的电梯突然被关停，被困在地下，好不容易等来了机场工作人员，王洋从对方那里得知，戴高乐机场发现不明包裹，警察已将整个机场全部封锁，开展风险排查。等到她登上回国的航班时，距离关闭舱门已经只剩下两分钟。

会议口译员的劳务报酬一般是按照会议时长来计算。谈起那次巴黎之行，王洋坦言道，自己确实承担了许多“分外工作”，也承担了不小的压力，但出门在外，雇主和译员就是一个集体，译员是集体中唯一有能力跟外界沟通的人，有能力便有责任。为了集体利益牺牲一点个人时间，是一名合格译员应有的人生格局。

3. 伙伴利益高于自身

会议口译，特别是同声传译常常需要多人配合完成，彼此之间既是紧密合作的搭档，又是休戚与共的伙伴。在 AIIC 的《职业道德准则》中，关于口译员之间如何相处有两条专门的表述，分别是：

A. It shall be the duty of members of the Association to afford their colleagues moral assistance and collegiality;

B. Members shall refrain from any utterance or action prejudicial to the interests of the Association or its members.

条款 A 中 collegiality 指的是同事之间权力相等，相互之间是平等协作的关系；条款 B 则直接指出 AIIC 成员不应当有歧视其他成员利益的言语或行为。之所以如此规范，是因为不同的译员在资历、经验、性别、外貌、性格等方面存在差异。在实际工作中，这些差异可能会导致雇主的认知偏见，如主观上假定年纪轻的译员水平不及年长译员。作为职业译员，我们要秉持公允的立场，而不是利用这些偏见为自己渔利，或故意为口译搭档制造麻烦，以争取客户对自身的更高评价等。

美国政府资深口译员 Harry Obst 在首次为约翰逊总统口译时，曾因缺乏经验而出现了几处小的失误，但当时的外方口译员是业界赫赫有名的前辈 Heinz Weber。Weber 虽然注意到了这些失误，却没有当面指出来，这让 Obst 从前辈身上学到了宝贵的一课，那就是不要纠正同事的小错误，除非这些错误影响到了谈话本质。口译员之间应该本着合作的态度，共同服务好客户，而不是借对方的失误大做文章，通过贬低对方来抬高自己。这一原则在同传时同样适用，当搭档遇到困难时，口译员不应该作壁上观，任由对方犯错。同时，也不应该在不使用静音键（参见第 4 讲）的情况下大声纠正对方，并企图以此让听众认识到自己比搭档技高一筹。因为在听众心目中，口译员是一个整体，任何一位译员的失误都可能导致整个团队被终止合作。

案例

“直接合同、直接付酬” ①

1961年，AIIC在召开全会时有一项内容，就是讨论是否开除一名译员，因为他被怀疑违反职业道德规范，特别是在招聘中采用了非正规手段。根据当时的一条行规，译员招聘合同要与客户直接签订，这条不成文的规矩后来也发展成协会的伦理准则之一。在承接口译任务时，这位同事企图从其他几位受雇的译员报酬中提成，违背了“直接合同、直接付酬”的原则。会议期间，当事人首先为自己提出辩护，但塞莱斯科维奇坚决认为这属于不正当行为，并提醒大会AIIC译员应该用最高的道德准则约束自己的行为。年轻的玛丽雅娜•勒代雷当时已怀身孕，但还是接受到场做证，向大会说明自己没有拿到标注自己名字的直接合同，劳务费也是通过该同事的个人支票支付。全会最终表决，吊销当事人会员资格两年。

案例分析

由于口译职业的特殊性，口译项目经常由某个口译员牵头承接，之后组建口译团队，并充当整个团队和雇主之间的沟通桥梁。但同工同酬一直是口译行业非常看重的原则，即便是项目带头人，其报酬往往和团队成员是一致的。显然，上述案例中被吊销会员资格的同事违背了这些原则。注重道义的口译员会把同事的利益放在第一位，在与雇主发生费用纠纷时，带头人甚至会牺牲自己的利益来保证其他同事的利益。从长远发展来看，以义为先不仅不会损害口译员的利益，反而会提升口译员在业界的地位，从而使口译职业获得更大发展。德高望重的口译员能够在业界一呼百应，赢得众多优秀同事的支持，从而有能力承接规模更大的高级别任务，形成良性互动。

① 案例来源：刘和平微信公众号“译坊”。

思考与讨论

某国家部委经常聘请译员 A 为其会议提供口译服务。一次，A 因人在国外无法参加客户的会议，便向客户推荐了译员 B。A 回国后，继续和 B 一起为客户陆续做了几次翻译。但不知从何时开始，客户在有口译需求时不再联系 A。A 知道后向客户了解情况，客户告知 A，由于 B 性格比较开朗，跟客户沟通较多，后来就习惯了首先联系 B，但 B 每次都向客户称 A 没有时间。但事实上，B 根本没有联系过 A，而且找了别的译员做搭档。别的译员也好奇客户的活动为什么没有再让 A 充当项目带头人，但 B 的回复是因为客户觉得 A 干得不好，不让再找 A 了。B 还向同事表示，她曾为 A 在客户面前争取过，无奈客户坚持不让找 A。但 A 从客户处直接了解到，这样的事并没有发生过。请问你是如何看待 B 译员这种行为的？

拓展阅读

1. Harry Obst: *White House Interpreter*, Author House, 2010, 7.

2. 李文杰：《中国近代外交官群体的形成（1861—1911）》，三联书店，2017 年，340。

· 本章小结 ·

1. 中国的口译人才培养从近代伊始就带着家国情怀的烙印。
2. 在国家面临危难的时候勇敢站出来，是当代口译人的重要担当。
3. 在用户眼中，口译员是一个整体。
4. 在现实生活中，译员应把国家利益、集体利益及他人利益放在第一位。只有这样，才能实现自我价值，让自己的口译事业长青。

第30讲 与新技术共舞：勿为乱花迷了眼

我们处在一个技术日新月异的时代。新技术的迅猛发展给各行各业都带来了不小的挑战，口译行业也不例外。机器翻译、人工智能翻译、人机耦合等新概念层出不穷，有人提出翻译专业应该向着语言服务专业方向发展，甚至有人提出翻译专业即将消亡的观点。那么，在新技术的面前，译员应该保持怎样的态度呢？

1. 了解和拥抱新技术

我们身处在信息时代，技术的革新是时代的主题，口译行业受到技术革新的影响是题中应有之义。因此，在面对新技术带来的机遇和挑战面前，译员首先应该保持开放的心态，主动跟踪和了解技术发展的水平，以便对翻译技术在口译工作中的作用有理性的认识。

目前，在机器翻译方面，几家知名公司所取得的进展是显而易见的，由于神经网络技术的推广，当今的机器翻译质量实现了质的提升，尤其是在专业性较强的非文学文献翻译方面，因为专业文献的术语重复率高，句式结构相对有规律可循，因而特别适合采用机器翻译。

以联合国文件的英汉翻译为例，联合国文件一般都是专门性领域的文件，在相关的主题领域有大量的多语对应材料储备，而且联合国文件一般都遵循特定的格式，且其中涉及的一些问题是反复讨论的话题，术语、用词等有相当比例的重现率。正因如此，目前，机器翻译系统在翻译联合国文件时，在某些段落已经可以达到相当高的水平。例如，下面这几句话：

It is a great honour for me to represent Spain as the President of the Conference on Disarmament: it is a responsibility that I assume without reservation at this critical juncture — given the complicated international security situation — and with renewed resolve and awareness of the importance of promoting disarmament measures that can contribute to peace and stability.

我们采用机器翻译系统得到的译文是：

我非常荣幸地代表西班牙担任裁军谈判会议主席，鉴于复杂的国际安全局势，我在这一关键时刻毫无保留地承担这一责任，并再次下定决心，认识到促进有助于和平与稳定的裁军措施的重要性。

这句译文可以说已经非常接近人类译员的水平，不仅意思理解和译文用语准确，而且对原句结构的分析也相当精准，从译文对原文句式的处理可以看出，该系统中存储了大量类似结构的原译文对应材料。所以，机器翻译系统可以在几乎是瞬间产出标准的译文。

看到这里，大家可能会觉得心中一凉，会想：是不是机器马上就要替代人类译员的工作了呢？在我们下定论之前再看一个联合国发言中常见的小句和具有代表性的国内外机器翻译系统给出的译文：

◀搜狗翻译提供的译文。

▼谷歌翻译提供的译文。

“The floor is yours.” 这句话是国际会议中的常用语，一般是主持人在邀请发言人上台发言时所说的一句话，意思是：现在请您发言。然而，上述两个强大的机器翻译引擎却双双将它译为“地板是你的”，其背后的原因体现了人脑与电脑的本质区别，即人脑在理解任何句子，乃至个别单词的时候，都会自动将其置于一定的语境中理解，即使缺少语境，也会基于自己的知识储备对可能与句子相关的语境作出判断，并进而确定词与句的具体含义。而目前的机器翻译系统主要依靠的基础仍是海量的大数据，如果能比对到现已存在的数据，机器就能做出正确的判断。如果不能，或者在缺少语境的情况下，机器系统往往就会出问题，并没有像某些广告宣传中所说的那样可以像人类一样思考。对于“The floor is yours.”这样一句话，可以说任何一位对会议语言有所了解的人类译员都会知道它的意思是什么，而可以处理比这句话复杂多倍的句子的机器却犯了个在我们看来是非常“愚蠢”的错误。

我们对比以上两个案例，既不是对机器翻译的发展水平加以“神化”，更不是有意贬低机器翻译的发展水平或否认其发展前景。我们想说明的是，机器翻译技术的发展给译员带来的既有挑战，也有机遇。

机器翻译技术目前的确发展到可以替代一定程度的人工翻译工作的地步，而且在专门领域的文件翻译方面，可能已经超越了刚入门的新手译员或不思进步的“老译员”。换句话说，随着机器翻译技术的发展，行业对低水平译员的需求将显著减少，一部分低水平的重复性劳动也必将被替代，翻译行业的门槛将因为机器翻译技术的进步而不断提高。这种现象其实在曾经常与口译员在会场做伴的会议逐字记录员身上已经出现。以往常常坐在译员箱附近忙碌地敲打键盘，记录会议发言内容的记录员们已经逐渐被一些语音识别和逐字记录软件系统所替代。语音识别系统已经可以达到 90% 以上的识别准确率，因此会议逐字记录员作为一个职业的消失是指日可待的。

但是，我们同时应该看到，机器翻译技术发展对口译行业带来的机遇。译员如果能够很好地把握机遇，不但不会丢掉工作，反而还能不断提高自己的翻译水平。机器翻译技术提供商在提供翻译技术的同时，也提供了一系列方便使用的应用工具，部分译员已经在频繁地使用这些工具了，并且从中受益。例如，有些翻译引擎提供了拍照翻译的功能，译员只需对着一页幻灯片拍照，系统就能自动识别并译出照片中的文字，这样就节约了译员一条条术语分别查询的大量时间，译员可以把节约下来的时间更多地用于积累系统的背景知识。又如，有些软件为译员提供了从大量会议资料中提取术语的功能，译员只需将会议相关的文字材料输入软件，软件就会自动提取出材料中常用的术语，这种功能也大大地方便了译员的译前准备工作。

不仅如此，由于机器翻译技术的不断进步，对译员的自我能力提升也持续提出挑战。对译员个人的压力是译员个人翻译技能进步的源泉，对口译职业的压力是口译职业发展的动力。在低水平、重复性的工作不断被机器替代的情况下，译员必须持续磨练自己的译艺，确保翻译水平不断精进，这对于译员来说何尝不是一件好事？

2. 合理捍卫自己的权利

机器翻译系统在笔译领域大举进军的同时，也在悄悄挺进口译行业。在一些媒体曝光度较高的大型会议上，一些公司纷纷拿出自己的人工智能口译产品，但是到目前为止，这些产品给出的译文得到的评价似乎并不高。

但是，由于机器翻译技术发展背后不可避免的商业逻辑，译员的权利有时会受到侵害。此时，译员应采取合理的手段捍卫自己的

< 博鳌亚洲论坛 ·•· ⊙

未来的生产

• 同传正在进行中　　会议详情

manufacture a certain location, a Ukraine employment, but you also create downstream suppliers who in turn innovate.

即使是美国也可能拥有最优秀的人才，你知道你说服我们，即使做得很好，因为美国的能力水平资源发光体，你知道的，所以这对for，for，for，for，for，for，for，for，for，for，for，for，for，for，for，for，for，for，for，for，for，for，for，for，for，for，for，for，for，for，for，for，for，for，for，for，for，for，for，for，for，for，for，for，for，for，for，for，for，for，for，for，for，for，for，for，for，for，a乌克兰就业情况，但你也创造了下游供应商，他们反过来创新。

You choose to sell your products retailers.

你选择销售你的产品。

参加 2018 年博鳌亚洲论坛期间嘉宾手机小程序上收到的部分现场机器同传的译文。

权利。例如，在一次国际会议的闭幕式开始之前，忽然有国内知名的人工智能翻译技术公司的工作人员拿着接线设备来到同传箱。因为此前遇到过类似的情况，所以译员非常敏感，当即询问工作人员要做什么。工作人员回复说他们要接一条线路，把译员和搭档同传的译文转写成文字放在大屏幕上。以往也有公司将译员同传译文放在大屏幕上，不但不明确标注是译员的译文，而且还含糊其词地标注上“本译文由某某软件提供”，混淆视听。因为译员本人就曾有过这样的经历，因此果断地拒绝了工作人员的要求，同时向主办方反映此事，并且提出要求：如果要把译员的译文变成字幕投射在大屏

◀ 笔者在2018年世界机器人大会上。在此次大会上，翻译技术公司提供了机器同传。笔者观察到，机器同传在翻译带有浓厚口音的意大利代表发言时，几乎不能提供一句完整正确的译文。

幕上必须明确说明是译员的译文，而不能瞒天过海地让现场观众误以为是机器的译文。等到会议活动开始后，译员注意到，虽然大屏幕上仍然显示了翻译字幕，但不是译员的译文，而的确是机器的译文。当然，译文中的错误很多，只能说是一种技术展示，而不能称其为合格的传译。在这个案例中，译员抵制住了技术公司的不合理要求，维护了自身和职业的尊严。但是，需要说明的是，并不是在所有场合，译员都有能力抵制技术公司背后的商业逻辑。因为技术公司往往会通过给会议主办方提供经费赞助的方式来获取展示技术的机会，同时获取译员的口译语料。在面对主办方的压力时，译员可以主动与之沟通，一定要明确提出要求，要求技术公司如果使用译员的译文，一定要说明来源，而不能混淆视听，以商业推广的借口损害译员的利益。

究竟是人还是机器在翻译？①

2018 年 9 月，知乎用户 Bell Wang 发布了一篇关于科大讯飞人工智能同声传译造假的文章，引起了广泛关注。文章称科大讯飞所谓的"AI同传"并不是真正意义上的全自动智能翻译，而只不过是将同声译员翻译好的语音转化为文字，然后显示在会场的屏幕上。

事情发生在 9 月 20 日，在一场论坛上，Bell Wang 受邀来到上海国际会议中心做现场同传。在翻译的过程中，Bell 发现，讯飞智能听写的英语字幕和演讲者的演讲内容出入较大，而屏幕另一侧所显示的翻译内容却是同传员所翻译的正确内容。在 Bell 看来，既然智能听写的内容和演讲者的讲话内容出入这么大，说明讯飞智能根本没有听懂演讲者的讲话。而翻译内容则是讯飞对同传员翻译的语音进行识别，然后转化成文字显示在屏幕上。

当天，Bell 将这件事公布到网络上，指责科大讯飞在会议上所使用的"智能翻译"系统造假，称其显示的中文翻译，并不是其理解语言后智能翻译的，而是后台两位同传译员临场实时翻译后，再由机器读出来的，该文章瞬间引起了轩然大波。

科大讯飞在回应时表示："科大讯飞本身一直都在鼓励人机耦合的模式，在同传的领域，目前单纯的人工智能是做不到的，或者说效果不好，必须要借助人机耦合来发展。"

---

① 案例来源：《科大讯飞 AI 同传被曝造假？公司回应了！》，https://www.sohu.com/a/ 256132318_391478。

案例分析

本案例中，Bell Wang 的经历不少译员都曾有过。商家为了达到宣传其人工智能产品的效果，常常会故意使用模糊性的语言。例如，“中文字幕由 ×× 产品提供”，这样的说法很可能让现场观众误以为字幕是由该公司产品翻译的。本案例中的译员勇敢地指出这一点，对维护口译职业的尊严是有意义的。从译员的视角来看，如果技术公司能够明确地标明，字幕是对译员译文的转写，是可以接受的，但如果故意通过模棱两可的方式混淆视听，是不可以接受的。必要的时候译员可以直接与主办方沟通。正如讯飞公司在回应中所明确表示的：“单纯的人工智能”是做不好同传的。这个判断符合目前技术发展的实际。而对于“人机耦合”，其实也可以有很多种解释方式，但总体趋势是技术将在未来的口译工作中扮演越来越重要的辅助作用。面对新技术对口译职业的影响，译员不能对挑战视而不见，也不应夸大技术对人的“替代”作用，而应该一方面了解技术，拥抱技术，另外一方面思考如何驾驭技术，如何在技术的辅助下更高质量地完成口译任务。

思考与讨论

目前在口译领域有哪些新技术？它们对口译工作有何帮助？你觉得口译技术应该朝哪些方向发展？

拓展阅读

1.《腾讯翻译君在博鳌“翻车”了，这届 AI 翻译不行？》，https://tech.sina.com.cn/roll/2018-04-11/doc-ifyteqtq7855682.shtml。

2.《科大讯飞 AI 同传被曝造假？公司回应了！》，https://www.sohu.com/a/256132318_391478。

3. 王华树、杨承淑：《人工智能时代的口译技术发展：概念、影响与趋势》，《中国翻译》，2019 年第 6 期，69-79+191-192。

4. 李智、李德凤：《人工智能时代口译员信息技术素养研究》，《中国翻译》，2019 年第 6 期，80-87。

·本章小结·

1. 翻译技术的发展日新月异，译员应树立主动了解和拥抱新技术的意识。
2. 在面对有关翻译技术的夸大，甚至虚假宣传时，译员应采取合理手段捍卫自身的权益。

· 代 · 后 · 记 ·

海棠树下话口译

本书的两位作者皆为北京外国语大学高级翻译学院的口译教师，在业余时间为多场国际会议提供过交传和同传服务。北外高翻学院的前身是成立于 1979 年的联合国译员训练班，学院楼前有三株建院伊始植下的西府海棠。每年春来，海棠花开，清香满院；每年秋到，海棠结果，鲜艳欲滴。一代又一代的译员就在这春华秋实中成长。因此，本节以“海棠树下话口译”为题，回顾他们在口译实战中的种种经验，以飨读者。

姚斌（以下简称姚）： 小朱老师，一转眼你从事口译的实践和教学工作也有快十年时间了，我很想听你聊聊你记忆中印象比较深刻的口译经历是什么。

朱玉犇（以下简称朱）： 我印象里比较激动人心的口译经历有几次，其中一次就是你邀请我一起去央视，为马航 MH370 航班失联的马方新闻发布会做同传。其实，当时我心里很没底。那段时间媒体对此事关注度很高，举国上下几乎每日都在守着电视看直播。观众中当然会有自己的学生、同事和家人。说实话，我怕自己翻译不好坏了名声，特别是，我害怕学生在电视里听到我出错。但是当时你跟我说："我教了这么多学生都不怕，你怕什么？媒体同传平时接触得少，应该去了解一下。"这句话触动了我，所以心一横就硬着头皮去了。前后紧张了几个小时，最终也就上线翻译了几十分钟。整个过程有点像待产的孕妇，十月怀胎一朝分娩，尽管"孩子"生出来没有想象中好看，可心中还是有难以言表的成就感。因为技术条件有限，翻译过程中确实遗漏了部分信息，但结束之后，回头再看这段经历，我个人的收获很大。自己能够在这样紧要的关头充当媒介，向电视机前迫切等待的全国观众提供有关失联航班搜寻的最新消息，那一刻，我深切地感觉到自己的工作是有价值的，口译是社会所需要的。当然，还有一点也很重要：在央视的荧屏上留下了自己的名字！离开家乡这么多年，家里人终于知道这么多年我在学什么，也头一次直观地感受到我平时的工作内容。小时候跟着父母看央视，羡慕上电视的人，从未想到自己有一天能够在这么大的平台上说话——虽然是在翻译别人的话，但已经足够让我感到幸福。姚老师，您也一定有不少快乐的口译记忆吧？

姚：没想到你对那次的经历记得如此清晰。说实话，我对那次同传经历也印象深刻。虽然此前已经做了十多年的口译，但在央视，在全国、全世界直播的节目上做同传也是第一次。我更多的是怀抱着强烈的好奇心答应那次任务的。当然，那次的经历也满足了我的好奇心。比如，和央视的知名主持人同在一室，亲眼看到直播背后的各种设备和工作人员的忙碌，当然还有低于市场平均水平的同传设施。

我觉得，满足好奇心是口译工作中乐趣的重要来源。在口译工作中，我们常常会面对面地接触平常只能在电视和媒体上见到的政治领袖、商界精英、学界大佬，甚至能有机会与他们“聊”上几句，这样的机会，一般的工作是不能比拟的。

我记得有一次在晚宴上，我担任教育部原副部长郝平先生的翻译。因为他以前做过北外的校长，席间他问及我的背景，我介绍自己是北外老师、北大博士，他便随即问我：“你在北外和北大都待过，你觉得两个学校各有什么特点？”

我当时一想，这个问题可是教育部副部长问的，不能随便回答，所以考虑片刻，答道：“其他的专业我不了解，我只就我了解的英语专业来说，北大比较重视理论和学术研究，北外更偏重培养实践性的人才。”郝副部长笑道：“你说得对！”

你在从事口译工作的过程中一定也遇到过很多有趣的人和事吧？

朱：是的，那次的电视同传我之所以印象深刻，还因为我事后悟出了一个道理：年轻口译员要想成长，除了强烈的好奇心，还需要一点点勇气。如果因为害怕失败而回避挑战，很容易错失历练的机会。这段经历我后来也经常跟我的学生分享，对于口译员来说，年轻是劣势，也是优势，因为年轻，所以没有那么多面子上的包袱，可以放手去尝试。

您谈起郝平先生，倒是让我想起口译工作中的另一点感悟。口译工作表面上看是译员单方面的事，但有经验的译员都知道，口译过程中需要发言人和译员的积极配合。除了发言人的讲话速度要对译员“友好”以外，发言人对译员的总体态度友好亲善，也是激励译员努力工作的重要因素。2012 年 5 月，联合国教科文组织在上海召开了第三届国际职业技术教育与培训大会，当时的国务院副总理和时任教科文组织总干事都出席了大会。当天的晚宴上还有来自众多国家的教育部长，郝平副部长也在列。我刚好也是他在晚宴期间的翻译。

晚宴期间，郝平先生突然转身跟我讨论起翻译来。他说："你觉得翻译是不是一定要比发言人讲话的时间短？"其实这个问题我也没有答案，所以一时不知该如何作答。我只好说："我觉得翻译不应该占用太多时间。"郝平先生听完后说："我认为翻译应该有自己的节奏，不管是再大的场合，发言人讲话快与慢，翻译都要自信。我自己就从来不给翻译制造压力，一定会让翻译把话说完。"对此我深表认同。他接着说："我刚从夏威夷大学回来的时候外语还不错，还敢做口译，现在不敢了，只能靠你们年轻人了。"这么说来，郝平先生也算是口译前辈了，难怪对口译会有如此深的感悟。我想这正是口译职业的一种特殊魅力，即便你只是短暂地从事过口译，也会被口译的趣味性和挑战性所深深吸引，终身对口译感兴趣。

现在许多口译学习者很焦虑，对未来的职业前景感到彷徨。一方面担心被机器取代，另一方面也担心口译行业竞争激烈。您从业也有近二十年了，对于这两点你是怎么看的？

姚：我不否认，年纪大的译员经验更多，客户更多，关系更广。但是，我现在越来越觉得年轻是优势。一方面是你刚才说到的勇气，而另一方面则是现代技术的发展虽然对职业带来了一些挑战，但同时也提供了莫大的便利。例如，以前做词汇表，要从一份份的会议材料中爬梳出来，很费时间，而现在有专门的术语提取工具可以提高效率。另外，现在的机器翻译技术突飞猛进，特别是在专业技术领域，可以成为译员很好的助手。当然，现在的电脑、网络等设备的便捷性更是今非昔比。所以，今天入行的译员可以说是"武装到牙齿"了。

不过，话说回来，今天的口译市场竞争也要比十年、二十年前更激烈了，毕竟随着译员训练项目的扩张，每年有大量毕业生进入翻译市场，所以要在激烈的竞争中脱颖而出，免不了要下一番苦功夫。

但是，跟其他任何职业类似，口译工作也是"一分耕耘，一分收获"的。你投入多少精力，就会有多高质量的口译表现，也会得到多少的回报。回报不一定仅限于金钱，也可以是一种职业的成就感和自豪感。例如，口译界的前辈施晓菁女士就曾在一次访谈中回忆了她觉得口译工作最有回报的一刻，她说：I was working for a specialized conference on the conservation of ancient heritage sites and during the coffee break, one of the speakers in the previous session came up to me to thank me for my interpretation, saying that he knew it must have been good because of the quality of the questions he was asked at the end. He also remarked with pleasure that this was one of the first such conferences he had attended in which he understood what all the others were saying. I was gratified but also a bit disturbed. The organizers of the event were so pleased with the interpretation team that we were invited up on to the stage (we had been in the booth on the floor above) for a round of applause and presentation of gifts. This had never happened to me before, or since!

她的故事让我想起有一次在做完一场技术性特别强的会议后，有位现场听众走到同传箱来，跟我说："你说的，我都听懂了！"我听了这话，心中顿然充满了成就感。他没有说我翻译得多么顺、语音多么纯正，而是说，他听懂了我的译文。这使我特别高兴。因为口译工作的本质是促进不同文化和语言的人们之间的沟通与理解，译员是桥梁，是纽带，是助力人类各领域进展的幕后英雄。当我们的服务对象实现了顺畅和有效的沟通，我们的目的就达到了，这难道不是最令我们感到兴奋的吗？

朱：确实如此。您的话让我想起一个有趣的小插曲，也是在一次技术性比较强的会议上，一位外宾在会议结束时专门来到翻译间门口，情绪激动地对我们说："I cannot understand anything..." 我和搭档听后心里咯噔一下，但她紧接着说："...without you! So thank you!" 我们心里的一块石头才落地。外宾走后，我和搭档还讨论了这样的话放在同传的时候可以顺句驱动，处理为："我什么都听不懂……多亏有你们。太感谢了！"口译员一般都有"职业病"，遇到有趣的语言，总会想想怎么翻译最贴切。当然，这也是语言转换本身带给我们的乐趣。

姚：你分享的这个故事很有意思。我也有一次有趣的经历，当时一位现场听众在茶歇时忽然走到我们的同传箱门口来，见我和搭档正坐在那里休息，他忽然来了句："你们两位是管机器的吧？ 现在的机器翻译得可真好！"我们哭笑不得。当然，做同传这么多年，还遇到过不少类似的有趣瞬间。还有一次，我正在同传，搭档出去了，因为会场很拥挤，没有座位，有个听众过来冲我挤眉弄眼，意思是能不能借我旁边的这把椅子出去坐，我一边同传，一边打手势断然制止了她。

我喜欢把每一场口译任务比作一次冒险，即便是入行很多年以后，在一次口译任务完成之前，仍不敢说能够准确地知道会冒出什么样的挑战来。

朱：是这样的，所以尽管从业这么多年，每次任务都是一次新的旅程、新的经历，偶尔会遇见好玩的人和事。我碰到过几次翻译间安装了单向玻璃，加上会议室灯光比较暗，从外面看，翻译间的正面就像一面镜子，于是中途会有女嘉宾跑到箱子前面照镜子的、补妆的。一次，我为了让一位嘉宾不要影响我们的视线，在里面一敲玻璃，把她吓了一跳。

姚：我也见到过把同传箱玻璃当镜子补妆的。说到同传箱，我想起一桩逸事，说明不是所有人都了解同传设备。我曾遇到过这样一个客户，提前跟我和搭档约好了那天去做同传，结果早晨到了会场发现没有装同传箱，一问怎么回事，客户反问道："还要同传箱呀？"情急之下，赶紧打电话联系设备公司，还好 10 点钟左右设备就到了，但在此之前，我们只能同传改交传。所以现在跟客户联系时，一般都会多问一句："需要我联系同传箱和设备吗？" Just in case.

朱：关于口译的乐趣，还有一条就是能让你走遍全球，饱览各国风土人情。在这个过程中，眼界会更加开阔，思想会变得更加包容，对世界的认识会更客观。去的地方越多，越会发现中外虽然语言文化有别，但全人类的情感和梦想许多都是相通的：原来自己生活中的困惑和痛苦，在万里之外的人同样也有，自己也就不那么烦恼了。口译还能打破一些幻想，消除个人偏见：原来觉得欧美国家就是天堂，去过之后发现许多方面是自己的想象；原来觉得有些地方很落后，接触过才发现那是自己的偏见。话说得大一点，我觉得口译增进了我对"人类命运共同体"的理解。

小时候，我生活在农村，记得刚上小学的时候，偶尔头顶上飞过一架飞机，整个操场的孩子都会激动地在地面上追着跑，希望坐上去遨游蓝天，没想过后来不到三十岁就游历了四个大洲，是口译把我带到了全世界。

姚：我同意口译工作能开拓视野，正是因为做口译，我去了大概十几个国家，有些小国如果不是因为口译工作可能根本不会去，而且有时还有机会跟代表们一起参与文化考察。我记得去白俄罗斯的明斯克，就跟着去了一座著名的城堡。不过没有想到的是，一个团只有一个讲解器，结果讲解器给了我，我负责边游览边翻译讲解词。所以，做口译员，即便在放松时，也一点不能放松，随时要 stand by……

因为口译工作，我不仅有机会游历各国，而且也几乎游遍了祖国的大好河山，更加深了对祖国的认识和感情。我在青海西宁做同传时，感受过氧气不足的压力；在海南做同传时，窗外就是椰林摇摇；还有青岛的海风，伊春的红松林……都让我充分欣赏到祖国各地的美丽风景。

我们谈了口译工作带来的这么多乐趣，现在也谈谈它带来的挑战。有一次令我印象深刻的“失败”经历。我入行不久时，有一次随一家国际机构拜访发改委，谈一个能源合作项目。头天晚上翻译公司发来几十页的英文资料，我懒了一下，没仔细看，结果现场完全听不懂在说什么。好在发改委的女处长懂英语，看我翻译不出，自己直接上英文了。我当时非常尴尬，恨不得有个地缝钻进去。这次的教训让我后来再遇到专业性强又没时间准备的会议时，坚决不接。

朱：我也有过因为背景知识不足，准备不够充分，在会议期间被参会者纠正错误的经历。我想这是口译员成长道路上都会经历的事情。从失败中吸取经验教训，能够让口译员更好地了解自己的知识和能力边界，知道哪些可为，哪些不可为。在一场会议中，参会代表一般都是某个领域的专家学者，相比之下口译员是最不懂行的人，所以要永远站在被检视、被批判的位置上。口译员要有良好的心理素质，经得起失败及外界的批评。我记得曾任联合国纽约总部中文口译处处长的王若瑾老师，在一次与北外高翻学院师生的交流活动上，讲起她们欢送一位退休同事的故事。这位同事做了一辈子口译，在退休欢送会上，大家让他总结人生体会，他说："For every interpreter, each day is a lesson learnt in humiliation."

说到资深口译，我想到冀朝铸老先生。不久前听闻冀朝铸先生与世长辞的消息，心中十分感慨。冀老见证了我国外交历史上的许多重要时刻。咱们的这本书里也收录了跟冀老相关的两个案例，这还要归功于冀老出版了自传，让晚辈们有幸透过他的文字，一睹共和国领袖们在外交场合的风采。同时也让我想到，口译员除了有幸见证很多重要历史事件的发生之外，还能为历史作一个小小的注脚，留下自己的人生故事。从这个角度来说，口译员是很幸运的。

姚：诚然，口译员愿意写下自己的经历，特别是担任过重大谈判事件翻译的译员，会给后人留下很多有意义的历史信息。但是，可能由于保密的问题，真正动手写回忆录的译员并不多。我记得有一位担任过七任美国总统翻译的译员 Harry Obst，他写过一本书叫 White House Interpreter: The Art of Interpretation，回忆他担任译员的经历，里面也不乏有趣的故事。

给我印象最深刻的是，他讲到一名叫西蒙的译员。此人在卡特访问波兰时担任交传，但是在翻译期间，他出了好几个"愚蠢"的错误，因此常常被媒体描述成口译失败的典型案例。但是，据 Obst 所说，西蒙有不少苦衷。首先是因为当时白宫没有波兰语翻译，就把他这个在波兰上过学的俄国人用上了。另外，卡特在机场演讲时，下大雨，他离得又远，又没有拿到发言稿，所以听不清，导致闹出笑话。我还曾为《英语学习》杂志写过一篇小文章《口译的另一面》，意思是口译表面的光鲜或者失败背后都可能有着不为人知的内情。

朱： 挺有趣的。口译员确实很少有机会和平台去讲述自己那一面的故事。Obst 也算是借自己的自传，为西蒙“平反”了。我猜想 Obst 本人可能也有过类似的经历，所以特别想为西蒙鸣不平。这个案例很有意思，特别是机场演讲这件事，已经是在雨中翻译了，这时候站得离总统又很远，势必会加重口译员的负担。这让我想到了口译员“隐身”的话题。口译职业规范中强调的“隐身”，更多是指译员在工作时不掺杂个人观点，要尽力做到公正客观。目前似乎还没有哪个口译职业规范强调口译员在物理上的“隐身”，如口译的时候一定要距离发言人多远。

所以这里我也特别想对口译的用户说几句话。古往今来，不同文化间的交流都有翻译人员的参与，但对这些活动的历史记载却鲜有翻译的身影，这给人一种错觉，似乎这些交流是在真空中发生的。到了媒体高度发达的今天，有时候为了在画面中突出主角，会专门要求口译员与发言人保持很远的距离，宁可因此牺牲沟通的质量，也不愿承认翻译的存在，这是很不合理的。历史没有给予翻译应有的关注，展望未来，我倒是想呼吁口译员走到台前来。

姚： 译员的地位和形象偏低、偏负面是古已有之的，因为译员懂两种语言，横跨在两种文化之间，常常会引起本文化的怀疑。当然，的确也有少数译员借自己的语言优势谋私利的，但多数译员是为跨文化交流和人类进步做出贡献的。不过，对译员根深蒂固的形象很难一夜之间改变。

译员的“隐身”是个伪命题，有译员和没译员的交际肯定是不一样的。而且译员工作顺利时是“隐身”的，一旦出问题就走到前台，比如我们在书中提到的那次政协发布会上译员对“任性”一词的询问和翻译。所以从这个角度来说，我觉得译员还是不要轻易走到台前。

朱：在这一点上我和您的观点有点不同。我上面可能少说了一个“让”字，应该是呼吁“让口译员走到台前来”，这是针对口译用户发出的呼吁，要承认和接受译员的存在，让译员走到台前成为常态，让社会去关注译员发挥的作用，而不是只有在译员出错的时候才拎出来挞伐。这对整个口译生态健康是有益的。口译员所追求的“隐身”，和用户为他们设定的“隐身”，似乎是两回事。译员希望通过自己精湛的口译技能，让用户完美跨越语言障碍，足够流畅的体验，以至于忘记了译员的存在；而后者是不想承认译员的存在，要求译员在物理空间上也要“隐身”，等出了问题又着急把译员推到台前，西蒙的例子就很典型。久而久之形成一种现象，即译员做好了无功，做错了有罪，这是有失公允的。

另外您提到“任性”一词翻译引发的热议，也从侧面反映出用户教育的重要性。语言是不能全靠字对字转换的，这是专业人士早就形成的共识。但媒体偏偏喜欢对字词揪着不放，不管是失误还是传神的对应，喜欢去无限放大。这是对口译过度简单化的理解，是一种误读和错误的引导。受其影响，部分用户甚至在发言时故意“咬文嚼字”，以此来考验和调侃译员，这是缺乏沟通意识的表现。呼吁让译员走到台前，有助于提升用户的沟通意识。译员和用户一样，都是参与沟通的成员，不是放在背景里的机器。把口译员当“人”对待，发言人有口误，译员也有失误，和其他职业一样，译员通过刻苦训练才能减少失误，而不是靠个人的超能力。让口译走下“神坛”，是对口译职业化发展的促进。

姚：我理解你提出让译员走到台前的“初衷”，你想说的是客户教育。但这么多年的经历告诉我，有的客户是可以教育的，有些是不容易教育的。整个社会对口译职业的理解仍然有限，存在特别夸大或特别蔑视的两个极端倾向。

不过，“知其不可而为之”，可教育的客户还是应该教育的。尤其是随着译员资历的加深，的确有时候一些客户也会尊重资深译员的意见和建议。我就遇到一些国外的讲话人在跟译员提前过 PPT 的时候会问，我这样讲能不能让大家理解，而译员也会根据经验向他提一些有用的建议。

尽管如此，译员的这些工作仍然是在幕后进行的，所以说，我们是幕后英雄，一点也不过分。

朱：我同意您的看法。我们所谈的这些问题，有不少都在本书的案例中得到了呈现。希望有志于从事口译职业的后来者们能够从中获得启发，让自己的口译职业道路更加顺畅。

图书在版编目(CIP)数据

从新手到高手：口译实战案例30讲/姚斌，朱玉犇著．—北京：中译出版社，2021.3
（中译翻译文库）
ISBN 978-7-5001-6391-6

Ⅰ.①从…　Ⅱ.①姚…②朱…　Ⅲ.①口译－案例　Ⅳ.①H059

中国版本图书馆CIP数据核字（2020）第239648号

出版发行/中译出版社
地　　址/北京市西城区车公庄大街甲4号物华大厦6层
电　　话/(010) 68359827，68359303（发行部）；68359725（编辑部）
邮　　编/100044
传　　真/(010) 68357870
电子邮箱/book@ctph.com.cn
网　　址/http://www.ctph.com.cn

总 策 划/贾兵伟
策划编辑/胡晓凯　范祥镇
责任编辑/范祥镇　吴　迪
封面设计/黄　浩

排　　版/北京竹页文化传媒有限公司
印　　刷/北京顶佳世纪印刷有限公司
经　　销/新华书店

规　　格/710毫米×960毫米　1/16
印　　张/22.25
字　　数/247千字
版　　次/2021年3月第一版
印　　次/2021年3月第一次

ISBN 978-7-5001-6391-6　定价：55.00元